Intérpretes de cine

STUDIEN ZUR ROMANISCHEN SPRACHWISSENSCHAFT UND INTERKULTURELLEN KOMMUNIKATION

Herausgegeben von
Gerd Wotjak, José Juan Batista Rodríguez und Dolores García-Padrón

BAND 137

PETER LANG

Xoán Montero Domínguez (ed.)

Intérpretes de cine

Análisis del papel mediador en la ficción audiovisual

PETER LANG

Bibliografische Information der Deutschen Nationalbibliothek
Die Deutsche Nationalbibliothek verzeichnet diese Publikation
in der Deutschen Nationalbibliografie; detaillierte bibliografische
Daten sind im Internet über http://dnb.d-nb.de abrufbar.

Library of Congress Cataloging-in-Publication Data
A CIP catalog record for this book has been applied for at
the Library of Congress.

Gedruckt auf alterungsbeständigem, säurefreiem Papier.
Druck und Bindung: CPI books GmbH, Leck

ISSN 1436-1914
978-3-631-77526-4 (Print)
978-3-631-79445-6 (E-PDF)
978-3-631-79446-3 (EPUB)
978-3-631-79447-0 (MOBI)
DOI 10.3726/b15833

© Peter Lang GmbH
Internationaler Verlag der Wissenschaften
Berlin 2019
Alle Rechte vorbehalten.

Peter Lang – Berlin · Bern · Bruxelles ·
New York · Oxford · Warszawa · Wien

Diese Publikation wurde begutachtet.

www.peterlang.com

Sumario

Xoán Montero Domínguez
Universidade de Vigo

Introducción

La relación entre el cine, en tanto que arte, y la interpretación, en tanto que profesión, existe desde los inicios del audiovisual. Tanto es así que, en un primer momento, podría pensarse que la representación de la figura del intérprete en el cine —ya sea de manera profesional o no— surgiría a partir de la llegada del cine sonoro, a finales de los años veinte. Sin embargo, como podremos comprobar en este trabajo, esta representación es anterior a la aparición del sonido en el audiovisual.

De acuerdo con Baigorri (2011), las posibilidades de investigación que se abren sobre la figura del intérprete en el cine son diversas y van desde el estudio de la tipología de la interpretación, de acuerdo con la seriedad del intérprete, la profesionalidad del mismo, las técnicas de interpretación, hasta las diversas situaciones comunicativas en las que será necesaria la figura del mediador lingüístico y cultural. En los capítulos que siguen se analizarán algunas de las propuestas indicadas por este especialista, al igual que otras apuntadas por las y los autores que componen la monografía.

Así, el volumen se inicia con un capítulo del doctor Fernández Ocampo en el que pretende vincular una de las primeras representaciones cinematográficas del intérprete —en el filme *French interpreter policeman* (Méliès, 1908)— con un periodo de la historiografía de la traducción e interpretación, aquel que se extiende desde el último tercio del siglo xix al primer tercio del xx, y demostrar cómo se articula la cinta de Méliès con las representaciones sociales e iconográficas de la figura del intérprete en aquel periodo.

El doctor Neal Baxter describe y analiza cómo son retratadas las intérpretes que trabajaron en los juicios de Núremberg (1945-1946) en la película taquillera *¿Vencedores o vencidos?* (1961), recalcando el impacto de la implementación del novedoso sistema de interpretación simultánea desarrollado para estos juicios, que fueron de capital importancia para la historia del derecho internacional.

Por su parte, el doctor Montero Domínguez aborda la profesionalidad de los intérpretes que aparecen en la comedia *El gendarme en Nueva York*, de Jean Girault. En su trabajo se centra en las secuencias de la película en las que aparecen escenas de las diferentes técnicas de interpretación (simultánea, bilateral, consecutiva o traducción a la vista) y analiza si los personajes de ficción —intérpretes— cuentan con las aptitudes propias de un profesional que se dedique a este ámbito de la mediación.

La doctora Santamaria Guinot analiza cómo se han doblado al español peninsular las intervenciones de los intérpretes no profesionales que aparecen en cinco películas de tres directores distintos, cuando en los diálogos se usan distintos dialectos del inglés y cuando se utiliza el español en cualquiera de sus variedades. En cuatro de las películas dobladas analizadas, la interpretación tiende a desaparecer; el doblaje, lejos de recrear los usos lingüísticos de los originales, borra su presencia e incluso se llega a cambiar el sentido de los diálogos originales. De esta forma, desaparece el multilingüismo de las sociedades que los originales quieren recrear.

La profesora Mascuñán Tolón analiza, en su trabajo, la importancia de la presencia continua de un intérprete acompañante en la película *La niña de tus ojos* para la visibilización de esta profesión, acercándonos a las distintas técnicas utilizadas y a los distintos contextos en los que se desarrolla. Esta película se convierte, por lo tanto, en una herramienta didáctica muy útil para que los estudiantes conozcan y evalúen este ámbito de trabajo, el del "escort interpreting", poco desarrollado en la literatura sobre interpretación.

La doctora Pérez López define los conceptos de imagen y de interpretación desde diversas perspectivas, y los relaciona con la cultura y con la mirada del espectador para, posteriormente, acercarse al funcionamiento del servicio de interpretación de la ONU y a su código deontológico. Con todo ello, analiza en *La intérprete*, de Sydney Pollack, el cumplimiento de dicho código y la imagen de la profesión que la película podría arrojar.

El objetivo del trabajo de la doctora Molina es analizar la figura del intérprete en zonas de conflicto, a la par que mostrar su idioma, árabe en este caso. Para ello, parte de una perspectiva traductológica y analiza la lengua "del otro" en las películas *En tierra hostil* y *La noche más oscura*, de la directora Kathryn Bigelow.

El capítulo de la doctora Domínguez Araújo analiza la película *Je l'aimais* (2009) como fuente de información sobre el papel de la intérprete de enlace en el ámbito empresarial. En él se relaciona la ficción cinematográfica con la realidad profesional y con cuestiones relevantes en la investigación sobre interpretación, tales como la importancia del contexto sociocultural, las expectativas de los usuarios de la interpretación o los dilemas éticos sobre la neutralidad y función de la intérprete.

El doctor Bourgoin Vergondy hace un análisis metodológico de la situación de interpretación presentada en la película *Flor del desierto*. Desde los tres niveles de análisis definidos por el grupo de investigación Traducción & Paratraducción evidencia que, en la Traducción e Interpretación en Medio Social, los elementos situados al margen del discurso que se interpreta son tan importantes como el propio discurso.

El capítulo del doctor Ferreiro Vázquez describe algunos de los métodos de reclutamiento de intérpretes que se emplearon durante el intento de instaurar una colonia en Brasil por parte de los franceses, denominada *Francia Antártica* (1555-1560). Apoyándose en el largometraje *Rouge Brésil* (2012), del director Sylvain Archambault —adaptación de la novela histórica epónima, premio Goncourt 2001, de Jean-Christophe Rufin— trazará la figura de la persona que interpreta y media entre los franceses y los pueblos originarios de Brasil y se remontará a los primeros momentos de la expansión ultramarina de portugueses y españoles.

Para la doctora Fernández Soneira, en la mayoría de las comunidades signantes, el papel de intérprete fue asumido por miembros bilingües de esas comunidades; aunque en la actualidad la figura del intérprete tenga un perfil profesional. En su trabajo pretende reflejar esta falta de profesionalización de los intérpretes en el cine, al igual que reflexionar sobre la presencia de las lenguas de signos en el audiovisual actual.

Los doctores Alonso Bacigalupe y Romero-Fresco cierran el volumen con un trabajo que se centra en la película de ciencia ficción *La llegada* (2016), en donde la interpretación y el problema de la comunicación intercultural se erigen en los verdaderos protagonistas de la trama. El capítulo analiza el rigor de los planteamientos científicos del filme, la imagen que la película transmite de traductores e intérpretes, y los problemas derivados de la comprensión del otro en la mediación como aspecto crucial de la labor de estos profesionales.

En calidad de editor de la presente monografía quiero manifestar mi agradecimiento a las autoras y autores por sus contribuciones, pues con las mismas han conseguido ofrecer un panorama de temática innovadora y estimulante para la comunidad científica en materia de cine e interpretación.

Bibliografía

Baigorri, J. 2011. "Los intérpretes en el cine de ficción: una propuesta de investigación", en J. M. Zarandona (ed.) *Cultura, literatura y cine africano: acercamientos desde la traducción y la interpretación*, Valladolid: Universidad de Valladolid, 504-522.

Anxo Fernández Ocampo
Universidade de Vigo

El uniforme hace al intérprete: *French Interpreter Policeman*, de Georges Méliès

Resumen: *French interpreter policeman* de Georges Méliès (1908), también conocida como *French Cops Learning English*, constituye una de las primerísimas representaciones cinematográficas del intérprete, y de paso una de sus primeras parodias.

Este capítulo pretende vincular la cinta de Méliès con un período fecundo de la historiografía de la traducción e interpretación, que se extiende desde el último tercio del siglo XIX al primer tercio del siglo XX, y mostrar de qué manera el filme se articula con las representaciones sociales e iconográficas de la figura de intérprete de aquel período.

Para ello se muestra el filme de Méliès a través de los sistemas de representación de la prensa ilustrada, la comunicación postal y la ficción teatral, que convirtieron al intérprete en una figura recurrente del paisaje social de los países industrializados antes de la Segunda Guerra Mundial. El análisis se detiene en dimensiones históricas, sociales e iconográficas y pretende sentar las bases para un estudio de la objetivación, a través de soportes visuales, del oficio de interpretar.

Palabras clave: Méliès, institucionalización de la interpretación, historia de la traducción, policía, transficción

1 French interpreter policeman

En consonancia con la temática del presente volumen, las siguientes páginas abordan lo que Klaus Kaindl denomina *transficción*, es decir la tendencia a crear ficción recurriendo a fenómenos relacionados con la Traducción (Kaindl, 2014:4), aquí referidos a la película *French Interpreter Policeman*, o *French Cops Learning English*, según la forma originalmente registrada (Abel, 1998:216). Esta película muda de siete minutos identificada con el número 1288–1293 del catálogo de Georges Méliès (Malthête y Mannoni, 2008:354) fue producida en 1908 por la compañía de Méliès, la Star Film Company.

Siendo sin duda una de las primeras representaciones activas del intérprete en el cine, *French Interpreter Policeman* tiene su lugar dentro de la historiografía de la traducción, y su autor, Méliès, merece seguir despertando el interés de los Estudios sobre Traducción e Interpretación, como recientemente lo ha hecho a través de su faceta de ilusionista y su papel en la difusión y la práctica cinematográfica del orientalismo (Tomico Pérez, 2017).

1.1 El filme. Sinopsis

La cámara fija ordena las líneas de fuga del decorado hasta un encerado cubierto con conjugaciones y vocabulario, al fondo de un aula dividida por dos líneas de pupitres. La sala aparece rotulada como "English School under the management of Miss Blackford".

La asistenta de la señorita Blackford introduce a cuatro policías franceses que, con paso marcial, ocupan sus asientos. Acto seguido hace su entrada un oficial de policía, al mando de esta unidad de alumnos, que en todo momento irá repitiendo a sus subordinados, porra en mano, bajo la forma de órdenes, las instrucciones de la docente.

La señorita Blackford penetra en el aula y empieza la clase, organizada en cuatro fases: corrección de los deberes, pronunciación, traducción a la vista y conversación.

Empieza la señorita Blackford recorriendo los pupitres, castigando a los alumnos menos aplicados. Durante los ejercicios de pronunciación, la maestra enuncia palabras en inglés que los alumnos repiten en voz alta. En esta escena, el oficial sirve de correa de transmisión de la maestra y ambos marcan el ritmo de la dicción con una porra de color blanco.

La escena de traducción a la vista es *a priori* la más aprovechable desde la perspectiva de los Estudios de Traducción. En ella la señorita Blackford escribe dos frases en inglés en un encerado móvil y los policías, en vez de proponer alguna versión literal en lengua francesa, escriben por debajo lo que ellos interpretan de oídas, según el procedimiento del "trompe-oreilles", un tipo de homofonía que simula la reproducción fonética de un mensaje en otra lengua: "What a fair fish" se convierte en "va te faire fiche" y "Very well thank you" en "manivelle Saint-Cloud"[1].

Para finalizar, cuatro personajes mujeres se sientan por parejas con los policías e inician una conversación mediada por un manual de aprendizaje. En pocos segundos ellos y ellas inician un flirteo activo, interrumpido por un inspector de policía (interpretado por el propio Méliès) que hace su entrada de improviso. Al advertírsele de que se trata de un ejercicio de conversación, el inspector autoriza la práctica, que inmediatamente se convierte en un baile frenético en el que se

---

1   Cabe señalar, como indicio de la continuidad del tratamiento de la figura de intérprete del vodevil al filme de Méliès, que el motivo de Saint-Cloud ya aparecía en el diálogo entre Saint-Frusquin y Artaban (escena IX de *English spoken*, 1855):
— English spoken? I think you ! I think you !
— (…) English spoken! À Saint-Cloud ! À Saint-Cloud !

adivinan algunos pasos de cancán. En la escena final, el inspector blande entre pasos decancán y volteretas un cartel con la inscripción "entente cordiale".

1.2 El filme como elemento historiográfico en los Estudios sobre Traducción e Interpretación

Efectivamente, la película celebra la *Entente Cordiale* firmada en 1904 entre Francia y el Reino Unido, que intensifica la llegada de turistas británicos a París. A ellos, principalmente, van destinados los esfuerzos de los agentes políglotas, tal y como se plasma en la película. Previamente, en 1907, Méliès había lanzado *Le Tunnel sous la Manche, ou le Cauchemar anglo-français*, que consiste en la recreación onírica de un túnel bajo el canal de la Mancha, toda una referencia a un proyecto de túnel aprobado por el rey Eduardo VII y el presidente francés Armand Fallières.

La obra de Méliès se inserta pues en el centro de un período de la historia de la traducción delimitado en función de la cultura visual de los países industrializados. El período va desde la segunda mitad del siglo XIX, con la aparición de la prensa ilustrada, hasta finales de los años 1930. Este intervalo amplio permite describir desarrollos internos más cortos, y se adapta a otros estudios sobre el *habitus* traductor que aprovechan la densidad de los registros y archivos de las sociedades industrializadas, como en el caso del paisaje traductor de la sociedad de los Habsburgo (Wolf, 2015), cuyo estudio se extiende desde la segunda mitad del siglo XIX hasta la Primera Guerra Mundial.

Durante esta etapa, la imagen gráfica evoluciona a través de una sucesión de técnicas y se vuelve indispensable para producir una información considerada veraz; de hecho, la continuidad entre litografía, fotografía y cine fue ya teorizada por Walter Benjamin (Schwartz y Przyblyski, 2004:10–11). Como consecuencia, en los países industrializados esta etapa presenta una iconografía exhaustiva de las representaciones sociales, y en concreto de los oficios, que recoge signos visibles de una profesionalización y una institucionalización de la figura de intérprete (Fernández Ocampo, 2014a).

En esta etapa de intensificación del dominio colonial, se acortan los tiempos de transporte y de la comunicación a distancia, en particular con la telegrafía sin hilos, ancestro de la conexión inalámbrica. Desde los años 1890 hasta la Primera Guerra Mundial, el servicio postal tratará millones de envíos de tarjetas. En ese mismo intervalo se dispara la producción del texto escrito asociado a la producción, a la comercialización y a la logística de distribución de los bienes de consumo. Finalmente, la llegada de la mujer al mercado del trabajo hará que ésta acceda a puestos especializados en la (re)producción de textos, inicio de la feminización del sector de las industrias de la traducción.

1.3 Dentro de cada uniforme, un intérprete lucha por salir

La materia policial y los Estudios sobre Traducción e Interpretación confluyen generalmente en la figura del intérprete judicial que interviene en tribunales. Ciertamente en los años de actividad de Georges Méliès existía esa figura, cuyas funciones exactas en el procedimiento judicial de aquella época se detallan en Amat (1916). Sin embargo, la originalidad del encuentro del universo policial con la traducción en *French interpreter policeman*, y más delante en su heredera *Le gendarme à New York*, de 1965, consiste en abordar la perspectiva de la formación del agente como intérprete de su ciudad ante el visitante extranjero. Para continuar, conviene recordar cual era la consideración social de la que gozaban los agentes municipales en los primeros años del siglo XX.

La fase más transcendente de la evolución moderna del cuerpo policial en Francia ocupa el núcleo de nuestro abanico temporal: entre los años 1880 y 1914, la Tercera República Francesa acomete la transformación del oficio de policía en una auténtica profesión, convirtiendo a los agentes en funcionarios del Estado y racionalizando su contratación. La institución adquiere en aquellos años una base deontológica que intenta definir los principios éticos de la policía republicana. La categoría que, por su proximidad con el público, más atención recibirá por parte de los gobiernos de la Tercera República es la del "gardien de la paix", o policía municipal dependiente de la Prefectura de Policía de París, que por razones demográficas y económicas es la institución responsable del orden que dispone de más efectivos y recursos (Berlière, 1987:68–69).

Estos esfuerzos, como se comprobará más adelante, eran necesarios para contrarrestar el concepto negativo que la población tenía de la policía, tradicionalmente considerada poco menos como parte del problema de la delincuencia. Pero la cinta de Méliès no solamente parodia la inoperancia policial[2], sino también la proverbial incompetencia de los traductores jurados oficialmente nombrados para intervenir en los tribunales y que protagonizan un acontecimiento mediático que precede de poco la filmación de *French interpreter policeman*: entre diciembre de 1906 y mayo de 1907 estalla en Francia un escándalo sobre la actividad y posterior expulsión del secretario del nuncio del Vaticano en París, el monseñor Montagnini.

---

2   Por otro lado, la filmografía británica ha cultivado y perfeccionado el cliché del policía francés incompetente, principalmente a través del personaje del inspector Clouseau (*The Pink Panther*, de Blake Edwards, 1963).

En aquella ocasión, la prensa contraria a la ley de separación de la Iglesia y del Estado cargó contra la falta de profesionalidad de los traductores jurados encargados de traducir del latín y del italiano la documentación requisada al prelado[3], que junto con los errores de forma y de rigor en el registro, y el filtrado de información (Ferragu y Yanniou, 2007:119–120) debilitaron la postura del gobierno de Clémenceau. El caso Montagnini contó con una cobertura gráfica completa, sobre todo el episodio de ejecución de la orden de expulsión[4]. De esta forma es probable que el año anterior al estreno de *French interpreter policeman* el público acabase por integrar a su imaginario mental e iconográfico el motivo de la desidia del traductor jurado.

A comienzos de los años 1900, la criminalidad prosperaba debido a la falta de articulación de los cuerpos policiales y a la pésima calidad de muchos de sus integrantes. Además, los "gardiens de la paix" no recibían formación profesional y su selección dependía únicamente de su comportamiento, moralidad y pulcritud. Solamente a partir de la Ley de 1905 (Berlière, 1987:71–78) se reforzarían las competencias escritas básicas y, de esta forma, cuando un nuevo prefecto, Louis Lépine, organiza el servicio de la policía municipal de París, a los candidatos al cuerpo se les exige, además de presencia y de conducta moral, leer y escribir de manera a poder redactar un informe.

Un motivo recurrente de burla durante el mandato de Lépine era que los candidatos a los puestos de "gardiens de la paix" eran seleccionados por el propio prefecto en base a su fisionomía; de hecho, el pasado militar de una alta proporción de los efectivos confiere a estos últimos unos rasgos físicos casi caricaturescos y fácilmente identificables (Berlière, 1987:81–82).

Méliès tenía cierta experiencia en lo que se refiere a burlarse de la incompetencia policial: diez años antes de la filmación de *French interpreter policeman*, el realizador firma una cinta (*Roof Tops/Sur les toits*, 1897) en la que unos ladrones ridiculizan a un gesticulante gendarme (Malthête, 1997:67–68). Entre esta cinta y la de *French interpreter policeman* otras dos compañías se apropiaron del tema de la policía persiguiendo a los ladrones por los tejados: Lumière con *Poursuite sur les toits* (1898) y Pathé con *Poursuite de cambrioleurs sur les toits* (1900). Todos estos productos escenifican el recurrente y siempre actual tema cinematográfico del "policía persiguiendo al delincuente".

---

3 Véase "Traduttore traditore. Comment furent traduits les papiers Montagnini", en *Le Matin*, 24/05/1907, 1.

4 *L'Illustration* ofrece un seguimiento fotográfico particularmente cuidado de la expulsión y del registro judicial (15/12/1906, 393, 396).

Sin embargo, en estos primeros años del siglo XX soplaban aires de cambio. Berlière (2012) atribuye el origen de una corriente de empatía social hacia la policía a dos factores: la novela policíaca y la policía científica. Más allá de estas consideraciones, la modernización de la criminología basó su eficacia en la formación permanente del agente en técnicas de identificación, cuya convergencia con el mundo de la imagen fotográfica se plasma en el trabajo de Alphonse Bertillon para el Servicio de Identificación Judiciaria (Bertillon, 1890), directamente inspirado de las técnicas de fotografía antropológica al uso en los espacios coloniales.

Bajo la dirección de Bertillon, unidades enteras de policía se inician al método de identificación y de registro de fichas y se apuesta por el hecho de que la observación permite el conocimiento físico y moral de la persona. Estos protocolos se unen a nuevos métodos y tecnologías que transformaron la estructura profunda del estamento policial[5].

1.4 Los agentes Berlitz

Otra iniciativa de gran calado consistió en formar a agentes para orientar a los turistas, y de esa forma favorecer la visibilidad del cuerpo ante toda la ciudadanía. Estos agentes, que precisamente son los que retrata Méliès en su filme, eran popularmente conocidos como "agentes Berlitz" (Rouvrai, 1907), nombre inspirado del método y de la empresa con la que la Prefectura firma un convenio de formación. La empresa Berlitz no desaprovecha el efecto publicitario de semejante convenio: una fotografía de 1907[6] retrata al señor Berlitz en persona dando clases y sometiendo a preguntas a los alumnos policías de la Prefectura en las instalaciones de la Escuela Berlitz en París en 1907, para que aprendan a atender a los turistas "sin limitarse a encogerse de hombros". A pie de foto se lee: "M. Berlitz interrogeant lui-même les élèves polyglottes de la Préfecture de police", y al dorso aparece la explicación siguiente: "M. Berlitz donne des instructions à la police de Paris en anglais, allemand, italien et espagnol, afin qu'ils puissent répondre aux questions des touristes avec plus qu'un haussement d'épaules". Al año siguiente, se publica en *Le Temps* un anuncio ilustrado con policías dibujados de perfil y luciendo brazalete, y con el eslogan "Si vous voulez apprendre une langue étrangère, faites comme nous, allez à l'École Berlitz"[7].

---

5   La serie televisiva de los años 1970 *Les brigades du Tigre* creada por Claude Desailly reconstruye la vida de las brigadas móviles, dependientes no de la Prefectura de París sino de la Sûreté Générale.

6   "Les agents Berlitz", *L'Illustration*, 26/10/1907, 276.

7   *Le Temps*, 17/05/1908, 4.

I speak English.　　Hablo Español.　　Ich spreche Deutsch.

*Si vous voulez apprendre à parler une langue étrangère, faites comme nous, allez à l'**Ecole Berlitz.***

27, Avenue de l'Opéra.　　180, Boulevard Saint-Germain.
14, Boulevard Poissonnière.　　49, Avenue des Champs-Élysées.

La prensa incluso llega a predecir la fortuna literaria del "agente Berlitz" como si fuese un tema y un tipo de personaje hechos para el género de la revista, anticipándose a la película de Méliès:

> Et nous verrons aussi, sans doute, les « agents Berlitz » sur les planches ; puisque l'actualité bienveillante aux revuistes leur a procuré complaisamment ce type moderne et nouveau, nous entendrons, n'en doutons pas – sur les scènes parisiennes, vers la fin de l'année, l'Agent Polyglotte nous chanter quelques couplets – en trois langues.[8]

Unos veinte años más tarde, la Prefectura parisina abre una nueva fase de formación y visibilización de policías-intérpretes, que se escenifica en mayo de 1929[9] con la entrega de brazaletes de intérprete a los agentes en el patio de la Prefectura

---

8　"Une gracieuseté de Paris envers ses hôtes", en *Le Gaulois*, 17/10/1907, 1.

9　"Nos agents interprètes reçoivent leur brassard", en *L'Intransigeant*, 29/05/1929, 44. El artículo describe la ceremonia de entrega de brazaletes e incluye el diálogo entre un examinador y un candidato:

— Quelle chanson espagnole préférez-vous, demande le professeur en pur castillan ?

— Euh… dit enfin le brave agent, *El Relicario.*

— Si vous voulez…

(…) Décidément, la police se modernise : connaître quatre langues, sans oublier le français, c'est un progrès.

de París. Los brazaletes llevan el distintivo de intérprete y el nombre de las lenguas en las que se tiene competencia.

Entre todos los agentes de aquella promoción, Jaroslav Jircik, que ostentaba en su brazo el dominio de ocho lenguas (inglés, ruso, serbio, checo, alemán, francés, croata, esloveno y búlgaro) representaba el prototipo ideal de policía intérprete, la concreción de la figura soñada por el prefecto Lépine, cuya obsesión era conseguir que el público "quisiese" a la policía. Es cierto que por mucho brazalete que ostentase, el agente Jircik fue víctima de la envidia de sus colegas y de su jerarquía, que lo relegó a un puesto que impedía que ningún turista se acercase a él: a dirigir el tráfico en plena Place de l'Étoile[10]...

Como en el caso de París, cuerpos enteros de policía de las metrópolis del continente americano y de Europa se dotarán de agentes-intérpretes[11] en el primer tercio del siglo XX.

2 El filme en los Estudios sobre Traducción e Interpretación

2.1 Didáctica de la traducción y perspectiva de la cultura material

La "traducción didáctica" persigue el aprendizaje de lenguas extranjeras, por lo que difiere tanto en su finalidad como en sus métodos de las modalidades de traducción profesional, pues consiste en que el alumnado asimile vocabulario y estructuras sintácticas y permite comprobar la comprensión de los conocimientos adquiridos mediante la traducción literal de oraciones fuera de contexto, analizadas desde el punto de vista comparativo (Delisle *et al.*, 1999).

El carácter mecánico de este método encaja con la puesta en escena propia de Méliès, y con el aire marcial de la unidad de policía, que parece acomodarse de forma natural a la docencia de la señorita Blackford, y es que la formación básica, ética y profesional de los policías, en sus vertientes técnica y jurídica, era la prolongación pedagógica del sistema escolar republicano (Deluermoz, 2012). La obediencia absoluta de los alumnos a las indicaciones de la señorita Blackford y a las órdenes de su superior evoca el clima de meritocracia del sistema de promoción de la institución.

---

10 "Une conversation en huit langues avec l'agent Jircik", en *L'Intransigeant*, 02/06/1929, 1 y 5. De hecho, Jircik resultó atropellado por lo menos en dos ocasiones: "Les accidents de la rue et de la route", en *Paris-Soir*, 24/04/1927, 3, y "L'agent polyglotte est blessé par une auto", en *L'Intransigeant*, 03/06/1929, 3.

11 Léase como ejemplo "Miss Alemania, Ingeborg Grahn, con su padre, intérprete de la policía alemana", en *Blanco y Negro*, 04/08/1929, 49.

Curiosamente, la articulación fílmica entre la gestualidad de la docente y la de sus alumnos pasa por la utilización de la porra de policía, convertida en herramienta didáctica con la que la profesora organiza la clase como si ordenase el tráfico.

Como señala Quentin Deluermoz (2012), la policía francesa se inspira en el modelo británico de porra y opta por un modelo blanco, objeto civilizador[12], ligero, poco ofensivo y más acorde a la nueva imagen del policía urbano. La porra es ante todo una herramienta de comunicación, no solo porque permite regular el tráfico, sino sobre todo porque resulta reconocible por parte del turista extranjero.

La porra de la maestra es del mismo modelo que la que agita el oficial, y de hecho ella parece adaptarse al reglamento policial, pues cuando no la usa la lleva envainada en su funda, atada a la cadera. La señorita Blackford la usa como vara de institutriz, hasta que en la escena final la agita a modo de batuta, por encima de la platea de bailarines.

2.2 El tema del intérprete fingido, de la ficción teatral a la cinematográfica

Para el teatro francés, el tema del "intérprete fingido" tiene en el *Bourgeois gentilhomme* de Molière una referencia clásica. Ya en el siglo XIX, el tema servirá de mecanismo principal en la trama de algunos vodeviles: *L'interprète* (1834) de Auguste Arnould y Narcisse Fournier; *English spoken* (1855), de Albéric Second y Auguste Joltrois, y sobre todo *L'anglais tel qu'on le parle* (1899) de Tristan Bernard, adaptado en español (*El intérprete*) en 1903 por Joaquín Abati y Emilio Mario.

Lo que cambia de un vodevil a otro es la condición socioprofesional del intérprete fingido, que invariablemente se ve envuelto en un enredo amoroso. Así, *L'interprète* de 1834 expone la problemática del intérprete considerado como espía en la frontera francoalemana. *English spoken*, de 1855, presenta la adaptación del comercio francés a las expectativas de una clientela anglófona. *L'anglais tel qu'on le parle*, de 1899, retrata la vilipendiada imagen del intérprete de hotel, siempre al servicio del turista anglófono. De hecho, el prototipo de policía

---

12 El estudio material de la Traducción e Interpretación no siempre le reserva a la porra una misión civilizadora. Primo Levi recoge de la obra de Hans Maršálek que en el argot concentracionario "el intérprete" era el término empleado por la población del campo para referirse a la porra de goma con la que los capos "comunicaban" sus órdenes (Garrido Vilariño, 2005:299).

intérprete bebe de la cultura de la incompetencia propia del intérprete de hotel, a menudo criticado por su desidia[13]. La arrogancia es otra de las actitudes que con frecuencia se le achaca a esa modalidad de intérprete. Sirvan de ejemplo de este imaginario de la arrogancia las siguientes palabras de Elvira en la escena tercera del «juguete cómico» de 1903 que traslada la acción del vodevil de Tristan Bernard al patio andaluz de una fonda sevillana:

> —¡Que si hay intérprete! Señor mío, acaba usted de poner el dedo sobre el orgullo de la casa. ¡El monstruo de la interpretación! Todas las lenguas vivas, algunas muertas, una recién nacida, el volapuk. El lenguaje de las flores, del abanico, del pañuelo, del paraguas, de los sordo-mudos, la lengua del Dante, la lengua de Moliere, la de Shakespeare... todas.

2.3 En la prensa y la publicidad

La prensa se apropia de la imagen de los agentes de policía, señal de que los grandes grupos editoriales se alzan como portavoces legítimos de la opinión y pretenden hacerse dueños de las emociones del público (Deluermoz, 2012) en lo referente a los cuerpos de seguridad. Como era de esperar, la Prefectura de Lépine alimentará este interés mediático, que proveerá a Méliès el contexto suficiente como para filmar *French interpreter policeman*.

De hecho, las tecnologías como la imagen estereoscópica y el cine suscitaron la aparición de un nuevo público, dispuesto a consumir sin rechistar la figura del intérprete. La imagen fotográfica de los guías intérpretes locales se plasma en tarjetas de visita, postales, fotografías institucionales, cromos y demás soportes publicitarios (Fernández Ocampo, 2014b:146–148), principalmente aplicados a espacios como balnearios, monumentos públicos, estaciones de tren, puertos, grandes almacenes y hoteles. Estos soportes son, junto con la comunicación postal, los vectores por los que se despliega el catálogo mental e iconográfico de ocupaciones en las que los intérpretes se hacen visibles gracias a uniformes o accesorios como chapas, gorras y brazaletes rotulados.

---

13 Una postal ilustrada por el pintor Albert Guillaume, publicada entre el año 1900 y 1905 retrata al intérprete de un hotel parisino contestándole a una mujer que solicita sus servicios que él "traduce únicamente del francés" (ICOTI 215001). El acrónimo "ICOTI", se refiere aquí a la colección de investigación "Iconografía COntemporánea da Tradución e Interpretación", constituida por el autor de este capítulo (*cf.* Fernández-Ocampo, 2014a).

3 Consideraciones finales: interpretación "in the making"

Para terminar, se ofrece una reflexión sobre aquellos aspectos fílmicos, sociopro-fesionales y traductológicos que la exploración previa de la historia de la cinta y de los agentes sociales allí representados autoriza a plantear.

French Interpreter Policeman no muestra a intérpretes habilitados para desa-rrollar su oficio, sino a intérpretes "in the making": en este sentido la cinta no forma parte de aquellas transficciones que ponen en escena a un intérprete más o menos profesional, sino que desvela un proceso de institucionalización par-cial de la función de intérprete en el cuerpo policial y parodia la formación de intérpretes según los cánones de la didáctica de finales del siglo XIX y prin-cipios del XX. Sin embargo, dentro de esa parodia general Méliès recrea una transficción consistente en escenificar dos "trompe-oreilles" por vía manuscrita. Méliès de esta forma no pierde contacto con la tradición cómica del malenten-dido lingüístico[14].

Otros soportes manuscritos fijan el sentido del filme en los momentos opor-tunos, bajo la forma de intratítulos, unos carteles cuya confección parece impro-visarse a medida que transcurre la acción, y que no poseen la función demiúrgica de los intertítulos impresos (Thiéry, 2000) del cine mudo.

No hay paradoja alguna en el hecho de que Méliès produzca humor de tipo fonético desde el cine mudo, dado que en los sistemas visuales no se suele recu-rrir a la figura de intérprete por su competencia profesional, sino por su capa-cidad articulatoria entre los participantes de la imagen (Fernández-Ocampo, 2014a:33–34). La figura del intérprete suele introducirse para revelar las distintas temporalidades contenidas en la imagen, así como el sentido de la transacción que los personajes-participantes llevan a cabo. En productos cinematográficos hablados, este valor articulatorio adquiere obviamente otra dimensión[15].

Con el fin de situarlo como objeto de estudio dentro de los Estudios sobre Traducción e Interpretación, French interpreter policeman se ha vinculado con

---

14 Los cuentos tradicionales cristalizan la materia prima de los motivos del malentendido lingüístico. Estos se expresan principalmente a través de los tipos siguientes de la cla-sificación de Stith Thompson (1955–1958): C495.2.2 [unos viajeros conocen cada uno una frase de idioma extranjero, pero al usarlas en el orden equivocado se atribuyen un delito], y J2496 [un viajero que desconoce la lengua piensa que el dueño de las tierras circundantes se llama "Nolosé"].

15 Uno de los casos más argumentados de instrumentalización del intérprete-personaje se observa en la película Shoah (1985) de Claude Lanzmann, cuyas intérpretes y traduc-toras se convierten, en palabras de Shoshana Feldman, en "catalizadoras" del proceso de recepción (Garrido Vilariño 2004:167).

las imágenes mentales y las realizaciones iconográficas de su época, describiendo la oscilación entre representaciones abstractas del agente intérprete, principalmente "pensadas" por los medios de comunicación e iconográficas. En la era de la reproducibilidad mecánica, para el espectador de los años 1907–1908 tanto la tarjeta postal como el anuncio ilustrado y el filme de Méliès ofrecían soportes sobre los que transferir las imágenes mentales a observaciones directas. De hecho la capacidad para pasar de lo simbólico a lo figurativo forma parte de las características originales de la teoría de la representación social (Moscovici, 1961), en la que la representación se estructura mediante procesos de objetivación que convierten los elementos abstractos en imágenes concretas. Los procesos de anclaje se activan entonces para integrar el objeto representado dentro de los sistemas de pensamiento.

A lo largo del capítulo se han ido extrayendo materiales con los que estudiar la objetivación del oficio de intérprete en uno de los períodos más fecundos de la historia moderna de la traducción, y en este sentido los materiales legitiman el agente-intérprete como objeto de estudio, que a su vez sirve de modelo de comprensión histórico para otras modalidades híbridas de intérpretes sociales.

Abordar el estudio traductológico de *French interpreter policeman* exige no solamente interesarse por la fortuna literaria o cinematográfica de un intérprete de ficción, intérprete fingido –o inacabado, es decir "in the making"–, sino comprender la posición que el intérprete real, el agente de policía, ocupa respecto de las normas del mercado y de la profesión. De hecho, es evidente que el objetivo simbólico de la iniciativa de Lépine, como maniobra de comunicación, era más poderoso que el objetivo práctico de informar a los turistas en su lengua. El amargo destierro de Jircik al islote circulatorio de la Place de l'Étoile parece confirmar ese punto de vista.

En cambio, más reveladora de las dinámicas del mercado de la traducción resulta la figura de la señorita Blackford, que se comporta ante sus asistentas con la rigidez de una directora de institución, con el aplomo que le confiere su estatus de mujer que ha construido su propia empresa dentro de la industria de la enseñanza para adultos, y que ha logrado dejar atrás el pluriempleo propio de la condición de maestras, secretarias o copistas de actas de notaría. Pero al igual que ellas, por el tiempo transcurrido en su vida profesional, la señorita Blackford parece abocada al celibato. En Blackford está el germen de lo que será la traductora independiente, figura emblemática de la feminización de la profesión a partir de la Segunda Guerra Mundial.

Bibliografía

Abati, J. y Mario, E. 1903. *El intérprete. Juguete cómico en un acto y en prosa*, Madrid: R. Velasco.

Abel, R. 1998. *The Ciné Goes to Town: French Cinema, 1896–1914*, Berkeley: University of California Press.

Amat, E. 1916. *Guide pratique de l'officier de police judiciaire militaire pour l'établissement des plaintes en conseil de guerre en temps de guerre aux armées et en temps de paix*, París: Henri Charles-Lavauzelle. Segunda edición.

Arnould, A. y Fournier, N. 1834. *L'interprète. Comédie-vaudeville en un acte*, París: Gymnase-dramatique.

Berlière, J. M. 1987. "La professionnalisation de la police en France : un phénomène nouveau au début du XXème siècle", *Déviance et société*, 11 :1, 67–101.

Berlière, J. M. 2012. "Images de la police : deux siècles de fantasmes ?" [Fecha de consulta 03/03/2018. Documento disponible en http://journals.openedition.org/criminocorpus/206].

Bernard, T. 1899. *L'anglais tel qu'on le parle, vaudeville en un acte*, París: Librairie Théâtrale.

Bertillon A. 1890. *La Photographie judiciaire en France avec un appendice sur la classification et l'identification anthropométriques*, París: Gauthier-Villars et fils.

Delisle, J.; Lee-Jahnke, H. y Cormier, M. C. 1999. *Terminologie de la traduction/Translation Terminology/Terminología de la traducción/Terminologie der Übersetzung*, Ámsterdam, Filadelfia: John Benjamins.

Deluermoz, Q. 2012. "Les adaptations de la préfecture de police", en *Policiers dans la ville : La construction d'un ordre public à Paris (1854–1914)*, París: Éditions de la Sorbonne. [Fecha de consulta: 05/04/2018. Documento disponible en: http://books.openedition.org/psorbonne/1574].

Fernández-Ocampo, A. 2014a. "Engravings of interpreters in the photographic era", en Fernández-Ocampo, A. y Wolf, M. (eds.), Framing the Interpreter. *Towards a Visual Perspective*, Londres t Nueva York: Routledge, 27–36.

Fernández Ocampo, A. 2014b. "Interpretar o traducir el patrimonio", en Montero Domínguez, X. (ed.), *Traducción e industrias culturales. Nuevas perspectivas de análisis*, Fráncfort: Peter Lang, 135–143.

Ferragu, G. y Yannou, H. 2007. "Une nonciature sans nonce: Mgr Montagnini en France, sa mission et son expulsion (1904–1906)", en *Mélanges de l'Ecole française de Rome. Italie et Méditerranée*, 119:1, 109–120.

Garrido Vilariño, X. M. 2004. "L'image des interprètes dans les films de l'Holocauste: du casque au visage", en *Anales de Filología Francesa*, 12, 2003–2004, 151–175.

Garrido Vilariño, X. M. 2005. "Traducir a Literatura do Holocausto: Traducción/ Paratraducción de 'Se questo è un uomo' de Primo Levi", en *Teses de doutoramento da Universidade de Vigo*, Vigo: Universidade de Vigo.

Kaindl, K. 2014. "Going fictional! Translators and interpreters in literature and film. An introduction", en Kaindl, K. y Spitzl, K.(eds.) *Transfiction. Research into the realities of translation fiction*, Amsterdam y Filadelfia: John Benjamins Publishing Company, 1–26.

Malthête, J. 1997. "À propos de cinq ou six films de Georges Méliès", en *1895, revue d'histoire du cinéma*, monográfico "The Will Day Historical Collection of Cinematograph & Moving Picture Equipment", 63–74.

Malthête, J. y Mannoni, L. 2008. *L'oeuvre de Georges Méliès*, París: Éditions de La Martinière.

Méliès, G. 1908. *French interpreter policeman*. [DVD editado por Lobster Films, visionado en la biblioteca de La Cinémathèque de Toulouse el 24/02/2016].

Moscovici, S. 1961. *La psychanalyse, son image et son public*, París : Presses Universitaires de France.

Rouvrai, L. 1907. "Les agents interprètes", *Gil Blas*, 18/10/1907, 1.

Schwartz, V. R. y Przyblyski, J. M. 2004. "Visual culture's history. Twenty-first century interdisciplinarity and its nineteenth-century objects", en Schwartz, V. R. y Przyblyski, J. (eds) *The Nineteenth-Century Visual Culture Reader*, Nueva York: Routledge, 1–14.

Second, A. y Joltrois, A. 1855. *English spoken, vaudeville en un acte*, París: Librairie théâtrale.

Thiéry, N. 2000. "La parole dans le cinéma muet. Quelle écoute pour le spectateur ?", *Labyrinthe*, 7. [Fecha de consulta: 11/04/2018. Documento disponible en: http://journals.openedition.org/labyrinthe/807].

Thompson, S. 1955–1958. *Motif-index of folk-literature: a classification of narrative elements in folktales, ballads, myths, fables, mediaeval romances, exempla, fabliaux, jest-books, and local legends*, edición revisada, Bloomington: Indiana University Press.

Tomico Pérez, C. 2017. "La ilusión de la magia oriental: ¿una pseudotraducción cultural?", Mestrado em Estudos Literários, Culturais e Interartes, Oporto: Universidade do Porto.

Wolf, M. 2015. *The Habsburg Monarchy's Many-Languaged Soul Translating and interpreting, 1848–1918*, Amsterdam y Filadelfia: John Benjamins Publishing Company.

Robert Neal Baxter
Universidade de Vigo

La imagen que transmite la película *¿Vencedores o vencidos?* de la interpretación y de las intérpretes durante los juicios de Núremberg

Resumen: Este capítulo, centrado en la película titulada originalmente *Judgment at Nuremberg*, estrenada en los Estados Unidos en 1961, unos 16 años después de la celebración del proceso jurisdiccional, y bajo el título *¿Vencedores o vencidos?* un año más tarde en la España franquista, comienza por repasar la doble importancia que revistieron los Juicios de Núremberg. Esta importancia no se circunscribe solo a la historia de la interpretación (gracias a la introducción sistemática e innovadora de la modalidad simultánea), sino también para la historia del derecho humanitario internacional, recalcando, asimismo, la estrecha relación que existe entre ambos aspectos y cómo el correcto funcionamiento de los juicios habría dependido en gran medida del desarrollo e implementación de este novedoso sistema de interpretación.

Para entender el papel de la intérprete[1] de manera global, resulta esencial definir cómo es percibida por la sociedad a través del prisma de sus representaciones culturales, donde ocupa un lugar privilegiado la expresión cinematográfica como uno de los elementos de mayor poder de influencia social en la época contemporánea. Por lo tanto, resulta esencial no subestimar el enorme alcance de obras como este clásico del séptimo arte moderno a la luz de su éxito taquillero, debido, en parte, a su reparto hollywoodiense de lujo.

Así, pues, se analizan pormenorizadamente cómo son retratadas y, por lo tanto percibidas, tanto la interpretación como quién la hace posible (la intérprete), llegando a la conclusión de que, a pesar de las inevitables limitaciones que supone colocar siempre en primer plano la temática principal de la obra (es decir, el juicio en sí), la película no deja de otorgarles una importancia singular y muy significativa de manera directa en un primer tiempo y después de manera más bien indirecta. Conviene apuntar que estas limitaciones implican que en ningún momento se aluda ni explícita ni implícitamente a los problemas que pueden surgir a la hora de interpretar, ni las repercusiones que puedan tener sobre la intérprete. Esta preeminencia de la interpretación y de las intérpretes habrá repercutido, a su vez, en la percepción positiva que tengan los espectadores del papel clave que éstas jugaron para hacer realidad este "milagro" que permite colmar la brecha comunicativa entre quienes hablan lenguas diferentes que tanto captó la imaginación de la prensa y del público en su día.

---

1   Este texto emplea el femenino genérico.

Palabras clave: Juicios de Núremberg, innovación tecnológica, historia de la interpretación, imagen pública, derechos humanos

En lo que se atinge al tema del presente trabajo, la transcendencia de los Juicios de Núremberg no fue sólo mayúscula, sino doble: por un lado, su importancia legal, al ser "[...] where, for the first time, war criminals were tried in front of an International Military Tribunal" (Gaiba, 1999:9) y, por el otro, por ser la primera vez que se utilizó la interpretación simultánea de manera sistemática, lo que incluso llegó a marcar de su impronta los propios juicios, casi de manera indisociable a ellos: "it [simultaneous interpreting] was hailed as a revolution in the field of interpreting and multi-language communication" (Gaiba, 1999:12).

Así, los Juicios de Núremberg ocupan un destacado y singular lugar en la historia de la interpretación, constituyendo un hito que anunciaba la que se iba a imponer como una —si no la más destacada— de las técnicas de interpretación tal y como se conoce la profesión actualmente: la simultánea. Pues, como bien indica Baigorri-Jalón (1999:31), si bien no se puede hablar *stricto sensu* de los Juicios de Núremberg como el nacimiento propiamente dicho de la técnica de interpretación simultánea, sí se puede decir que fue allí donde alcanzó su "mayoría de edad".

Aunque han existido unas primeras tentativas experimentales con el uso de las que en aquel entonces se denominaron "nuevas tecnologías" que finalmente iban a permitir el desarrollo de la interpretación en modo simultáneo, ya desde principios de los años 1920, en la sede de la Organización Internacional del Trabajo (OIT) en Ginebra y en la Sociedad de Naciones (Baigorri-Jalón, 1999:31–35; Baigorri Jalón, 2000: Capítulo III) y también en la URSS en 1928 con motivo del VI Congreso de la Internacional Comunista (Chernov, 2016:136), la verdadera génesis de lo que hoy se conoce como la "interpretación de conferencias" tuvo lugar con los juicios de Núremberg. El desarrollo específico de esta modalidad para los juicios de Núremberg, por parte del teniente coronel del ejército estadounidense de origen francés Leon Dostert que iba a liderar los tres equipos durante los juicios como intérprete en jefe, se pudo llevar a cabo gracias en parte a estas experiencias anteriores que, desde luego, no ignoraba:

> the immediate inspiration for using that interpreting mode at the UN came directly from the experience at the Nuremberg main trial (1945–1946), and in fact it was the same person, Leon Dostert, who introduced the SI system both at Nuremberg and at the United Nations, as a result of a technological invention originally patented as the Filene-Finlay system. (Baigorri, 2004:57–60)

Los Juicios de Crímenes de Guerra, mejor conocidos como los Juicios de Núremberg, duraron desde el 20 de noviembre de 1945 hasta el 1 de octubre de 1946, bajo la égida del Tribunal Militar Internacional establecido por la Carta de Londres, en contra de 24 de los principales dirigentes supervivientes del gobierno de la Alemania nazi. Otros 12 procesos posteriores fueron levados a cabo por el Tribunal Militar de los Estados Unidos, entre ellos los denominados "Juicio de los doctores" y "Juicio de los jueces" (*vid.* Heller, 2011; Macdonald, 2015), siendo estos de especial interés para el presente trabajo.

Antes de ese momento clave en la historia de la interpretación, marcado por el nacimiento de una nueva modalidad gracias a los avances tecnológicos, junto con la susurrada (*chuchotage*) y la "interpretación sucesiva" (Gaiba, 1999:12) que, en sus variadas formas y con todas sus desventajas se pueden considerar precursoras de la simultánea propiamente dicha (Baigorri Jalón, 2000:174), por razones puramente técnicas, la consecutiva (incluida la modalidad bilateral) era, como no podía ser menos, la técnica de predilección, llegando a alcanzar su "Edad Dorada" en la era de la Liga de las Naciones durante el período de Entreguerras (Bowen, 1996:1).

En lo que a las desventajas de la tradicional modalidad consecutiva se refiere, pues, por un lado, debido a lo que por aquel entonces implicaba un elevado número de lenguas en juego (alemán, francés, inglés y ruso), la utilización de la consecutiva permitiría a cualquier acusado que dominaba más de una de ellas preparar mejor sus respuestas de antemano: "[…] these techniques would give the defendants with knowledge of more languages the chance to prepare their answers" (Gaiba, 1999:11), lo que no dejaría de otorgarle una clara ventaja, tal y como se dio, efectivamente, por ejemplo, en el caso de Göring (*vid.* Gaiba, 1999:17). Y, por otra parte, ralentizaría el procedimiento hasta un punto "insoportable" (Gaiba, 1999:11). Tanto es así que el reconocido historiógrafo de la interpretación, Baigorri-Jalón, indica que la utilización de la innovadora técnica simultánea no sólo permitió ganar tiempo, sino que hasta fue un factor decisivo en la mismísima viabilidad de celebración de los juicios tal y como se desarrollaron, conllevando una serie de implicaciones transcendentales:

> An analysis […] would reveal, for example, that if consecutive interpreting, instead of the simultaneous mode, had been the *modus operandi*, the trial would have lasted three times longer, with a potential impact on the final judgments, the implementation of international law and public opinion.(Baigorri y Takeda, 2016:ix)

Así, pues, como se ha podido comprobar, hasta la propia posibilidad del correcto desarrollo de estos juicios, de capital transcendencia para la historia del Derecho humanitario internacional (Borgwardt, 2008; Kelly y McCormack, 2008) e incluso de la humanidad, está estrechamente ligada a este punto de inflexión en la historia de la interpretación:

> [...] the Nuremberg trials can be seen from several perspectives: a landmark event in the development of international criminal justice; an episode of the national histories of the various participating countries; a collection of biographies of defendants, prosecutors, or judges, etc. Often missing among these approaches is an awareness that communication in the four languages of the proceedings (English, French, German, and Russian) was possible only through interpreting and that the presentation of written evidence resulted from the intellectual work of interpreters and translators. An interpreting-focused perspective of the Nuremberg trials, however, would allow us to explore the trials as an event – in fact, a succession of events – where interpreters (or *transpreters*) played various functions without which the trial could not have taken place. (Baigorri y Takeda, 2016:ix)

Al mismo tiempo, no se puede afirmar tajantemente que la introducción de la modalidad propiamente simultánea supusiese un revulsivo en la historia de la interpretación que cortaría con el empleo de la modalidad hasta ahí tradicional (ya que la consecutiva sigue vigente aún hoy en determinadas situaciones, sobretodo fuera, pero también dentro del ámbito de la interpretación de conferencias). Sin embargo, su aparición, íntimamente ligada a los juicios de Núremberg, sí marcó un antes y un después de primera magnitud en la historia de la profesión de la interpretación moderna, tal y como se conoce en la actualidad.

No se debe, pues, subestimar la importancia de los Juicios de Núremberg para el desarrollo de una de las principales modalidades interpretativas modernas, del mismo modo que, al retroalimentarse mutuamente los dos aspectos, esta modalidad permitió que se celebrasen los juicios tal y como se desarrollaron: "[...] simultaneous interpretation was not just a technicality of the trial; [...] interpretation not only made the trial possible at all, but it also affected the way the proceedings were carried out" y "the Nuremberg interpreters, too often ignored by historians, without whom the trials could not have taken place" (Gaiba, 1999:10 y 19).

Para definir lo que implica ser intérprete –su labor y su papel– de manera global, resulta esencial abordar su figura no solo desde un punto de vista puramente académico (formación, adquisición de técnicas, destrezas lingüísticas, procesos cognitivos...) o profesional (tarifas, condiciones laborales...) visto desde dentro de la propia profesión, es decir, cómo las intérpretes se perciben a ellas mismas. Cabe, también, tener en cuenta cómo su figura es percibida por la sociedad, desde fuera de la profesión, ya que, al fin y al cabo, es la precepción de su utilidad, del grado de dificultad del trabajo que desempeña, etc., la que impactará, a su vez, positiva o negativamente en sus condiciones de trabajo. Es decir, un trabajo que se visibiliza pública y socialmente como "difícil" y "de prestigio" granjeará más respeto por parte de la sociedad en general, sociedad de la cual forman parte las clientes en particular, por lo que no son ajenas sus apreciaciones a la hora de valorar dicho trabajo.

Pero lo cierto es que cualquier profesión se tiende a percibir y a valorar socialmente no solo a través de su realización real, sino también a través de las varias maneras en que se representa culturalmente. Pensemos, por ejemplo, en la propagación del tropo de la *whore with a heart of gold* o *tart with a heart* ('puta que tiene un corazón de oro') en la literatura y, sobre todo, el cine (Hirschman y Stern, 1994). Como es lógico suponer, la interpretación no iba a ser menos y no puede escapar de este tipo de apreciaciones más o menos "ficticias" o "imaginarias": "If we want to understand how translators and interpreters are seen to function in cultures and societies, it seems legitimate to investigate not only actual working conditions [...] but also the manner in which they are represented in cultural or imaginary artefacts" (Cronin, 2006:116).

Como bien indica Pla Vall (2007:52), no existió en el siglo pasado artefacto cultural más poderoso que el séptimo arte en términos del vertiginoso número de personas a las cuales es capaz de llegar a influenciar a escala mundial, situación que se intensifica aún más en el presente siglo XXI gracias al acceso a varios plataformas virtuales de *streaming*, tanto gratuitos como de pago.

Baigorri (2011) y otras investigadoras (Cerrato Rodríguez, 2013; Kaufmann, 2016) han subrayado la importancia y las potenciales repercusiones que tiene la representación del papel de la intérprete en el cine. Estas repercusiones no solo conciernen a la imagen que se proyecta de su propio perfil profesional y al desempeño de su trabajo, sino también sirven a otros fines ideológicos más sutiles y ocultos, como puede ser, por ejemplo, moldear y reforzar una determinada idea que se tiene de África en el mundo blanco occidental.

Debido al destacado papel que ejercieron las intérpretes durante el proceso de Núremberg "without whom the trial could not have taken place" (Gaiba, 1999:19), que saltó a la prensa y captó la imaginación del público, tal y como señalan Gaiba (1999:10), al decir que "The interpreting system attracted a lot of attention from the media, and was often referred to as what struck people's imagination most about the trial" y Baigorri (2011:504) al exponer que "Los noticiarios cinematográficos de los juicios de Núremberg fueron un escaparate decisiva para la interpretación (particularmente la modalidad simultánea)", el caso de los juicios de Núremberg reviste una importancia muy especial desde este prisma analítico, máxime cuando se tiene en cuenta la gran cantidad de películas que engendraron los juicios de Núremberg, tanto de ficción como de tipo documental.

No es de sorprender, pues, dado su singular importancia histórica y los crímenes que ahí se juzgaron, que los juicios de Núremberg fueron objeto de una plé-
tora de obras cinematográficas de todo tipo que tratan distintos aspectos de los
juicios, desde los documentales en diversos idiomas realizados muy poco tiempo
después de los propios juicios y producidos en varios de los países directamente
afectados (Alemania, Gran Bretaña, Estados Unidos y Rusia), tales como *Cyð
народов* [con su versión inglesa *The Nuremberg Trials* en inglés] (1947. Dir. Eli-
zaveta Svilova, la única directora femenina), *Nuremberg: Its Lesson for Today* (dir.
Stuart Schulberg 1948) y *Wieder aufgerollt: Der Nürnberger Prozeß* (dir. Félix
Podmaniczky1958), junto con otros documentales más tardíos, como son *The
Nuremberg Trial: War Crimes on Trial* (dir. Anne Dorfman 1996) y *Nuremberg*
(dir. Stephen Trombley 1996), hasta versiones ficcionalizadas más actuales inspi-
radas en lo acontecido en los juicios, como, por ejemplo, el docudrama televisivo
Nuremberg (dir. Yves Simoneau 2000) con el actor Alec Baldwin en el papel del
protagonista, basado, a su vez, en el libro de Persico (1994) o, más recientemente,
Nuremberg: Goering's Last Stand (dir. Peter Micoleón 2006).

Ciertas películas también jugaron un papel en los propios juicios, como fue
el caso del documental incompleto *German Concentration Camps Factual Sur-
vey* (dir. Sidney Bernstein 1945), producido por el Ministerio de Información
de Gran Bretaña que solo se estrenó públicamente en los EE.UU. en 2017 y que
nunca llegó a estrenarse en el Reino Unido. Cabe apuntar que este documental se
utilizó como prueba en el juicio contra Josef Kramer, conocido como la "Bestia
de Belsen".

La película que nos ocupa aquí, rodada en blanco y negro y de una dura-
ción total de 179 minutos, fue dirigida y producida por Stanley Kramer a partir del guion original del también judío Abby Mann y estrenada originalmente
en inglés en 1961 con el título *Judgment at Nuremberg*, traducido literalmente
como *El juicio de Núremberg* o *Juicio en Nuremberg* (*sic.*) en Hispanoamérica. El
título traducido *¿Vencedores o vencidos?* destinado al mercado español proviene
de una línea pronunciada hacia el medio de la película por Marlene Dietrich en
el papel de la Señora Bertholt, en referencia a la anterior condena y ejecución
de su marido durante los Juicios de Núremberg: "He was part of the revenge
the victors always take on the vanquished" (Min. 1:25:00). Tal vez no sea casual
la elección de este título que coloca la película en el terreno del dilema moral,
frente al más neutral título original en inglés que evoca más bien un documental,
pensando que la fecha de su estreno en España, el 22 de abril de 1962, coincidía
en pleno Franquismo, histórico aliado de la Alemania nazi.

Se enmarca dentro del género de los "dramas judiciales" (en inglés *courtroom*
o *legal drama*), desarrollándose sobre todo en el escenario principal, que es el

propio juzgado. Las tomas principales se intercalan con otros episodios menores rodados fuera de la sala, donde se ve cómo el protagonista, el magistrado principal que preside el juicio, Dan Haywood (interpretado por Spencer Tracy), lidia con su consciencia al contrastar diferentes puntos de vista y experiencias vitales de varios personajes secundarios de origen alemán afincados en la ciudad de Núremberg, que conocieron de primera mano el régimen del Tercer Reich.

Aun estando ambientado en los juicios de Núremberg, a diferencia de otras obras de tipo documental, se trata de una versión ficcionalizada del denominado Juicio de los Jueces de 1947, el tercero de los doce juicios por crímenes de guerra conocidos como los Subsecuentes Juicios de Núremberg, oficialmente *The United States of America vs. Josef Altstötter, et al.*

El interés que reviste esta película en particular radica en su reparto coral, integrado por un espectacular elenco de estrellas hollywoodienses. Varios de ellos eran de origen alemán, como, por ejemplo, Marlene Dietrich o Werner Klemperer, de padre judío que huyó de la Alemania nazi en 1935 y que interpreta a uno de los jueces alemanes acusados, Emil Hahn; y otros como John Wengraf (en el papel del Dr. Karl Wieck, ex Ministro de Justicia durante la República de Weimar) que huyó de su Austria natal en el momento del ascenso de los nazis; o Maximilian Schell que se escapó, junto con su familia, de Suiza cuando los nazis anexionaron Austria, y cuya interpretación en uno de los papeles protagonistas como abogado de la defensa le mereció ser ganador del Óscar al Mejor Actor.

La película fue nominada para once Premios Óscar, contó con la participación de actrices y actores de gran renombre como Marlene Dietrich, Judy Garland, Spencer Tracy o Burt Lancaster, lo que la iba a convertir en un taquillazo, llegando así a un público mucho mayor que el de las otras películas de la misma temática. Por lo tanto, se magnifica también su influencia a respeto de la percepción social de los hechos que se narran, así como del papel que jugaron las intérpretes.

De hecho, según la *Internet Movie Database* (IMDb), el taquillazo recaudó 10 millones de dólares en total, dos tercios de los cuales en los Estados Unidos, posiblemente reforzado por el hecho de que su estreno coincidió en el tiempo con el juicio y la condena del teniente coronel de las SS, Adolf Eichmann, responsable directo de la solución final y de los campos de concentración en Polonia. En otras palabras, a pesar de ser una obra de ficción, esta sería la versión de los hechos con la que se quedarían millones de personas, estadounidenses y del resto del mundo.

La película trata uno de los crímenes de guerra cometidos por no combatientes, concretamente la magistratura, en contra de una parte de la población civil – principalmente judías y judíos, pero también, aunque en menor medida a través los testigos, comunistas – dentro del marco global de los juicios de Núremberg en el período inmediatamente posterior al fin de la Segunda Guerra Mundial. Se centra en especial en el Tribunal Militar presidido por el juez Dan Haywood, encargado de procesar a varios jueces del Tercer Reich y cuyo hilo conductor principal está inspirado en el verídico "caso Katzenberger" de 1942, durante el cual un judío fue condenado a muerte, acusado de haber mantenido una "relación impropia" con una mujer "aria".

Si bien la película se alinea – como no podía ser de otra manera – con una condena rotunda de los crímenes nazis, no se trata, sin embargo, de construir una narrativa plana en blanco y negro, sin matices, acrítica con el lado de los 'vencedores', los 'de la casa': "Differenziert argumentierend, konfrontiert der Film unterschiedliche Standpunkte, ohne eine eindeutige Wertung vorzunehmen" (Lexikon des internationalen Films)[2].

De hecho, existen ciertos paralelismos entre el patriotismo exacerbado y la tendencia a la hipérbole de Richard Widmark en el papel del Coronel Tad Lawson, abogado de la acusación, y el discurso que mantiene el principal abogado de la defensa, Hans Rolfe, interpretado por Maximilian Schell. Asimismo, la película no está exenta de guiños críticos hacia ciertos temas altamente polémicos en aquella altura en los EE.UU., como son el comunismo, que surge varias veces a lo largo de la película, sabiendo que el guionista Abby Mann era muy buen amigo del escritor John Howard Lawson, perseguido por su pertenencia al Partido Comunista (CPUSA) durante la segunda vaga del Temor Rojo del macartismo pocos años antes (Horne 2006: xviii). Ni tampoco pueden ser fruto del azar, habida cuenta del historial del director Stanley Kramer (*The Defiant Ones* [Fugitivos], 1958 y *Guess Who's Coming to Dinner* [Adivina quién viene a cenar esta noche], 1967), ciertos comentarios relativos al racismo, como, por ejemplo, cuando uno de los testigos expertos afirma, refiriéndose a la Alemania nazi, que "The concept of race was made a legal concept for the first time", sabiendo que, cuando se estrenó la película, la segregación racial aún estaba vigente en los Estados Unidos. De igual modo se debe entender cómo la esterilización forzada decretada por los jueces nazis incoados se relaciona directamente con la misma práctica eugenésica en los Estados Unidos, citando explícitamente la Ley de Esterilización del Estado de Virginia de 1924, así como el nombre completo del Juez asociado al Tribunal Supremo de los Estados Unidos, Oliver Wendell

---

2   "Argumentación diferenciada, la película ofrece diferentes puntos de vista sin llegar a emitir una valoración clara." (Traducción propia)

Holmes Jr., quien no solo la defendió, sino que la aplicó en 1927 al ordenar la esterilización forzada de Carrie Buck por ser "débil de mente" (Min. 0:34:32)[3].

No obstante, el objetivo de este capítulo no es el de discernir la veracidad de la narrativa cinematográfica a la luz de los verdaderos acontecimientos (*vid*. Gonshak, 2008); por ejemplo solo 4 jueces alemanes acusados en la película frente a los 16 en el juicio real, sino la manera en que este filme marcó a una generación, pues este largometraje plasma, transmite y, de alguna manera, populariza la interpretación y la labor de las y los intérpretes.

De hecho, la interpretación destaca de manera especial casi desde el principio e incluso sirve de introducción a la primera escena rodada en el escenario principal del juzgado, que se abre con la comprobación del correcto funcionamiento de una serie de bombillas colocadas en la mesa presidencial donde también se pueden ver claramente unos auriculares (Min. 8:15:00). Un poco más adelante, queda claro cuál es la función de estas señales luminosas omnipresentes que se ven en la sala y a lo largo de la película, cuando el juez principal interrumpe el alegato inicial del abogado de la acusación al parpadear una de ellas (Min. 0:14:17), interrumpiendo el flujo del discurso para advertirle que debe ralentizar porque el intérprete no logra seguirlo: "The Prosecution, will you please watch the light. The interpreter cannot follow you". De este modo, se deja muy patente desde el inicio el papel de primer orden que desempeñan las y los intérpretes para el correcto desarrollo del proceso y se entrevé una pequeña parte de las dificultades que entraña su cometido. Sabemos que una de las bombillas era de color amarillo para indicar que el orador debía ralentizar o hacer más pausas entre preguntas y respuestas y la otra, introducida más tarde durante los juicios de Núremberg, de color rojo, servía para indicar que el orador debía parar completamente debido a que la intérprete no pudo oír un elemento. Incluso se empleaba este color en caso de un ataque de tos, cuyo consecuente parón podía durar hasta un par de minutos (Gaiba, 1998:78–79).

A continuación, sigue una escena completa que se dedica en exclusiva a mostrar cómo los jueces y demás oficiales colocan sus auriculares (Min. 0:09:26). En la tribuna también se ve que el público está dotado de auriculares para poder seguir las intervenciones en la lengua que no entienden.

Esta primera visión que se ofrece, centrada en el despliegue tecnológico (señales luminosas parpadeantes, micros fijos y de mano, auriculares…) que conllevaba el servicio de interpretación que tanto captó la imaginación del público de la época, muy pronto deja paso a poner el foco en los auténticos protagonistas

---

3   El caso Buck *vs*. Bell, 274 U.S. 200 (1927).

detrás de este "milagro" de la comunicación interlingüística: las y los intérpretes. Así, aparece en primer plano una mujer vestida de civil equipada con auriculares sentada en una cabina ante una consola, interpretando del inglés al alemán con los ojos cerrados en señal de un alto grado de concentración (Min. 0:10:00). Se trata de una más que merecida representación del papel que jugaron las intérpretes femeninas, pues si bien no parece existir una lista exhaustiva de los nombres de las y los intérpretes que participaron ni en los Juicios de Núremberg en general, ni en el Juicio de los Jueces, objeto de esta película, en particular, sí sabemos que varias mujeres habían ejercido esta labor, que se acabaría feminizando paulatinamente con el paso de los años.

A su lado se encuentra otro intérprete, este vez uniformado, que se encarga de interpretar desde el alemán al inglés (Min. 0:10:07), dejándose entrever un claro reparto del trabajo en función de la lengua de llegada. Debido, justamente, a la direccionalidad lingüística de este intérprete, destinada a la lengua de recepción del público, será él quien aparezca con más frecuencia a continuación (Min. 0:11:08). Se debe puntualizar que, debido al carácter del juicio en cuestión como tribunal militar estadounidense, del total de cuatro lenguas de trabajo previamente referidas en los Juicios de Núremberg, en este caso solo entran en juego el alemán y el inglés.

Para evitar el solapamiento de las diferentes voces, en vez de recurrir al *fadeout* sonoro de la voz original, reemplazado progresivamente por el *voice over* de la intérprete (tal vez técnicamente fuera del alcance del director por entonces), la película opta por otorgar mayor protagonismo a la interpretación, al presentar en un principio la versión original en alemán seguida de una traducción más bien consecutiva en inglés (Min. 0:16:22). Es decir que, por razones claramente cinematográficas, se logra plasmar la técnica de la interpretación simultánea mediante una interpretación frase por frase en inglés tras cada segmento pronunciado en alemán, con pausas entre ellos. Curiosamente, aunque desde un estricto punto de vista técnico se falsea el trabajo de la intérprete en modo simultáneo, al nivel cinematográfico permite trasladar una idea bastante realista de su labor.

En todo caso, no se debe olvidar que no se trata de un documental, sino de una versión ficcionalizada y, por lo tanto, no sería razonable esperar que el director sacrificase el atractivo cinematográfico y artístico con el fin de retratar de manera totalmente fidedigna el sistema de interpretación simultánea que, a pesar de toda la importancia que reviste, no deja de ser, a fin de cuentas, un simple subtema secundario.

Ya establecido cómo funciona el sistema de interpretación desde los puntos de vista técnico y humano, una vez que se hubo traducido la primera de las declaraciones al inglés, los siguientes acusados pasan a declararse no culpables directamente en alemán sin subtítulos, con el fin de aligerar y dar mayor inmediatez a las escenas, al tiempo que se realza el sentido de autenticidad. De ahí en adelante, para no tener que recurrir a la interpretación simultánea representada en modo consecutivo, que tendría como efecto hacer sustancialmente más pesada una película ya de por sí bastante larga según las convenciones de su época, se instaura el procedimiento que prevalecerá a lo largo del resto de la película para retratar el uso de diferentes lenguas: los personajes germanófonos se expresan en inglés, pero con acento alemán.

Una vez terminada este especie de presentación inicial sobre el funcionamiento del novedoso sistema de interpretación que permite la comunicación entre personas que hablan lenguas diferentes (en este caso el alemán y el inglés) del que tanto se había hablado, se retira a un segundo plano en el resto de la película, dando por supuesto que, mediante otros artilugios cinematográficamente más ligeros (el uso del acento extranjero), el público entiende que se está traduciendo o interpretando sin necesidad de hacerlo explícito de manera permanente y continua. Sin embargo, esto no significa que la interpretación y las y los intérpretes desparezcan por completo de la película y que, muy por el contrario, siguen apareciendo casi hasta el último momento. Pues, en efecto, su presencia se hace notar, aunque solo sea de manera simbólica e indirecta, a través de las señales luminosas muy vistosas previamente comentadas, presentes en todo momento tanto en la mesa presidencial como en el estrado y en la peana desde donde hablan los abogados.

Otro indicador de la presencia continuada de la interpretación son los omnipresentes auriculares que buscan simbolizarla. Así, por ejemplo, se ofrecen los auriculares a uno de los testigos alemanes (el caso de la esterilización forzada, a partir del Min. 1:00:00) cuando el abogado estadounidense se dirige a él en inglés y, por el contrario, el abogado alemán le indica que se los puede quitar para escúchalo a él en alemán, aunque en todo momento el diálogo se desarrolla *de facto* en inglés. En otros momentos se ve como el testigo, el Dr. Karl Wieck (interpretado por el actor austríaco John Wengraf), inclina muy claramente la cabeza a un lado y mira ostensiblemente en la dirección de las cabinas de interpretación (Min. 0:28:00), atento a la traducción de la pregunta que está escuchando por los auriculares antes de comenzar a responder. En otras ocasiones, los dos abogados que están escuchando el original vuelven a colocarse los cascos para escuchar la traducción y asegurarse de haber entendido bien una pregunta o frase concreta (Min. 0:39:00).

Por último, cabe indicar que no solo el proceso de interpretación en sí mantiene su presencia, pues también siguen siendo visibles las y los propios intérpretes dentro de sus cabinas – parte integral de la parafernalia técnica del innovador sistema técnico – situadas en el fondo de la sala al lado de la puerta por donde se hacen entrar los testigos. Es en este momento y casi hasta el final de la película (Min. 02:04:26) cuando aparecen en la imagen de manera bastante apreciable, fácilmente identificables para el público gracias a su presentación explícita desde muy temprano como pieza fundamental del correcto desarrollo del juicio.

Las cabinas de interpretación ocupan un lugar destacado en dos momentos claves del juicio. Antes del alegato inicial de Hans Rolfe, principal abogado de la defensa (interpretado por Maximilian Schell), el magistrado se coloca los casos y el abogado comienza a intervenir en alemán. En este momento, la cámara enfoca a través del cristal de la propia cabina de interpretación, con los intérpretes de espaldas en el primer plano más inmediato (Min. 0:16:22). Justamente para recordar esta escena inicial, se hace uso de este mismo procedimiento de nuevo hacia el final de la película durante el alegato de cierre del mismo personaje (Min. 2:26:00). Pero esta vez, a diferencia de la ocasión anterior, se desarrolla totalmente en inglés, siguiendo el procedimiento habitual de la película y prescindiendo de la necesidad de reflejar y plasmar una vez más el proceso traductivo, que resultaría engorroso para el público en este momento tan crucial de la película.

Este recurso cinematográfico resulta factible gracias a las cabinas semiabiertas y totalmente acristaladas que dejan a las intérpretes completamente visibles al público en todo momento durante el desempeño de su trabajo. Tal y como se puede averiguar en los archivos fotográficos y fílmicos de la época (vid. Gaiba, 1998; Porzucki, 2014; Robert H. Jackson Center), este tipo de construcción, que se aleja bastante de las cabinas con que cuentan las intérpretes profesionales de hoy día (sobre todo aquellas que trabajan en las instituciones como la UE o la ONU), es un fiel reflejo de las condiciones de trabajo de estas intérpretes pioneras.

No obstante, cabe indicar que también es cierto que la presencia de las y los intérpretes queda relegada exclusivamente al escenario principal de la sala y no aparecen nunca en las otras escenas más seres humanos, salvo el propio tribunal. Tampoco existe, por lo tanto, ninguna escena donde se pueda apreciar la labor de la interpretación más informal de tipo bilateral o de enlace al interactuar varios personajes que hablan lenguas distintas fuera de la sala, como, por ejemplo, cuando el magistrado anglófono Dan Haywood les pregunta a su ama de llaves y a su mayordomo, el señor y la señora Halbestadt, acerca de sus experiencias bajo el nazismo (Min. 0:44:00), o cuando Richard Widmark, en el papel del abogado de la acusación estadounidense, el Coronel Tad Lawson, habla con Irene

Hoffmann-Wallner (interpretada por Judy Garland) y su marido para tratar de convencerla de testificar en el juicio (Min. 0:30:00). En ambos casos, resulta difícil creer que todos estos personajes fuesen capaces de comunicarse entre sí tan hábilmente en inglés sin ningún tipo de apoyo.

Las y los intérpretes están retratadas, sobre todo, como parte de la maquinaria técnica necesaria para el desarrollo del proceso, en lugar de como seres humanos que llevan a cabo una empresa física y psicológicamente muy exigente y estresante, no solo por lo novedoso de la técnica de interpretación simultánea en sí con la cual lidian por primera vez, sino también por su exposición a la temática en cuestión y al consiguiente riesgo de trauma vicario que corrían (Ndongo-Keller, 2015). Al igual que las otras trabajadoras y trabajadores del tribunal (guardias, taquígrafas, alguaciles...), su papel es totalmente secundario y nunca se percibe; nunca se las ve fuera de sus cabinas, hablando entre sí en los pasillos durante los relevos y ninguna/o de ellas/os tiene un cameo, ni mucho menos tienen voz propia, ni siquiera de manera anecdótica, para expresar cualquier aspecto complicado de su trabajo.

Se puede decir que, a este nivel, la situación poco ha cambiado desde aquel entonces hasta la actualidad, donde las intérpretes profesionales son muchas veces percibidas como una simple pieza mecánica más de un engranaje tecnológico; un "diccionario ambulante" que hace posible el "milagro" de la interpretación y que sólo vuelven al primer plano cuando el sistema deja de funcionar por la razón que sea (no necesariamente por culpa de la intérprete) cuando se encienden las luces amarilla o roja, reales o metafóricas.

A modo de conclusión, se puede afirmar que, con independencia de la veracidad histórica de la película en otros aspectos y recordando además que se trata de un docudrama ficcionalizado, basado o inspirado en hechos reales y no de un documental, dentro de sus inevitables limitaciones y habida cuenta del carácter esencialmente secundario de la interpretación en el desarrollo de la trama, la película sí se esfuerza por aproximarse a un retrato razonablemente fidedigno del auténtico funcionamiento del sistema de interpretación durante los Juicios de Núremberg. Posiblemente motivado por la expectativa que suscitó en su día, el director opta por colocar la interpretación en un primer plano desde el principio de la película, con tomas donde incide de manera destacada no solo en el despliegue tecnológico, sino también en las y los propias intérpretes en su cabina.

Aun desviándose por razones cinematográficas del modo de interpretación simultánea propiamente dicha, la manera que se dispone de recurrir a una pseudoconsecutiva permite trasmitir al público profano en la materia una idea bastante correcta del funcionamiento de la novedosa e innovadora técnica simultánea. El recurso constante del uso de auriculares como utilería o *attrezzo* que los diferentes personajes se colocan y se quitan de manera muy ostensible a lo largo de la película se convierte en un auténtico símbolo de la interpretación y permite mantener presente en todo momento la idea de que ésta siempre se encuentra latente, incluso si se recurre al artilugio cinematográfico del uso del acento alemán al expresarse en inglés por parte de los personajes germanófonos para aligerar una película ya de por sí extensa y densa.

La versión que relata la película de los hechos en general recobra un calado especialmente significativo a la luz de su alcance en términos de envergadura del público a nivel mundial, pero sobre todo en los propios Estados Unidos, en particular al tratarse de un docudrama en cuya veracidad y autenticidad tendrá mayoritariamente que confiar este público a pesar de su naturaleza ficcionalizada. Asimismo, el retrato que se presenta específicamente del papel primordial que juega el sistema de interpretación, así como las y los intérpretes que hay detrás de la panoplia tecnológica, también habrá impactado a este mismo público de manera positiva desde una estricta visión profesional.

Bibliografía

Baigorri, J. 1999. "Conference interpreting: from modern times to space technology", *Interpreting: international journal of research and practice in interpreting*, 4(1), 29–40.

Baigorri, J. 2000. *La Interpretación de conferencias. El nacimiento de una profesión. De Paris a Nuremberg*, Granada: Comares.

Baigorri, J. 2004. *Interpreters at the United Nations: a history*, Salamanca: Universidad de Salamanca.

Baigorri, J. 2011. "Los intérpretes en el cine de ficción: una propuesta de investigación", en Miguel Zarandona, J. (ed.) *Cultura, literatura y cine africano: Acercamientos desde la traducción y la interpretación*, Valladolid: Universidad de Valladolid, 504–522.

Baigorri, J. y Takeda, K. 2016. "Introduction", en Takeda, K., y Baigorri, J. (ed.), *New Insights in the History of Interpreting*, Ámsterdam/Filadelfia: John Benjamins, vii–xvi.

Borgwardt, E. 2008. "A New Deal for the Nuremberg Trial: The Limits of Law in Generating Human Rights Norms", *Law and History Review*, 26(3), 679–705.

Bowen, M. 1996. "Interpreting at the League of Nations", en Tonkin, H. (ed.) *Report of the Thirteenth Annual Conference of the Center for Research and Documentation on World Language Problems in Cooperation with the Office of Conference Services*. Nueva York: Naciones Unidas, s.p.

Cerrato Rodríguez, B. 2013. *La imagen del intérprete en el cine del siglo XXI*. Trabajo de Fin de Grado, Grado en Traducción e Interpretación, Universidad de Salamanca. [Fecha de consulta: 28/05/2018. Documento disponible en: https://gredos.usal.es/jspui/bitstream/10366/123436/1/TFG_Cerrato_Rodriguez_Barbara.pdf].

Chernov, S. 2016. "At the dawn of simultaneous interpreting in the USSR. Filling some gaps in history", en Takeda, K. y Baigorri-Jalón, J. (ed.) *New Insights in the History of Interpreting*, Ámsterdam/Filadelfia: John Benjamins, 135–165.

Cronin, M. 2006. *Translation and Identity*, Londres: Routledge.

Gaiba, F. 1998. *The Origins of Simultaneous Interpretation. The Nuremberg Trial*, Ottawa: University of Ottawa Press.

Gaiba, F. 1999. "Interpretation at the Nuremberg Trial", *Interpreting*, 4(1), 9–22.

Gonshak, H. 2008. "Does Judgment at Nuremberg Accurately Depict the Nazi War Crimes Trial?", *Journal of American Culture*, 31(2), 153–163.

Heller, K.J. 2011. *The Nuremberg Military Tribunals and the Origins of International Criminal Law*, Oxford: Oxford University Press.

Hirschman, E.C., y Stern, B.B. 1994. "Women As Commodities: Prostitution As Depicted in the Blue Angel, Pretty Baby, and Pretty Woman", *Advances in Consumer Research*, 21(1), 576–581.

Horne, G. 2006. *The Final Victim of the Blacklist: John Howard Lawson, Dean of the Hollywood Ten*, California: University of California Press.

Kaufmann, F.C. 2016. "The ambiguous task of the interpreter in Lanzmann's films Shoah and Sobibor. The interpreter's experience between the director, survivors of the camps and ghettos, and the eye of the camera", en Wolff, M. (ed.) *Interpreting in Nazi concentration camps*, Londres/Nueva York: Bloomsbury, 161–179.

Kelly, M.J. y McCormack, T.L.H. 2008. "Contributions of the Nuremberg Trial to the subsequent development of international law", en Blumenthal, D.A. y McCormack, T.L.H. [ed.] *The Legacy of Nuremberg: Civilising Influence or Institutionalised Vengeance?*, Leiden: Brill/Nijhoff, 101–129.

Lexikon des internationalen Films. s.d. *Kurzkritik: Das Urteil von Nürnberg*. [Fecha de consulta: 28/05/2018. Documento disponible en https://www.zweitausendeins.de/filmlexikon/?wert=28454&sucheNach=titel].

Macdonald, A. 2015. *The Nuremberg Trials: The Nazis brought to justice*, Londres: Arcturus.

Ndongo-Keller, J. 2015. "Vicarious trauma and stress management", en Mikkelson, H. y Jourdenais, R. (ed.)*The Routledge Handbook of Interpreting*,Londres: Routledge, 337–351.

Persico, J.E. 1994. *Nuremberg: Infamy on Trial*, Nueva York: Viking.

Pla Vall, E. 2007. "Las relaciones peligrosas: Cine y enseñanza, algo más que Buenos propósitos", *Conciencia Social* 11, 35–54.

Porzucki, N. 2014. "How the Nuremberg Trials changed interpretation forever", *Public Radio International*. [Fecha de consulta: 28/05/2018. Documento disponible en https://www.pri.org/stories/2014-09-29/how-do-all-those-leaders-un-communicate-all-those-languages].

Robert H. Jackson Center. s.d. *Nuremberg IBM System*. [Fecha de consulta: 28/05/2018. Documento disponible en https://youtu.be/564W493M7eU].

Xoán Montero Domínguez
Universidade de Vigo

La profesionalidad de los intérpretes en la película *El gendarme en Nueva York*, de Jean Girault

Resumen: La comedia *El gendarme en Nueva York* (1965) es un clásico del cine francés que gira en torno a la visita de un grupo de gendarmes, de la Brigada de Saint-Tropez, encargados de representar a Francia en el Congreso Internacional de Gendarmería de Nueva York.

En este largometraje podemos observar diversas técnicas de interpretación, que van desde la simultánea hasta la traducción a la vista, pasando por la bilateral y la consecutiva.

Para llevar a cabo nuestro análisis nos basaremos en las aptitudes que ha de tener un buen intérprete, definidas por Vanhecke y Lobato (2009) al igual que seguiremos a Baigorri (2011), para referirnos a la tipología de la interpretación, de acuerdo con la seriedad del intérprete, a la profesionalidad del mismo, a las técnicas de interpretación y a las diversas situaciones comunicativas en las que será necesaria la figura del mediador lingüístico y cultural.

Palabras clave: Interpretación, técnicas, cine, profesionalidad, comunicación

1 Introducción

La interpretación moderna, tal y como se entiende en la actualidad, surge después de la Primera Guerra Mundial, utilizándose por primera vez la técnica de consecutiva en la Conferencia de Paz de París (1919), evento de carácter político-diplomático en el que se aceptó el bilingüismo como un mal necesario y que exigió, de acuerdo con Iglesias (2007: 6), reclutar intérpretes. Para Baigorri (2000: 23) el hecho de interpretar consecutivamente los discursos en los dos idiomas oficiales "debió de resultar tedioso para un buen número de delegados asistentes a las reuniones de las comisiones, ya que muchos de ellos procedían de sus servicios diplomáticos nacionales y manejaban con soltura las dos lenguas". A partir de ese momento, esta técnica se fue generalizando en los encuentros internaciones en los que se empleaban principalmente el inglés y el francés. Sin embargo, tal y como apuntan Vanhecke y Lobato (2009: 4), con la interpretación consecutiva se alargaban mucho las reuniones y resultaban aburridas para los asistentes que conocían la lengua, razón por la cual cada delegado empezó a llevar a su intérprete particular que le susurraba al oído el discurso del orador; lo que hoy en día se denomina *chuchotage* o interpretación susurrada.

En el periodo de entreguerras —de esplendor para la interpretación consecutiva— las lenguas de trabajo seguían siendo el inglés y el francés. El intérprete, muy visible en las reuniones, actuaba de viva voz y tenía que poseer no solo el dominio de los idiomas, a la par que oratoria, sino también una buena preparación cultural y de protocolo, semejante a la de los propios dignatarios, ya que tenía que "mimetizarse entre los políticos y diplomáticos de la época" (Baigorri, 2000: 167).

El problema para la interpretación consecutiva surge con la aparición de nuevas lenguas en las reuniones internacionales. De este modo, en la Conferencia Internacional del Trabajo de 1925 se empezaron a utilizar nuevos métodos de interpretación, como el uso de cascos con receptores conectados a un micrófono próximo al orador y gracias al cual el intérprete traducía los discursos que se pronunciaban. A partir del año 1928, de acuerdo con Fernández (2001: 29), algunas organizaciones, como la Organización Internacional del Trabajo (OIT), empezaron a echar mano de la interpretación simultánea de manera sistemática; sin embargo, la autora apunta que el inicio profesional de esta técnica se encuentra en los Procesos de Nuremberg, juicio llevado a cabo contra los dirigentes nazis al término de la Segunda Guerra Mundial y que duró casi un año, del 20 de noviembre de 1945 al 1 de octubre de 1946. También Baigorri (2000: 270) es de la misma opinión al apuntar que el Proceso de Nuremberg es el acontecimiento en el que se produce el paso de la interpretación consecutiva a la simultánea, que acabará convirtiéndose "en la modalidad predominante de interpretación en las organizaciones y conferencias internacionales y lo sigue siendo en la actualidad"; fenómeno que se podrá visionar en la obra ¿*Vencedores o vencidos?* (Stanley Kramer, 1961).

Desde el punto de vista cinematográfico, la representación de la figura del intérprete en el cine hace su aparición en los inicios del siglo xx. Así, tal y como se puede comprobar en este volumen, una de las primeras representaciones sucede en el año 1908, en la obra *French interpreter policeman*, de Georges Méliès; llegando hasta nuestros días, tal y como demuestra la película *La llegada* (Denis Villeneuve, 2016).

Son muchas las representaciones de esta figura, con sus respectivas técnicas, en el cine contemporáneo. De este modo, y sin ánimo de ser exhaustivos, podemos observar la técnica de interpretación simultánea —además de en la película analizada en este trabajo, *El gendarme en Nueva York* (Jean Girault, 1965)— en ¿*Vencedores o vencidos?* (Stanley Kramer, 1961), *Charada* (Stanley Donen, 1963), *Vive y deja morir* (Guy Hamilton, 1973), *Mars Attacks* (Tim Burton, 1996), *La intérprete* (Sydney Pollack, 2005), *Guía del autoestopista galáctico* (Garth Jennings, 2005) o *Iron Man: el hombre de hierro* (Jon Favreau, 2008). La técnica de consecutiva se hace efectiva en *Windtalkers* (John Woo, 2002), *Lost in translation* (Sofia Coppola, 2003) o *La intérprete* (Sydney Pollack, 2005). Sin lugar a dudas, la técnica de interpretación más utilizada en el cine es la bilateral, entre las que podemos ver *El rey y yo* (Walter Lang, 1956), *Bananas* (Woody Allen, 1971), *La misión* (Roland Joffè, 1986), *Bailando con lobos* (Kevin Costner, 1990), *Nixon* (Oliver Stone, 1995), *La vida es bella* (*Roberto Benigni*, 1997), *La niña de tus ojos* (Fernando Trueba, 1998), *El hombre de la máscara de hierro* (Randall Wallace, 1998), *Salvar al soldado Ryan* (Steven Spielberg, 1998), *Guerreros* (Daniel Calparsoro, 2002), *El último samurái* (Edward Zwick, 2003), *Spanglish* (James L. Brooks, 2004), *Avatar* (James Cameron, 2009), *Malditos bastardos* (Quentin Tarantino, 2009), *Flor del desierto* (Sherry Hormann, 2010), *Green Zone: distrito protegido* (Paul Greengrass, 2010), *Rouge Brésil* (Sylvain Archambault, 2012) o *La noche más oscura* (Kathryn Bigelow, 2012), solo por citar algunas de las más conocidas.

2 Sinopsis de la película *El gendarme en Nueva York*

El largometraje *El gendarme en Nueva York* (Jean Girault, 1965) narra las peripecias de un grupo de gendarmes de Saint-Tropez, elegidos para representar a Francia en el Congreso Internacional de Gendarmería que se celebrará en la ciudad de Nueva York.

El sargento Cruchot (Louis de Funès), protagonista de la película, es el encargado de representar a Francia en el congreso. Todo transcurre con normalidad hasta que Cruchot cree ver a su hija Nicole (Geneviève Grad), que viajó como polizona hasta Manhattan.

La situación ilegal en la que se encuentra su hija en Nueva York pondrá nervioso a Cruchot, que intentará por todos los medios que su hija regrese a Francia, intentando disimular la situación delante de sus compañeros. Finalmente, el teniente Gerber (Michel Galabru) descubrirá que la joven Nicole viajó de manera ilegal, algo que le costará caro a Cruchot.

3 La profesionalidad de los intérpretes en las diversas técnicas de interpretación utilizadas en la película

Como señalamos más arriba, para llevar a cabo nuestro análisis, nos basaremos en las aptitudes que ha de tener un buen intérprete, definidas por Vanhecke y Lobato (2009: 9–15); aunque somos conscientes de que no todas las aptitudes se podrán analizar en las diferentes secuencias visionadas en la película. Estas autoras —basándose en la propuesta de Walter Keiser en el simposio de la OTAN de 1978, sobre lenguaje, interpretación y comunicación— desarrollan en su trabajo una serie de aptitudes con las que ha de contar un buen intérprete, y que son:

1. Conocimiento de las lenguas de trabajo, ya que el profesional ha de tener un excelente dominio de las lenguas de y hacia las que interpreta.
2. Capacidad de análisis y de síntesis, para poder tomar las decisiones que cree oportunas en la lengua de llegada.
3. Capacidad de extracción intuitiva del sentido del discurso, con el fin de anticipar y captar intuitivamente el sentido del discurso que está interpretando.
4. Capacidad de concentración, en tanto que sea capaz de dividir su atención escuchando el discurso, entendiéndolo y reproduciéndolo en otra lengua.
5. Buena memoria a corto y a medio plazo, puesto que la memoria desempeña un papel crucial para reproducir el discurso de manera fiel y precisa.
6. Voz y presencia aceptables, ya que, ante todo, el intérprete es un comunicador y, por lo tanto, ha de ser capaz de controlar su voz (respiración, diafragma, claridad…), al igual que ha de tener una presencia cuidada.
7. Curiosidad intelectual, honradez intelectual y amplia cultura general, con el fin de que pueda estar al día en el mayor número de ámbitos posible. Para ello, es necesario un trabajo constante de lectura y búsqueda de información, unido a una curiosidad y honradez intelectual.
8. Tacto y sentido diplomático, sin nunca llegar a ser el protagonista de la mediación entre dos personas, o grupo de personas, que necesitan de su ayuda para poder comunicarse.
9. Buena resistencia física y nerviosa y buena salud, para poder aguantar la concentración y la división de la atención durante su jornada de trabajo.

Estamos de acuerdo con la distinción entre técnicas y modalidades de interpretación que realizan Collados y Fernández (2001a: 47). Así, y siguiendo a estas especialistas, podemos decir que las técnicas "se caracterizan por una determinada manera de llevar a cabo la actividad interpretativa […]"; mientras que las modalidades "se relacionan con los eventos comunicativos y situaciones sociales en las que tiene lugar el trabajo del intérprete". De este modo, nos centraremos en las tres técnicas que se han utilizado a lo largo del largometraje y que son: interpretación simultánea, interpretación consecutiva e interpretación bilateral —siendo esta última la más recurrente en el ámbito cinematográfico— y añadiremos una última, traducción a la vista —que, aunque no esté indicada por las autoras anteriormente citadas, sí nos parece oportuno incluir en este trabajo.

La razón por la que hemos escogido esta película no es tanto por su calidad artística, que también, como por la representación de las diversas técnicas que en ella se muestran. Así, analizaremos las técnicas de interpretación que aparecen en el largometraje de acuerdo con el momento en el que van surgiendo. De este modo, empezaremos analizando la interpretación simultánea, seguiremos con la bilateral, la consecutiva y, finalmente, la traducción a la vista.

3.1 Interpretación simultánea

La interpretación simultánea es una técnica que consiste en la mediación oral realizada, con un desfase mínimo, entre el discurso original y la interpretación. Por lo tanto, en esta técnica, el profesional de la mediación lingüística, realiza la interpretación a medida que se va produciendo el discurso en lengua origen, escuchando y hablando al mismo tiempo.

> La interpretación simultánea es una actividad de procesamiento cognitivo que permite al oyente recibir en tiempo real la traducción del discurso original en una lengua comprensible para él. Esta actividad, caracterizada por la presencia ininterrumpida en lengua de llegada de un discurso pronunciado en lengua de partida, se inicia cuando el intérprete escucha parte de una frase pronunciada por un orador. (Vanhecke y Lobato, 2009: 7)

Cuando el intérprete recibe el primer segmento del discurso original ha de comenzar a interpretarlo y a restituirlo, por lo tanto, en lengua meta. Mientras vocaliza ese segmento, recibe la siguiente unidad de significado que ha de retener en su memoria, al tiempo que controla que su producción en lengua meta es la correcta, desde el punto de vista gramatical, lexical y de proyección del discurso. Así, siguiendo a Alonso (1999) la práctica de la interpretación simultánea se caracteriza por la realización de, al menos, tres tareas básicas: (a) escuchar/comprender y hablar simultáneamente, (b) reexpresar el mensaje en otra lengua, oralmente y a velocidad normal de producción del discurso y (c) prever lo que se va a decir a continuación.

Queremos destacar el protagonismo absoluto que tiene la voz en la interpretación simultánea, ya que, como refiere Collados (1998: 5), al desaparecer las posibilidades corporales y faciales del intérprete, únicamente queda su voz y, por lo tanto "es la voz del intérprete de IS la que debe concentrar toda la responsabilidad de una interpretación *integral*".

La interpretación simultánea acarrea un gran número de operaciones cognitivas. En el análisis funcional realizado para la elaboración del modelo de esfuerzos en simultánea, Gile (1995) definió tres grupos de operaciones:

1. Esfuerzo de escucha y de análisis. Engloba todas las operaciones mentales que intervienen entre la percepción del sonido del discurso por medio de

los órganos auditivos y el momento en el cual el intérprete ha atribuido un sentido al segmento del discurso oído, o el momento en el que él renuncia a hacerlo.

2. Esfuerzo de producción del discurso. Engloba el conjunto de operaciones mentales que intervienen entre el momento en el que el intérprete decide transmitir una determinada información o una idea y el momento en el cual él produce verbalmente el enunciado elaborado.

3. El esfuerzo de memoria a corto plazo. Se corresponde con el conjunto de operaciones ligadas al almacenamiento en la memoria de segmentos del discurso oídos hasta su restitución en lengua meta, a la pérdida, en el caso de que desaparezcan de la memoria, o a la decisión del intérprete de no traducirlos.

Shlesinger (1995; en Alonso, 2009) señala tres grandes limitaciones definitorias de esta técnica: (1) limitaciones de carácter temporal, (2) limitaciones producidas como consecuencia de la linealidad del TO y (3) limitaciones impuestas por la falta de conocimiento compartido.

> Las primeras se refieren a que el intérprete debe simultanear varias tareas cognitivas concurrentes en el tiempo; las segundas tienen que ver con que el intérprete, excepto en raras ocasiones, no puede tener una visión global de la totalidad del TO, que se despliega en pequeñas unidades; las terceras hacen referencia a la gran paradoja de este trabajo, […]: la persona que posiblemente menos sabe sobre el tema —el intérprete— es el encargado de establecer la comunicación entre una multitud de superexpertos. (Alonso, 2009: 18)

Comprobamos, por lo tanto, que las tareas que se realizan en una interpretación simultánea son múltiples. Así,

> En même temps que l'interprète entend son discours, il perçoit la situation globale dans laquelle se déroule la réunion ; en même temps qu'il conceptualise ce qu'il vient d'entendre, il entend la suite et énonce le résultat de son opération de conceptualisation ; ce faisant, il écoute également ce qu'il dit lui-même pour vérifier la correction de son expression. (Seleskovitch y Lederer, 1986: 137)

La situación más común en la que se desarrolla una interpretación simultánea es un congreso internacional, tal y como sucede en la película que estamos analizando. La escena sucede durante la sesión inaugural del congreso. Después de escuchar el himno estadounidense, el público asistente se sienta y comienza a hablar un orador en inglés (min. 32:11). Los canales de las diferentes combinaciones lingüísticas están indicados en un cartel (Alemán 1, Inglés 2, Francés 3 y Ruso 4). Todos los asistentes se colocan los auriculares menos Cruchot, que hace ademán de entender perfectamente. Su superior, Gerber, le indica que se coloque los auriculares. Cruchot tiene algún problema de audición y no entiende el chiste que cuenta el orador y que el intérprete trasvasa de manera profesional. Segundos después, los auriculares del sargento tienen interferencias. Empieza a cambiar de canal y se da cuenta de que únicamente el tercero (correspondiente con la cabina de francés) es el que va mal. Se quita los auriculares y los golpea contra la mesa, lo que provoca que el orador detenga su discurso. Al ver que no es capaz de parar el sonido producido por las interferencias coge una navaja y la introduce en la clavija del auricular, situada en la mesa, lo que provoca un corte de sonido en toda la sala.

Para dotar de verosimilitud a la escena, la cámara hace un recorrido por toda la sala hasta llegar a las cabinas, al tiempo que nos deja entrever las intervenciones de los intérpretes en las diversas combinaciones lingüísticas. Nos parece interesante resaltar que esa prueba de realidad y profesionalidad que el director de la película quiere dar también se muestra en la cantidad de intérpretes que están trabajando: dos por cabina, tal y como se espera en una jornada de interpretación realizada en un congreso.

Desde el punto de vista de la profesionalidad, podemos constatar que el intérprete tiene un buen conocimiento de las lenguas de trabajo (inglés>francés) y una buena capacidad de concentración, pues capta el sentido del discurso y lo reproduce en francés con una voz grave y clara, que hace que se entienda totalmente discurso; además, llega incluso a interpretar un pasaje de humor, algo que, sin lugar a dudas, acarrea dificultades a cualquier profesional de la mediación lingüística y cultural, debido a la conexión que existe entre el humor y la cultura.

Sin embargo, y como no podía ser de otra manera en esta película, la escena acaba con un toque de humor producido por el sargento Cruchot al cortar el sonido de la sala; aunque este toque de humor en absoluto desmerece la profesionalidad del intérprete mostrada en esta secuencia.

3.2 Interpretación bilateral

La interpretación bilateral —denominada igualmente "de enlace" o "comunitaria"— se desarrolla normalmente cuando el intérprete se encuentra entre dos personas que hablan idiomas diferentes y traduce cada secuencia del diálogo entre los interlocutores, haciendo viable así la comunicación "entre personas que no dominan o entienden la lengua o lenguas oficiales, y las personas que trabajan en los servicios públicos con el fin de facilitar y procurar un acceso igualitario a los servicios jurídicos, sanitarios, educativos, sociales, etc." (Vanhecke y Lobato, 2009: 9). Tal y como afirman estas autoras, este tipo de interpretación se lleva a cabo en el lugar en el que surja la necesidad, como puede ser el caso de un hospital, una escuela, un centro de refugiados o, como sucede en nuestro ejemplo, una comisaría de policía.

Collados y Fernández (2001a: 48) se refieren a esta técnica como "la mediación oral que se realiza por un solo intérprete, en las dos direcciones, e inmediatamente después de cada una de las intervenciones de los interlocutores presentes en la situación comunicativa". Estas mismas autoras (Collados y Fernández, 2001b: 66–69) indican que los rasgos distintivos de este tipo de interpretación son la bidireccionalidad, lo que hace que el intérprete tenga que cambiar continuamente de código lingüístico; la diversidad de contextos situacionales, que requerirá del intérprete una buena capacidad de adaptación a los distintos contextos; la imprevisibilidad y la diversidad temática, que pueden incluso llegar a ser cuestiones ajenas al propio encuentro, tal y como sucede en la escena analizada en este largometraje; la dificultad de la toma de notas, bien por el entorno físico, bien para no ralentizar el proceso de comunicación; los automatismos conversacionales, que se expresan de manera diferente en cada lengua; el lenguaje espontáneo, que hace que los interlocutores acomoden sus intervenciones a la dinámica conversacional; la variedad en los estilos de lengua o registros, ya que el orador se expresa de manera espontánea, sin apoyarse en un texto escrito y, finalmente, las diferencias culturales entre los interlocutores, que hará que parte del esfuerzo del intérprete se encamine a atenuar tales diferencias.

> Podemos decir que esta es la diferencia que distingue el trabajo del intérprete de la modalidad de bilateral, del de la interpretación de conferencias. Es decir, el intérprete tiene que asegurarse de que la conversación vaya en la dirección deseada por los interlocutores, por tanto, tiene que prestar especial atención a la adecuación pragmática del enunciado traducido y no solamente a su adecuación gramatical y lexical. (Grabarczyk, 2009: 77–78)

Desde el punto de vista de la caracterización situacional, la interpretación bilateral puede realizarse en diversos entornos físicos en los que los elementos culturales, verbales o no verbales, son fundamentales para que el intérprete realice bien su trabajo. Tanto es así que, de acuerdo con Collados y Fernández (2001a: 49) los aspectos de "la comunicación no verbal adquieren una gran importancia ya que el intérprete coopera en el éxito de la reunión no únicamente con sus palabras sino con su persona, que se convierte también en parte esencial de la interacción".

El contexto de la escena de la interpretación bilateral se da después de que el sargento Cruchot abra las puertas de todas las habitaciones de un hotel buscando a su hija. La policía lo detiene después de bajar por la escalera de emergencia del hotel. Una vez en la comisaría, el teniente le indica al intérprete que le diga a Cruchot (min. 42:06) "que está seguro de que usted no pretendía nada malo; pero que él no quiere problemas y le ruega que sea usted tan amable de no repetir esa clase de bromas". El superior de Cruchot le dice al intérprete que le traduzca al teniente que cuidará "personalmente de que no se produzcan nueva-mente estos incidentes"; pero el teniente da por entendido el mensaje y corta al intérprete. Sin embargo, una vez que Cruchot se propone marchar, el teniente le dice al oído del intérprete que "sería conveniente que le viera un médico", lo que el intérprete hace llegar al superior de Cruchot.

La interpretación bilateral se desarrolla en un clima de normalidad para que el intérprete —que en todo momento muestra su profesionalidad— lleve a cabo su interpretación. El conocimiento de las lenguas de trabajo resulta evidente en la bidireccionalidad utilizada por el intérprete, así como su capacidad de análisis y síntesis a la hora de reproducir el discurso. Se comprueba igualmente que este profesional cuenta con una buena memoria a corto plazo, al igual que una voz y presencia aceptables, con tacto, sentido diplomático y una buena resistencia nerviosa.

El toque de humor no procede de una mala praxis de la interpretación; sino del hecho de que el teniente recomiende al superior de Cruchot que lo vea un médico, debido a las alucinaciones que cree que este sufre al ver a su hija.

3.3 Interpretación consecutiva

La interpretación consecutiva se caracteriza por ser la mediación oral que realiza un intérprete después de la intervención de un orador y, normalmente, tiene lugar en contextos formales. De acuerdo con Collados y Fernández (2001a: 49), el discurso que se interpreta puede "tener un alto grado de complejidad y dura-ción, lo que hace necesario, en la mayoría de los casos, que el intérprete se ayude de la toma de notas para proceder, en su momento, a la recuperación de la infor-mación". Esta técnica suele utilizarse en actos protocolarios, como es el caso del ejemplo analizado en esta película, contextualizado en una rueda de prensa.

Las fases del proceso en la interpretación consecutiva son principalmente dos, la fase de recepción y la de producción. En la primera fase, el intérprete percibe el discurso original y retiene parte de la información en la memoria a corto plazo.

> En esta primera fase pueden distinguirse los siguientes componentes típicos: a) *escucha y análisis*, que consisten, primero, en la audición e identificación de los elementos de la secuencia fonética y, segundo, en la comprensión sintáctica, semántica y pragmática de las unidades que componen la emisión recibida; b) *memoria a corto plazo*, en virtud de la cual el intérprete retiene y procesa [...] elementos informativos que considera per-tinentes para la comprensión progresiva y la posterior reproducción del discurso [...].
> (Abuín, 2007: 30)

En la fase de producción pueden distinguirse los siguientes componentes:

a) *recuperación informativa*, operación compleja a través de la cual el intérprete dispone de las unidades de contenido y/o de los rasgos lingüísticos y pragmáticos almacenados en su memoria y en las notas durante la fase de recepción; b) *lectura de notas*, que consiste en el desciframiento, la interpretación y la producción oral de las anotaciones registradas en el curso de la primera fase; c) *producción*, actividad por la que el intérprete recodifica el discurso original y d) *reexpresión*, que consiste en la verbalización efectiva del mensaje en la lengua de llegada. (Abuín, 2007: 31)

Consideramos la siguiente escena como una prueba de interpretación consecutiva (sin toma de notas, al tratarse de un discurso breve) y no bilateral, al producirse en un contexto en el que daría lugar este tipo de interpretación. El acto comunicativo se produce después de una secuencia, a modo de musical, en la que, con la ayuda de Cruchot, la policía de Nueva York consigue detener a un fugitivo de la justicia. El teniente de la policía neoyorquina da las gracias a la gendarmería francesa por su acción y el intérprete, sin toma de notas, traduce el acto comunicativo. En esta secuencia no se produce interpretación inversa (francés>inglés) ya que justo después de la intervención del intérprete los medios de comunicación comienzan a fotografiar al sargento Cruchot.

El acto interpretativo se produce en un contexto formal y de manera profesional. Aunque no podamos comprobar en la secuencia la toma de notas por parte del intérprete, por ser, como hemos indicado, una interpretación breve, sí podemos observar que este profesional —que resulta ser el mismo que el de la anterior secuencia de interpretación bilateral— cuenta, como en el ejemplo anterior, con una buena memoria a corto plazo, al igual que una voz y presencia aceptables, con tacto, sentido diplomático y una buena resistencia nerviosa.

Lo que da el toque de humor a la secuencia es el hecho de haber detenido al prófugo por medio de un musical.

3.4 Traducción a la vista

La traducción a la vista consiste, tal y como afirma Jiménez (1999: 148) "en la reformulación oral en lengua de llegada de un texto escrito en lengua de partida para, al menos, un destinatario; este oyente puede ser un destinatario que comparte la misma situación comunicativa con el traductor […]". Es, por lo tanto, "la transposición oral de un mensaje escrito en otra lengua distinta" (Iglesias, 2007: 173) y, como consecuencia, tiene similitudes con la interpretación simultánea, con la consecutiva y con la traducción escrita; aunque "son oralité la soumet à la même loi que celle qui régit l'interprétation, a savoir l'instantanéité de la compréhension et de la reformulation des contenus cognitifs" (Déjean, 1981: 95).

Para esta autora, aunque la comprensión del sentido no es un problema en un primer momento, sí lo es en la reformulación del mismo.

> En effet, l'influence de la langue source et les interférences linguistiques auxquelles elle donne lieu sont encore plus marquées qu'en interprétation simultanée. Cela tient au fait que l'interprète a le pouvoir d'arrêter son regard sur telle ou telle partie du texte, c'est-à-dire d'influer, comme il le désire, sur sa perception visuelle, [...] ce qui l'entraîne à ne pas savoir oublier, comme il le faudrait, la forme originale. (Déjean, 1981: 95)

La traducción a la vista se muestra, así, como una simultánea, ya que ha de realizarse de manera rápida, espontánea y con claridad y, para conseguir esto, el intérprete —en la reformulación— ha de ayudarse de su memoria a corto plazo, como si estuviese realizando una consecutiva. Sin embargo, existen diferencias notables entre la interpretación simultánea y la traducción a la vista. De este modo,

> [...] el discurso por interpretar es oral en la IS y escrito en la TaV; mientras que en la IS se puede contar con los elementos prosódicos del discurso, en la TaV solo es posible apoyarse en la puntuación; el ritmo de producción lo marca el ponente en la IS, mientras que en la TaV es marcado por el intérprete; en la TaV el intérprete tiene la posibilidad de anticipar, gracias a la lectura. (Morelli, 2009: 420)

La mejor estrategia para llevar a cabo una buena traducción a la vista sería preparar el texto con antelación, marcando los elementos de difícil comprensión, por medio de barras oblicuas, (Gile, 1995: 141) "qui permet à l'interprète de délimiter visuellement des unités de traitement, ainsi que la numérotation des éléments d'une structure linguistique devant être restituée dans un ordre différent", algo que no siempre sucede, como en el caso del ejemplo escogido de la película.

La secuencia de la traducción a la vista se inicia cuando un grupo de gendarmes le muestra al sargento Cruchot que sale en la primera página del periódico, ensalzando el hecho de haber detenido al prófugo. Cuando el teniente Gerber abre el periódico para ver la noticia, el sargento Cruchot ve que en la contraportada del mismo aparece una foto de su hija con un chico. En ese momento decide coger el periódico y romperlo en pedazos. Hace lo mismo con los demás periódicos que tienen las personas que están en la recepción del hotel, que únicamente quieren felicitarlo por la hazaña.

Después (min. 01:02:52), se dirige a la recepción del hotel y repara en un cartel que pone "interpreters", y le pregunta al recepcionista si puede traducirle la noticia. El recepcionista traduce la noticia y Cruchot le ordena que pare y que queme todos los periódicos una vez se entera de que su hija está enamorada de un joven *carabiniere* italiano.

El acto de traducción, dentro de la secuencia de humor, se produce de manera normal, teniendo en cuenta en esta ocasión que no se trata de un intérprete profesional, tal y como sucedía en las anteriores interpretaciones. Sin embargo, creemos que el director de la película quiso marcar esta no profesionalidad del intérprete y, para ello, se ayudó del acento americano del recepcionista del hotel a la hora de realizar la traducción a la vista.

4 A modo de conclusión

Al tratarse de una comedia, cabría esperar, en un primer momento, que la representación de los intérpretes que aparecen en esta película desempeñaría un papel humorístico en la trama de la misma. Sin embargo, después de analizar cada una de las secuencias en las que se desarrollan las diversas técnicas de interpretación, podemos concluir que esto no sucede en ninguna de las ocasiones.

Si recogemos las clasificaciones de Baigorri (2011), que indicábamos al principio de nuestro trabajo, podemos afirmar que los pasajes de interpretación que se muestran en esta obra —ya sea en la técnica de simultánea, bilateral, consecutiva o traducción a la vista— son fieles a la realidad profesional de este ámbito, al igual que la seriedad con la que se trata esta profesión, tanto desde el punto de vista de la representación de los intérpretes profesionales, ejemplificados en las secuencias de la interpretación simultánea, bilateral y consecutiva, como en la representación del intérprete no profesional, ejemplificado en la escena de la traducción a la vista.

De este modo, comprobamos que en este filme los intérpretes se rigen por el código deontológico esperado en la profesión que ejercen, y llegan a mostrarnos, casi de manera didáctica, los entresijos de la actividad profesional.

Por lo tanto, llegamos a la conclusión de que el director de la obra, Jean Girault, quiso contraponer humor vs. seriedad, mostrando la profesionalidad de los personajes-intérpretes que salen en el largometraje con el fin de resaltar el toque de humor de los contextos en los que aparecen escenas de interpretación.

Bibliografía

Abuín, M. 2007. *El proceso de interpretación consecutiva. Un estudio del binomio problema/estrategia*, Granada: Editorial Comares.

Allen, W. 1971. *Bananas*, Estados Unidos.

Alonso, L. 1999. "Metodología de iniciación a la interpretación simultánea", en *Perspectives: Studies in Translatology*, Vol. 7:2, 253–293.

Alonso, L. 2009. *El procesamiento de la información durante la interpretación simultánea: un modelo en tres niveles*, Granada: Atrio.

Archambault, S. 2012. *Rouge Brésil*, Francia, Portugal, Brasil.

Baigorri, J. 2000. *La interpretación de conferencias: el nacimiento de una profesión. De París a Nuremberg*, Granada: Editorial Comares.

Baigorri, J. 2011. "Los intérpretes en el cine de ficción: una propuesta de investigación", en J. M. Zarandona (ed.) *Cultura, literatura y cine africano: acercamientos desde la traducción y la interpretación*, Valladolid: Universidad de Valladolid, 504–522.

Benigni, R. 1997. *La vida es bella*, Italia.

Bigelow, K. 2012. *La noche más oscura*, Estados Unidos.

Brooks, J. L. 2004. *Spanglish*, Estados Unidos.

Burton, T. 1996. *Mars Attacks*, Estados Unidos.

Calparsoro, D. 2002. *Guerreros*, España.

Cameron, J. 2009. *Avatar*, Estados Unidos.

Collados, Á. 1998. *La evaluación de la calidad en interpretación simultánea. La importancia de la comunicación no verbal*, Granada: Editorial Comares.

Collados, Á. y Fernández, Mª. M. 2001a. "Concepto, técnicas y modalidades de interpretación", en Collados, Á. y Mª Manuela Fernández (coords.) *Manual de interpretación bilateral*, Granada: Editorial Comares, 39–60.

Collados, Á. y Fernández, Mª. M. 2001b. "La interpretación bilateral: características, situaciones comunicativas y modalidades", en Collados, Á. y Mª Manuela Fernández (coords.) *Manual de interpretación bilateral*, Granada: Editorial Comares, 61–77.

Coppola, S. 2003. *Lost in translation*, Estados Unidos.

Costner, K. 1990. *Bailando con lobos*, Estados Unidos.

Déjean, K. 1981. "L'enseignement des méthodes d'interprétation", en Delisle (réd) *L'enseignement de l'interprétation et de la traduction: de la théorie à la pédagogie*, Ottawa: Éditions de l'Université d'Ottawa, 75–98.

Donen, S. 1963. *Charada*, Estados Unidos.

Favreau, J. 2008. *Iron Man: el hombre de hierro*, Estados Unidos.

Fernández, Mª. M. 2001. "La práctica de la interpretación: introducción histórica", en Collados, Á. y Mª Manuela Fernández (coords.) *Manual de interpretación bilateral*, Granada: Editorial Comares, 1–37.

Gile, D. 1995. *Regards sur la recherche en interprétation de conférence*, Lille: Presses Universitaires de Lille.

Girault, J. 1965. *El gendarme en Nueva York*, Francia.

Grabarczyk, A. H. 2009. *La mediación cultural en la interpretación bilateral de negociaciones empresariales. Una perspectiva etnolingüística*, Málaga: Servicio de Publicaciones de la Universidad de Málaga.

Greengrass, P. 2010. *Green Zone: distrito protegido*, Estados Unidos.

Hamilton, G. 1973. *Vive y deja vivir*, Estados Unidos.

Hormann, Sh. 2010. *Flor del desierto*, Reino Unido.

Iglesias, E. 2007. *Didáctica de la interpretación de conferencias: teoría y práctica*, Granada: Editorial Comares.

Jennings, G. 2005. *Guía del autoestopista galáctico*, Estados Unidos.

Jiménez, A. 1999. *La traducción a la vista. Un análisis descriptivo*, tesis doctoral no publicada, Castellón: Universitat Jaume I. [Fecha de consulta: 02/10/18. Documento disponible en https://www.tdx.cat/handle/10803/10564].

Joffè, R. 1986. *La misión*, Reino Unido.

Kramer, S. 1961. *¿Vencedores o vencidos?*, Estados Unidos.

Lang, W. 1956. *El rey y yo*, Estados Unidos.

Méliès, G. 1908. *French interpreter policeman*, Francia.

Morelli, M. 2009. "La ambigüedad en la interpretación simultánea y en la traducción a la vista español-italiano: un experimento", en *Miscelánea*, Vol. 67, N°131, 415–459.

Pollack, S. 2005. *La intérprete*, Reino Unido.

Seleskovitch, D. y Lederer, M. 1986. *Interpréter pour traduire*, París: Publications de la Sorbonne.

Spielberg, S. 1998. *Salvar al soldado Ryan*, Estados Unidos.

Stone, O. 1995. *Nixon*, Estados Unidos.

Tarantino, Q. 2009. *Malditos bastardos*, Estados Unidos.

Trueba, F. 1998. *La niña de tus ojos*, España.

Vanhecke, K. y Lobato, J. 2009. *La enseñanza-aprendizaje de la interpretación consecutiva: una propuesta didáctica. Aplicaciones a las combinaciones lingüísticas inglés-español y francés-español*, Granada: Editorial Comares.

Villeneuve, D. 2016. *La llegada*, Estados Unidos.

Wallace, R. 1998. *El hombre de la máscara de hierro*, Estados Unidos.

Woo, J. 2002. *Windtalkers*, Estados Unidos.

Zwick, E. 2003. *El último samurái*, Estados Unidos.

Laura Santamaria Guinot
Universitat Autònoma de Barcelona

L3 = L2 ¿Qué hacemos con el intérprete no profesional?[1]

Resumen: En este capítulo abordaremos el tema de la interpretación no profesional en dos películas del director británico Ken Loach, *Land and Freedom* (LF) y *Carla's Song* (CS), dos del director estadounidense Woody Allen, *Vicky Cristina Barcelona* (VCB) y *Midnight in Paris* (MNP), y una del director también estadounidense James L. Brooks, *Spanglish* (SPG). La elección de estas películas se debe al interés por exponer cómo se han traducido las producciones multilingües de diferentes directores al español peninsular (L2, lengua de traducción) las mediaciones de los personajes que actúan de intérpretes no profesionales (a) cuando en el original cumplen el objetivo de permitir la comprensión de los enunciados en español o catalán (L3, lengua o lenguas que aparecen en el original además de la L1) a los personajes que no conocen estas lenguas y que hablan en inglés (L1, lengua original), y (b) cuando en otras ocasiones interpretan hacia el español las intervenciones en inglés (L1) para los personajes que desconocen el inglés. Queremos analizar hasta qué punto en las traducciones correspondientes hacia el español desaparece esta necesidad de ofrecer una interpretación diegética para la L1, ya que la L1 (inglés) se traduce al español (L2), y la L3ST es la lengua del público receptor de la L2.

En un proyecto de investigación reciente (trafilm.net) hemos analizado más de un centenar de películas y episodios de series y hemos distinguido entre la interpretación que se puede realizar de manera interlingüística por el mismo personaje o por un personaje distinto de forma correcta o incorrecta. Presentaremos aquí las distintas estrategias y modalidades que se utilizan en las traducciones hacia el español peninsular. Describiremos cómo las traducciones incluyen desde cambios de sentido de las frases originales hasta la repetición de enunciados, a pesar de que en algunos casos desaparece la coherencia textual y narrativa.

Palabras clave: Traducción audiovisual, L3, multilingüismo, interpretación, estrategias de traducción

El multilingüismo en las producciones audiovisuales

Las películas que hemos seleccionado para este capítulo tienen en común que son producciones multilingües en las que aparece la figura del intérprete no profesional. En concreto nos interesa observar de qué forma se traducen sus

---

1   Este artículo ha recibido la ayuda del proyecto TRAFILM sobre la traducción de películas multilingües en España FFI 2014-55952-P del Ministerio de Economía y Competitividad.

interpretaciones cuando la lengua original y la de llegada son el español. En los originales, la necesidad de traducción está justificada porque, en algunos casos, los acontecimientos tienen lugar en países en los que el español es lengua propia (CS), porque el español es una de las lenguas habladas en ese territorio (en LF y VCB, si bien los filmes transcurren en Cataluña y en zonas aragonesas donde se habla catalán, el catalán tiene una presencia menor como veremos), porque aparecen personajes que hablan español aunque el escenario esté situado en París (Pablo Picasso y el torero Juan Belmonte en MNP) o en entornos con un alto uso del español como en SPG (en este film ya en los primeros minutos se avisa al espectador de que la protagonista está buscando un sitio donde vivir en Estados Unidos en el que el entorno cultural sea Latinoamericano).

El porcentaje de minutos en los que aparecen lenguas distintas al inglés varía. En algunos de los filmes es similar al inglés (SPG), en algunos casos el porcentaje más bajo (LF y CS), en algunas películas el porcentaje es claramente inferior (MNP) y a veces aparecen de manera meramente residual (VCB). Resulta interesante ver que la producción que más utiliza una segunda lengua en el original (SPG) sea precisamente la que la narración transcurre en Estados Unidos.

De acuerdo con Delabastita y Grutman (2005) se podrían clasificar de multilingües los textos que utilizan distintas lenguas, pero dada la dificultad de definir lengua estos autores optan por "a very open and flexible concept which acknowledge not only the 'official' taxonomy of languages but also the incredible range of subtypes and varieties existing *within* the various officially recognised languages" e incluyen, asimismo, todo tipo de interferencias lingüísticas de los hablantes no nativos. Precisamente los intérpretes no profesionales en los filmes escogidos forman parte de este último grupo. De Higes (2014:214) describe como *interlanguage* las inferencias fonéticas, los calcos léxicos y las simplificaciones pragmáticas y morfosintácticas presentes en la lengua de los hablantes no nativos. Además, no siempre los personajes que utilizan el inglés como lengua vehicular comparten la misma variedad geográfica. En CS aparecen dos personajes, Bradley y David que hablan en inglés, el primero con acento norteamericano y el segundo con acento escocés. A lo largo de este trabajo vamos a tener en cuenta las variedades lingüísticas porque juegan un papel destacado en la interpretación de las identidades de los personajes por parte de los espectadores (Bucholtz y Hall, 2004 y Ellender, 2015).

La presencia de más de una lengua en el original añade dificultades a la producción (Trafilm Conference: https://www.youtube.com/watch?reload=9&v=U-b5rkZtRarA&feature=youtu.be) y también a la comprensión por parte de los espectadores, ya que el público debe incrementar el esfuerzo para lograr derivar las implicaciones necesarias a partir de unos efectos contextuales que pueden variar debido a que las lenguas pueden ser percibidas de forma distinta en situaciones culturales diferentes (Gutt, 1991). Quizás por ello y por una voluntad ideológica determinada, las producciones audiovisuales tanto nos pueden esconder el multiculturalismo de la sociedad donde se desarrolla la acción, y presentarnos unos valores únicos y comunes, como pueden crear lo que Zumalde (2008) ha denominado *filmes puzzle* "que portan consigo determinados signos que cada grupo sociológico identifica y reconoce con vistas a un funcionamiento semiótico similar al de los bloques televisivos de spots publicitarios, donde cada cual conecta y empatiza con el mensaje concebido para su nicho identitario". En estas producciones la lengua es un factor identitario claro (Bucholtz y Kira, 2004) y en nuestro corpus hemos podido observar que en los guiones se refleja la necesidad de aclarar, desde un primer momento, la procedencia de los hablantes para acreditar sus usos lingüísticos y, concretamente, los personajes que actuarán de intérpretes explicitan cómo han aprendido la lengua extranjera, de forma que parece que quieran garantizar que realizarán unas buenas interpretaciones. De hecho, Baigorri (2011:513) pone de relieve que en el cine parece que el "intérprete amateur hubiera estado siempre haciendo esta tarea". Así, pues, el conocimiento de inglés y el proceso de adquisición de esta lengua se convierte en una característica más de dichos personajes.

Son varios los autores que profundizan en la perspectiva ideológica de la presencia de lenguas distintas al inglés. Por ejemplo, Petrucci (2015:393) afirma que la tendencia de Hollywood "to reduce multilingual story lines to predominantly (American) English ones reflects a language ideological claim reproduced in the discourses of other institutional and semi-institutional contexts: monolingualism and linguistic homogeneity is seen as a normal and desired state of affairs", es decir que si bien puedan aparecer lenguas distintas al inglés, ésta se convierte siempre en la dominante aunque, debemos añadir, los hechos transcurran en entornos de lengua no inglesa como ocurre en cuatro (CS, LF, MNP, VCB) de las cinco películas analizadas. En las versiones originales de las películas escogidas siempre que es posible se recurre al inglés como lengua de comunicación, sin embargo pudiera llegar a parecer normal que los personajes utilizaran otra u otras lenguas.

Por ello y para distinguir las situaciones que se crean en las producciones audiovisuales, sobre todo en las estadounidenses, de otras instancias de multilingüismo, Grutman (2006) utiliza el término de heterolingualismo con la voluntad de evitar la confusión con los fenómenos relacionados con las lenguas en contacto como ocurre en LF y VCB. Según este autor los filmes no tienden a "give equal prominence to two (or more) languages" sino que "add a liberal sprinkling of other languages to a dominant language identified as their central axis". De esta forma, la presencia de distintas lenguas o variedades lingüísticas en las producciones audiovisuales genera un puzzle lingüístico determinado (Zumalde, 2008).

Otra consecuencia del uso de lenguas o dialectos distintos es que se pone de relieve la alteridad de los personajes que hacen uso de los mismos. De esta forma, a pesar de que las películas transcurran en espacios geográficos que no tienen el inglés como lengua propia (CS, LF, MNP, VCB), como hemos señalado, la alteridad se construye sobre las lenguas distintas al inglés, ya que ésta última es la lengua mayoritaria (Bogucki, 2016).

La terminología para referirnos a las terceras lenguas presentes en los textos que vamos a utilizar en este trabajo deriva de investigaciones anteriores (Corrius and Zabalbeascoa, 2011:114): "The third language (L3) is neither L1 in the ST nor L2 in the TT; it is any other language(s) found in either text (Corrius, 2008)". Definimos pues nuestro corpus de la siguiente forma: (a) la L1 será siempre el inglés sin tener en cuenta las múltiples variedades lingüísticas que aparecen en los originales, aunque en el análisis señalaremos la relevancia de utilizar distintas variedades; (b) a pesar de que deben ser consideradas como L3 todas las lenguas distintas al inglés, en nuestro trabajo nos centraremos en el español y en el catalán y (c) la L2 será la lengua de traducción analizada, es decir el español peninsular. En este capítulo utilizaremos el término L3ST para referirnos al español que aparece en los diálogos originales y L3^{TT} a la lengua de traducción siempre que sea distinta al español, dado que solo analizaremos cómo se han traducido los diálogos en español de los originales en las versiones dobladas al español peninsular.

En cuanto a los cambios que experimenta el texto traducido respecto al texto original en las producciones audiovisuales, Baldo (2009) los clasifica de la siguiente forma (a) modificaciones a distintos niveles para permitir que se mantenga la ilusión de autenticidad (cambio de los nombres propios de los personajes o de los topónimos); (b) desaparición de los cambios de lengua por parte de los personajes; y (c) para preservar la variedad lingüística del original se pueden añadir subtítulos o bien (d) aplicar cambios menores en el uso de variedades lingüísticas en la traducción en relación con el original o del uso de variedades similares. En cuanto a (a), en las cinco películas se mantienen los nombres de los personajes como en la versión original. Concretamente, en LF desaparece el catalán del doblaje, pero se hace alusión al nombre catalán de un personaje, Martí (LF3). En relación a (b) señalamos que en este corpus tanto se suprimen los cambios de variedad dialectal (CS) que figuraban en el original como de lengua (CS, LF), es decir el catalán. Podríamos calificarlo de una forma de silenciar una realidad lingüística (Cronin, 2009). Por otro lado, (c) es la estrategia aplicada a SPN e iremos comentando los cambios en cuando a (d) para cada película.

Análisis del corpus

Hemos incluido en nuestro corpus películas en las que aparecen intérpretes no profesionales de directores y géneros distintos para comprobar si existen diferencias entre las decisiones traductoras que se han tomado en el doblaje hacia el español peninsular. De Higes (2014:219) utiliza el término *transduction* para referirse a este tipo de interpretación que facilita la comunicación entre hablantes que no tienen una lengua en común. Las interpretaciones se realizan de manera diegética en los filmes seleccionados, aunque cabe señalar que cuando se trata de *chuchotage,* en algún caso la interpretación solo se percibe en el canal visual. Baigorri (2011) atribuye la presencia de *chuchotage* al interés por "facilitar el ritmo de la película".

Como resultado de la investigación del proyecto financiado trafilm.net, hemos definido dentro de las escenas las unidades de análisis necesarias para para poder exponer de manera efectiva las ocurrencias de la L3 y su traducción en los textos audiovisuales multilingües. Los niveles de análisis incluyen: (a) la conversación, entendida como una "unit of analysis capable of providing context" (Zabalbeascoa y Corrius 2018); y (b) en un plano de análisis inferior se ha denominado *L3-instance* a "one or more utterances in L3 by the same speaker within the same conversation (http://repositori.uvic.cat/bitstream/handle/10854/4940/artconlli_a2017_trafilmformsguidekooklet.pdf?sequence=1&isAllowed=y)". Sin embargo y por motivos de espacio, en este trabajo se va a incluir solo una muestra de las conversaciones de los distintos filmes en las que aparece algún personaje que actúa de intérprete no profesional. Estos ejemplos nos permitirán observar las decisiones traductoras que se han tomado y no distinguiremos entre conversaciones e instancias.

En la base de datos del proyecto trafilm.net se han tenido en cuenta también las diferencias entre formas distintas de interpretación. Para la L3ST se discrimina si los hablantes son monolingües o utilizan más de una lengua, si siempre usan L3 o también L1, si la L3 aparece solo en el canal visual, si la traducción ocurre de forma no diegética y, más importante para este trabajo, si:

- L3 is interlingually interpreted by a different character.
- Self-translation or rewording by same character.
- Different character clearly mistranslates L3 in main language.
- Same character clearly mistranslates own L3 message in main language (http://gallery.trafilm.net/).

Estos detalles se repiten en los formularios para la L3^{TT}, lo que permite comprobar si existen diferencias en cuanto a la interpretación en el doblaje.

En este capítulo los ejemplos, original y traducción, se van a mostrar en una tabla solo cuando sea necesario para su mejor comprensión. En la primera columna se indica el nombre del personaje, en la segunda se halla el guion original y en la tercera el guion doblado. En los casos en que hay muchas divergencias en los diálogos entre el guion original y el guion traducido, se añade una cuarta columna con el nombre del personaje que pronuncia los enunciados en el doblaje. En los ejemplos de la película SPG y en LF3 la tabla tendrá dos columnas, una con el nombre del personaje y otra con el guion original y traducido, ya que no existen diferencias entre el original y el doblaje.

Land and Freedom (1995) Ken Loach

Sinopsis de la película: Los documentos que la joven inglesa Kim encuentra después de la muerte de su abuelo, David Carr, sirven de hilo argumental para narrar la participación del mismo en la Guerra Civil española como miliciano republicano y expresar una visión histórica de los acontecimientos ocurridos durante ese tiempo.

Los ejemplos que siguen son, por motivos de espacio, solo una muestra de cómo se han traducido las interpretaciones que aparecen en el film.

1. David sube a un tren después de pasar la frontera francesa para llegar hasta Barcelona. En el tren viajan otros milicianos y le dejan sentarse. David se quita los zapatos y se produce la conversación siguiente (LF1):

Personaje	Guion original	Guion doblado
Miliciano 1 *off*	Si se quita las botas podemos hacer un arma secreta contra los fascistas.	Joder! Con eso podemos hacer una arma secreta contra los fascistas.
Bernard *off*	He says that we could use your feet as a weapon against Franco.	Tienes razón como tenemos pocas balas, usaremos sus pies.
Miliciano 1	¿Qué haces por aquí? ¿Qué estás haciendo por aquí?	¿Y vosotros, qué estáis haciendo por aquí?
Bernard	What are you doing here?	¿Y tu, a qué has venido a España?
David	I came to fight for the Republic.	Quiero luchar por la República.
Bernard	Quiere combatir por la República.	Yo también.

Personaje	Guion original	Guion doblado
Miliciano 1	Esto está bien, hombre. Cuantos más seamos, antes los venceremos. *(Le pasa una bota de vino)* ¿Quieres un poco? Bebe.	Esto está bien, hombre. Cuantos más seamos, antes los venceremos. *(Le pasa una bota de vino)* ¿Quieres un poco? Bebe.
Bernard	*No existe ninguna línea de guion en inglés.*	Sí, venceremos
Miliciano 2	*No existe ninguna línea de guion en inglés.*	Sí, toma, toma.

Los diálogos de David se doblan al español peninsular estándar, lo cual da a entender que él no necesita ningún tipo de interpretación. La consecuencia es que se elimina la interpretación y se añade información en el doblaje que no se hallaba en el original.

En la conversación traducida aparecen más intervenciones de personajes distintos que en el original. Los milicianos 1 y 2 tienen un fuerte acento catalán, mientras que Bernard habla español con interferencias de una lengua extranjera, que más adelante se explicará que es el francés, por la procedencia de este personaje.

2. Los milicianos toman un pueblo y debaten con los habitantes del mismo sobre la oportunidad de colectivizar las tierras (LF2). Se trata de una escena larga, de más de 10 minutos, de los cuales solo vamos a reproducir las siguientes líneas:

Personaje	Guion original y doblado
Salas	Que es verdad, que tiene razón, Pepe, que ya que están los compañeros milicianos aquí y que vienen de otros pueblos y tienen cierta experiencia y han visto otras colectivizaciones que… Oye, compañeros, que podéis hablar, que la asamblea está abierta y que vosotros sois parte de la asamblea, que vuestra opinión es tan respetable como la de cualquiera de nosotros, adelante *(en las imágenes se puede ver como Blanca interpreta en chouchotage a Lawrence).*
Lawrence	It's your village, you have to decide. It's your decision.
Maite	Es vuestro pueblo y dice que es vuestra decisión.
Salas	No, pero bueno, que es igual, que también tienen derecho a intervenir igualmente.

Personaje	Guion original y doblado
Lawrence	Ok this is what I think and if anybody disagrees just says so right out.
Maite	Dice que va a dar su opinión, que si no estáis de acuerdo que lo digáis.

No hay diferencias en esta escena entre los diálogos en inglés y en español. La L3ST es español. Anteriormente en pantalla aparecía Maite realizando una interpretación susurrada para Lawrence y Blanca para David, pero no se podía oír qué decían.

Se pueden percibir las voces de fondo (*ad libs*) en esta escena y se crea con ellas la sensación de asamblea apasionada donde se tiende a no respetar los turnos de palabra, aunque Salas, que es quien dirige el debate, intenta que se mantenga una sola conversación. Se puede apreciar el acento catalán de los campesinos cuando intervienen en el debate y cuando participan en él sin turno de palabra, es decir en los *ad libs*.

3. David ha dejado la milicia y se ha unido al ejército regular de la República a pesar de que no se siente cómodo con la decisión que ha tomado. Está en Barcelona desayunando en un bar donde están también algunos soldados de la República. En esta escena no se produce ningún tipo de interpretación, y sin embargo David es capaz de entender los comentarios en catalán, una novedad en la película, ya que si bien es cierto que en alguna otra escena anterior habíamos visto que este podía entender conversaciones simples e incluso era capaz también de producir frases en español, nunca se le había visto compartiendo conversaciones en catalán (LF3).

Personaje	Guion original	Guion doblado
Soldado 1	Les notícies són sempre les mateixes. Això no canviarà. Ahir un amic meu va tornar del front, mort, mort de gana, allò és un desastre.	Las noticias son siempre las mismas. Esto no cambiará. Ayer, Martí, un amigo mío regresó del frente, muerto, muerto de hambre. Es un desastre.
Soldado 2	De quin front?	¿De qué frente?
Soldado 1	D'Aragó.	De Aragón.

Personaje	Guion original	Guion doblado
Soldado 1	Els milicians són un desastre. Allò es can pixa. Tothom mana. A l'hora de prendre decisions, tothom mana, tothom és cap allà.	Los milicianos son un desastre. Aquello es una casa de putas. Cuando hay que tomar decisiones, todos mandan, todos son jefes.
Soldado 3	A mi m'han dit que no saben ni carregar les armes.	Me han dicho que no saben ni cargar las armas.

La L3ST es el catalán y se ha incluido en este capítulo para mostrar de qué forma la lengua propia de Cataluña desaparece en la versión en español y se crea la imagen de que Barcelona es monolingüe. De todas formas, únicamente van a poder percibir el uso de catalán los espectadores que tengan conocimientos de español o catalán.

Cuando L3 es el español, este desaparece como hemos visto en el primer ejemplo (LF1), de manera que L3ST = L2. De este modo, los espectadores del doblaje dejan de saber que la conversación tenía lugar en inglés y que era necesaria la interpretación. Como indicant Zabalbeascoa y Corrius (2014), la L3ST desaparece y L3ST = L2, por lo que el personaje que actúa como intérprete se convierte en un 'playing host', de forma que "the interpreter-come-host explains local customs and events to a TT stranger who requires clarification of what is being said (rather than a ST foreigner who needs a translation for a language s/he cannot otherwise understand)".

En el segundo ejemplo (LF2) se mantiene la L1 y su interpretación hacia la L2. Los espectadores del doblaje pueden observar en este caso que se trata de una película multilingüe. Solo en LF2 ocurre lo que en el Proyecto Trafilm hemos llamado "L3 is interlingually interpreted by a different character (source)".

Tanto en el segundo como en el tercer ejemplo (el acento en LF2 y la lengua propia en LF3) desparece de nuevo una L3, el catalán, que se convierte en L2 con las implicaciones que ello conlleva, es decir se evita indicar que en la zona del frente de Aragón la lengua propia es el catalán y se convierte a Barcelona en una ciudad monolingüe.[2]

---

2   Según Moraza Pulla (2000) en la versión francesa "no solo no refleja los tres idiomas, sino que tampoco refleja los acentos de los personajes de lengua inglesa".

Carla's Song (1996) Ken Loach

Sinopsis de la película: Carla malvive en pleno shock postraumático en Glasgow como exiliada de Nicaragua de donde ha huido después de colaborar con la guerrilla sandinista. George, un conductor de autobús la conoce y, necesitado de un cambio vital, la acompaña a Nicaragua para que ésta pueda enfrentarse a su pasado. En Nicaragua George conocerá a la familia y a los amigos de Carla y vivirá la realidad de la Nicaragua de 1987. Ambos personajes deberán tomar sus propias decisiones de futuro ante la escalada bélica en ese país.

Las escenas que hemos considerado que pueden servir para explicar cómo se ha producido la traducción de los guiones de esta película son las siguientes:

1. George en el pueblo de Carla hablando de cine (CS1).

Descripción de la escena:

Original: se oye a Carla como utiliza la interpretación susurrada para explicar a George la reacción de uno de los campesinos ante una afirmación de George.

Doblaje: Desaparece el *chuchotage* de Carla en el canal oral mientras George participa de la conversación sin ningún tipo de dificultad, lo cual conlleva un cambio en el guion de la traducción en la escena.

2. George y Carla mantienen la breve conversación siguiente antes de subir a un autobús (CS2):

Personaje	Guion original	Guion doblado
George	What does "corre, corre" mean?	¿Cuánto crees que tardaremos en llegar?
Carla	What?	¿Qué?
George	"Corre, corre."	¿Cuánto tardaremos?
Carla	It means "run, run." Why?	No lo sé. Ten paciencia, ¿vale?
George	Nothing.	*George no contesta aunque aparecen los dos en un plano conjunto.*

Dado que George aparece en el doblaje como capaz de hablar en español sin ningún tipo de dificultad, el contenido de esta conversación se ha tenido que cambiar e incluso ha desaparecido una línea de su guion. En este ejemplo se pierde toda sincronía de contenido, ya que los espectadores saben que "Corre, corre" son las palabras que grita Carla cuando tiene pesadillas y pueden apreciar, además, el interés de George por conocer los problemas a los que se enfrenta Carla. Toda esta información desaparece en la versión doblada.

3. George y Carla viajan en un autocar con algunos campesinos (CS3)

Personaje	Guion original	Personaje	Guion doblado
Carla *on*	Uh, he says, what do youg row in your country?	Carla	Quiere saber qué siembran en su país
George *on*	What do I grow? I don't know. Like what?	George	¿Que qué se siembra? No lo sé.
Carla *off*	Que no lo sabe.		*No se traduce a pesar de que la imagen muestra a George con mirada interrogativa hacia Carla.*
Campesino 1 *on*	¿No siembran maíz?	Campesino 1	¿No siembran maíz?
Carla *on*	Any corn?	Carla	¿Y judías?
George *off*	No… No.		No… no.
Carla	Dice que no.	Carla	Tampoco.
Campesino 2 *off*	Señor, ¿en su país siembran frijoles?	Campesino 2	Señor, ¿en su país siembran frijoles?
Carla *off*	Any beans?		*No se traduce a pesar de que la imagen muestra a George con mirada interrogativa hacia Carla.*
George *on*	No.	George	No.
Campesino 2	Melones?		¿Melones?
Carla	Melons yes.	Carla	Melones sí.
George *on*	No melons either. I've got something, actually. Tell him. We grow…	George	No tenemos melones. Ah, tenemos una cosa. Ahora verán. Tarda mucho tiempo en crecer.
Carla *on*	Dice que les va a enseñar algo.	Carla *on*	No sé de qué se trata.
George *off*	It takes a long time to grow.	George *off*	Esto tarda diez años en crecer.
Carla *on*	Mucho tiempo se dialata.	Carla *on*	¿Tanto? ¿Diez años?

Personaje	Guion original	Personaje	Guion doblado
George *off*	It takes ten years to grow.		En una botella.
Carla *off*	Diez años.	Carla	¿Qué dices?
George *on*	In a bottle.		*No se traduce a pesar de que se George aparece en pantalla*
Carla *off*	En una botella.		*No se traduce aprovechando que Carla no está en pantalla.*
George	Whisky.		Whisky.

En el original los campesinos que viajan con Carla y George en autocar por Nicaragua preguntan por los productos agrícolas que se cultivan en el país de donde proviene George y este, sin saber qué contestar, saca una botella de whisky escocés como muestra.[3]

En el doblaje George participa de la conversación como si supiera español. Por ello Carla ya no actúa de intérprete aunque sí aclara algunos conceptos a George como si esperara que no lo fuera a entender todo.

No incluimos más ejemplos de este film, ya que los tres anteriores muestran las opciones traductoras por las que se optó en el doblaje y que se emplean en otras escenas. George que en el original necesita de la interpretación de Carla para poder interactuar con el resto de personajes en Nicaragua, en la traducción aparenta ser un personaje con suficientes conocimientos de español como para participar en las conversaciones en español.

En el primer caso, (CS1), se aprovecha que Carla no está en pantalla para hacer desaparecer su parte en el diálogo de esta escena. En CS2 y CS3, L3 se convierte en L2 y para ello se debe modificar el contenido de los enunciados de Carla.

La coincidencia con LF es que la L3[ST], que se interpreta interlingüísticamente por un personaje distinto en el original, desaparece en el doblaje.

Vicky Cristina Barcelona (2008) Woody Allen

Sinopsis de la película: Dos amigas estadounidenses deciden pasar el verano en Barcelona. Vicky está a punto de casarse con el hombre que siempre ha deseado y Cristina no sabe qué clase de hombre está buscando. Mientras tanto se enamora

---

3   Nuevamente por razones de espacio, vamos a mostrar solamente parte de la primera conversación, ya que en la segunda se producen unos cambios en la traducción similares a la primera. En la segunda conversación en los campesinos explican cómo se han repartido las tierras de los terratenientes entre las familias en las zonas controladas por los sandinistas.

muy a menudo. Conocen a Juan Antonio y las dos se sienten atraídas por él. Cristina se va a vivir a casa de Juan Antonio, pero reaparece su exmujer, María Elena, con la que desde hace tiempo mantiene una relación turbulenta.

A continuación exponemos los dos únicos ejemplos de interpretación.

1. Vicky y Cristina viajan con Juan Antonio a Oviedo, a casa del padre del mismo, Julio. Este último ofrece coñac a Vicky (VCB1).

Personaje	Guion original	Guion doblado
Julio	¿Un coñac?	¿Un coñac?
Juan A.	You want some cognac?	¿Un coñac?
Vicky	Yes, thank you. Just a very very little bit.	Sí, gracias, un poquito, pero muy poquito.
Juan A.	Solo un poquito.	Solo un poquito.

En el original Juan Antonio traduce para que Vicky entienda que su padre, Julio, la está invitando a coñac. Julio acaba de explicar a Vicky que Julio se niega a aprender lenguas porque cree que su poesía se resentiría de las palabras que habría aprendido en otra lengua.

En el doblaje, Vicky habla español peninsular sin interferencias del inglés. La interpretación desaparece e incluso se cambia el tema de la conversación previa. Juan Antonio cuenta a Vicky que su padre nunca sale de casa porque eso le ayuda en su poesía.[4]

2. María Elena, Juan Antonio y Cristina van al bosque a buscar moras. A Juan Antonio le empieza a doler la espalda y antes de que Cristina le pueda dar una aspirina como le ha pedido Juan Antonio, María Elena decide hacerle un masaje (VCB2).

Personaje	Guion original	Guion doblado
M. Elena	Oye, relájate.	Oye, relájate.
Juan A.	Con esas manos que tienes. Con esos deditos de pianista. You know she plays piano?	Con esas manos que tienes. Con esos deditos de pianista. ¿Sabes… sabes que toca el piano?

En el original de esta segunda escena Juan Antonio no interpreta las palabras que ha pronunciado antes de su intervención María Elena se autotraduce o,

---

4　Para más detalles sobre el cambio de tema en esta conversación véase Díaz-Cintas (2014: 155).

como llamaríamos en trafilm.net, la L3 no sería "interlingually interpreted by a different character" ni habría "self-translation or rewording by same character". En el doblaje no se percibe la exclusión de Cristina, a pesar de que en el original se hace evidente que la falta de interpretación por parte Juan Antonio no permite a Cristina entender los comentarios amables que se dirigen Juan Antonio y María Elena. De todas formas, Cristina empieza a percibir la relación que mantienen ellos dos, ya que su lenguaje corporal le advierte sobre sus sentimientos.

Si bien los dos breves ejemplos que hemos mostrado son los únicos relacionados con la interpretación en el filme, se ha creído que son relevantes para un estudio de las soluciones traductoras a las interpretaciones cuando L3 = L2. En este caso la L3ST desaparece en el doblaje, pero también cualquier referencia al multilingüismo que sí está presente en el original. La falta de heteroglosia se acentúa en el doblaje. En los diálogos originales, María Elena tiene tendencia a hablar en español con Juan Antonio. Este le recrimina que lo haga, ya que considera que hablar en español es una falta de respeto hacia Cristina (Díaz-Cintas, 2014:148). Este aspecto ideológico sobre el multilingüismo desaparece también en la traducción.

Midnight in Paris (2011) Woody Allen

Sinopsis de la película: Gil y Inez, una pareja de norteamericanos viajan a París junto con los padres de ella para pasar unos días antes de su boda. Gil, escritor, se siente muy atraído por la ciudad y empieza a hacer planes para quedarse a vivir allí, propuesta de enoja a su mujer y a sus futuros suegros. Gil pasa muchos ratos solo con la excusa de tener que trabajar. Por las noches vive unos episodios muy singulares, ya que consigue viajar hasta el París de los años 20 del siglo pasado.

Las escenas que presentamos a continuación son las únicas en que el español aparece como L3ST en este film.

1. Scott y Zelda Fitzegerald se encuentran Ernest Hemingway en un bar. Zelda se siente ofendida por este último y decide irse con Juan Belmonte (MNP1).

Personaje	Guion original	Guion doblado
Zelda	Ah, where are you going?	Ah, dónde va?
Belmonte	Para reunirse con amigos en Saint Germain	Voy a reunirme con amigo en Saint Germain.
Zelda	Ah, he's going to Saint Germain. I'm going with him.	Ah, se va a Saint Germain. Me voy con él.

El acento de Belmonte no es el que esperaríamos en el original quizás porque el actor que interpreta a este personaje, Daniel Lundh, no tiene el español como lengua nativa. Las interferencias en esta escena incluyen también la sintaxis. A su vez tampoco la traducción muestra una variedad geográfica adecuada, ya que Juan Belmonte era de origen andaluz y su acento es el español peninsular estándar. Así mismo, se mantienen los errores gramaticales.

Zelda añade la información que le ha comunicado Belmonte en su propio discurso y proporciona así una interpretación de la respuesta de Belmonte.

2. Adriana y Gil están juntos y se unen a su conversación Hemingway y Belmonte (MNP2).

Personaje	Guion original	Guion doblado
Hemingway	Voilà, ma petit, Adriana! Isn't this a little Parisian dream a moveable feast? Mark my words. I'm going to steal you away from that fugitive from Malaga one way or another. Between Belmonte and myself, whom would you choose?	Voilà ma petite Adriana! ¿No cree que este sueño parisino es una fiesta móvil? Recuerde mis palabras, voy a robarla como sea de ese fugitivo de Málaga. Entre Belmonte y yo, ¿a quién elegiría?
Adriana	Vous êtes tous deux parfaits.	Vous êtes tous deux parfaits.
Hemingway	But he has more courage. He faces death more often, and more directly, and if you chose him, I'd be disappointed, but I'd understand.	El es más valiente, se enfrenta a la muerte más a menudo y más directamente. Y si le elige a él, me disgustaré pero lo entenderé.
Belmonte	Ella ha elegido Pablo.	Ella ha elegido a Pablo.
Hemingway	Yes, she's chosen Picasso, but Pablo thinks women are only to sleep with or to paint.	Si, ha elegido a Picasso pero Pablo cree que las mujeres solo son para la cama o para pintarlas.

Tanto en la traducción como en el original, Hemingway hace una interpretación de las palabras de Belmonte incluyéndolas en su propio enunciado.

Una vez más la variedad lingüística de Belmonte no es la adecuada ni en el original ni en el doblaje.

3. Gertrude Stein ha aceptado leer el libro de Gil y cuando este vuelve a casa de
   Stein para conocer opinión de Stein, encuentra allí a Pablo Picasso, que está
   indignado porque su amante, Adriana, se ha ido a Kenia con Ernest Hemingway (MDN3).

Personaje	Guion original	Guion doblado
Gil	I don't want to interrupt.	No quiero interrumpir.
Stein	No, it's no secret, Adriana has left Pablo and is gone to Africa with Hemingway.	Ah, no es ningún secreto. Adriana ha dejado a Pablo y ha huido a África con Hemingway.
Picasso	Sabía que tenía una obsesión con este fanfarrón. Ya hemos hablado de todo esto.	Sabía que tenía una obsesión con este fanfarrón. Ya hemos hablado de todo esto.
Stein	Seguro que se regresará muy devoto. Oh, he took her hunting kudu, but she'll be back to him. The sound of hyenas in your ears at night when you're trying to sleep in a tent just drives you crazy. Mount Kilimanjaro is not Paris.	(Dirigiéndose a Picasso) Estoy segura de que regresará entregada, muy entregada. (Dirigiéndose a Gil) Se la ha llevado a cazar kudús pero volverá con Pablo. El sonido de las hienas por la noche cuando intentas dormir en la tienda te vuelve loca. El Kilimanjaro no es París.

Lo más relevante de esta escena sobre la interpretación no profesional que
realiza Stein es que pone en antecedentes al tercer interlocutor, Gil, sobre lo
ocurrido pero sin traducir las palabras de Picasso o las suyas. Gil puede entender la situación sin saber exactamente qué han dicho en español también porque el lenguaje no verbal pone de manifiesto las emociones que se barajan.
Puede resultar extraño para los espectadores del doblaje que Stein hable de
la situación de Picasso estando este presente. En cambio, en el original, Stein
habla con Gil en inglés y se da a entender que Picasso no comprende que están
hablando de él.

Otra cuestión interesante son las interferencias de Stein hablando en español en el original y cómo han sido traducidas. Si bien su acento se convierte
en el doblaje en un español peninsular estándar, la frase "Estoy segura de que

regresará entregada, muy entregada" no parece propia de la lengua oral en el contexto situacional que aparece si observamos la gestualidad.[5]

No vamos a ofrecer más ejemplos de esta película, ya que los únicos personajes que hablan español son Pablo Picasso y Juan Belmonte aunque aparecen también en el film Luis Buñuel (que solo dice unas pocas palabras en inglés) y Salvador Dalí (que habla en francés e inglés y únicamente pronuncia la expresión en español "¡Luis, oye!" para llamar la atención de Buñuel con el fin de que se una a su grupo.

En las conversaciones en las que los diálogos son en español se opta siempre en el original por añadir estos enunciados a las líneas del personaje que sigue en el turno de palabra, el intérprete no profesional, de forma que se incluye la participación delos personajes que hablan en español a los comentarios del intérprete. Una vez más, haciendo referencia a la clasificación elaborada en el proyecto trafilm.net, se produce un acto de "self-translation or rewording by same character" en la L3ST que desaparece en el doblaje.

Spanglish (2004) James L. Brooks

Sinopsis de la película: Cristina Moreno es la narradora en la película. El film describe cómo relata su vida en la solicitud de entrada a la Universidad de Princeton para argumentar a favor de su candidatura. Cristina llegó a Estados Unidos junto con su madre, Flor, buscando una vida mejor. Después de vivir durante años entre la comunidad mejicana y sin contacto con la cultura de Estados Unidos, Flor empieza a trabajar para una familia americana. La forma de vida americana deslumbra a Cristina.

Los ejemplos de esta película se reflejan en solo dos columnas, ya que el doblaje únicamente se aplica a las intervenciones de Cristina como narradora en off.

1. A través de Mónica, Flor asiste a una entrevista de trabajo para trabajar de asistenta en casa de los Clasky (SPG1).

Personaje	Guion original y doblado
Mónica	She's my cousin. She's been here for a while and she understands some, but doesn't really…speak English, but, anyway…She lives in the apartment I manage and…

---

5   En el original la frase que pronuncia no es correcta en español ("Seguro que se regresará muy devoto.").

Personaje	Guion original y doblado
Deborah	So who am I interviewing?
Mónica	Oh! Her.
Deborah	You're gorgeous. You're gorgeous.
Mónica	Que estás muy bonita.
Evelyn	She didn't mean it as a compliment. It's more of an accusation.
Deborah	Mother!
Evelyn	Go ahead!
Deborah	I'm sorry. This is my daughter, Bernie… and my mother, Evelyn Wright.
Evelyn	Evelyn.
Mónica	La hija Bernice y la mama Evelyn Wright.
Deborah	Do you want to come in out of the sun?
Mónica	No, we're fine. Estamos bien aquí en el sol, ¿verdad?
Deborah	You need some sunscreen? I got a 70 here.
Flor	No, no, a mí me encanta el sol, gracias.
Mónica	She loves the sun.
Deborah	Look, we're wearing the same sweater. That's good booga-booga.
Mónica	Que tiene el mismo suéter que tu. Que es un buen booga-booga.
Flor	Booga-booga?
Deborah	You want some lemonade, maybe? Lemonade, please? Would you like to take some? Both of you?
Flor	No, no gracias. Está bien, está bien, gracias.
Deborah	Okay, let's just talk.
Mónica	Que platiquemos.
Deborah	I have two children. My husband is a chef.. top chef. Like that makes me something. Anyway, he works nights, so…
Mónica	Do you work?
Deborah	Yes. No. Not right now. Why? How do you know to ask that?
Mónica	Well…
Deborah	It's okay. I can talk about it. I just…I ran a commercial design company until four months ago…when it was downsized to zip. Now I'm a full-time mum. Gulp!
Bernice	Double gulp.

Personaje	Guion original y doblado
Deborah	Well… I have two children. My son Georgie is nine, Bernie you know… and I like the house to be like me, you know…I'm very loose and meticulous at the same time. It's all about first names and closeness here. Let her know, absolutely. But I do care about the place. I'm so sorry, I'm not leaving you time to translate.
Mónica	Está rarísima… Que tiene dos niños…
Deborah	What's your name? Llamo. It's one of my five Spanish words.
Flor	Flor Moreno.
Deborah	Floor.

Nos hallamos en un caso donde se hace mención de la interpretación precisamente en un contexto en el que casi no se lleva a cabo. La conversación resulta interesante porque pone de relieve las diferencias culturales que se explicitan a través de un cierto comportamiento lingüístico.

2. Flor lleva a cenar a su hija a un restaurante para celebrar que tiene un nuevo trabajo y el aumento en sus ingresos que ello significa. Unos clientes quieren invitarlas y Flor rechaza la invitación muy indignada (SPG2).

Personaje	Guion original y doblado
Camarera	Those men would like to buy you a drink.
Cristina	Nos quieren comprar algo de tomar. *(Mirando a los clientes)* Thank you.
Flor	No, gracias.
Camarera	Ok.
Flor	No, no, no… No, no un momento, espere. Dígales a esos señores que…
Camarera	Sorry…
Flor	*(Mirando a Cristina)* Dile que les diga… *(Mirando a la camarera)* Por Dios Santo, ¿qué les pasa? ¿Qué no ven que estoy con mi hija? *(Mirando a Cristina)* Dile, Cristina.
Cristina	This is so embarrassing. My mother said to tell them, "Who do you think you are? Can't you see I'm with my daughter, for God's sake?"
Camarera	*(A Flor)* Good. *(A los clientes)* She says: "Who do you think you are? She's with her daughter for God's sake."

Esta escena incluye una de las pocas interferencias con el español por parte de Cristina ("Nos quieren comprar algo de tomar.").

Cristina actúa de puente para que se pueda establecer la comunicación entre la camarera y su madre. Una vez más el guion original y el doblado son el mismo. Cristina empieza su interpretación aportando su punto de vista: "This is so embarrassing", pero a continuación interpreta lo que su madre acaba de pedirle e incluso utiliza la misma entonación desafiante en "for God's sake" que su madre en "Por Dios Santo". Cristina, además, interpreta de manera profesional al utilizar la primera persona: "Can't you see I'm with my daughter?".

A continuación la camarera repite la frase de Cristina ante los clientes que las habían invitado con la misma entonación y las mismas palabras pero en tercera persona: "She's with her daughter", por lo que se diluye su participación como intérprete en la conversación. La entonación, en cualquier caso, añade humor a la escena.

En este diálogo son importantes las imágenes y en especial a quién dirigen la mirada los personajes. Flor mira a Cristina cuando le pide que traduzca para ella, pero al inicio del enunciado que quiere hacer llegar a los dos clientes vuelve la mirada hacia la camarera. De esta forma no habla con Cristina, sino que deja claro quien es la destinataria de su enunciado aunque sea en una lengua que la camarera no entiende.

3. John ha dado 600 dólares a Cristina por unos cristales de colores que ha recogido en la playa según un pacto que había hecho con ella y sus dos hijos. Flor descubre que su hija tiene el dinero y está indignada (SPG3).

Personaje	Guion original y doblado
Flor	¿Puedo hablar con usted?
Cristina	Can I talk to you?
John	(*Mirando a Cristina*) You mean your mother? (*Dejando a un lado la cerveza y el bocadillo que se iba a tomar mientras leía el periódico*). Sure. You can talk to me.
Flor	¿No me tengo que dormir primero?
Cristina	I don't have to sleep first?
John	What's wrong? Come up. Sit down.
Flor	¿Usted le dio este dinero a mi hija?
Cristina	(*susurrando*) I'm sorry. Did you give this money to my daughter?

Se trata de una escena de más de seis minutos, que no ha sido transcrita completamente por razones de espacio. Estas primeras líneas, de todas formas, son suficientes para observar cómo se lleva a cabo la interpretación no profesional.

Cristina, igual que en la escena anterior, repite la entonación de su madre y gesticula de la misma forma mientras va andando detrás de ella para situarse siempre a su lado. Como la entonación de la frase "Can I talk to you?" no es la adecuada para una niña hablando con el jefe de su madre, John pregunta de forma retórica: "You mean your mother?".

Tanto John como Cristina son conscientes de que Flor sabe suficiente inglés para entender la respuesta de John: "Sure. You can talk to me", por lo cual probablemente no se traduce. Una vez más la gesticulación permite comprender el tono dialogante de John.

Finalmente y repitiendo la táctica que Cristina había utilizado para empezar la interpretación en SPG1, pide perdón a John en un susurro ("I'm sorry.").

El doblaje de esta película no tiene nada que ver con los casos anteriores. Según apunta Sanz (2011), "the Spanish version of Spanglish was mainly subtitled for its audience in order to manage the constant communication problems that the presence of the two languages poses in this film".

De hecho, en este film concreto, hablamos de doblaje por convención, ya que solo se doblan los enunciados de Cristina cuando se convierte en narradora en off.

Conclusiones

A partir de los datos recabados en este análisis del doblaje de las cinco películas analizadas, podemos señalar lo siguiente:

- La interpretación de los originales tiende a desaparecer en la versión doblada al español peninsular cuando laL3ST es el español, como se sugería en Baldo (2009).

Hemos podido observar esta opción en cuatro de las cinco películas analizadas (CS, LF, VCB y MNP).

El *chuchotage* desaparece por el mero hecho de que se omite en el guion traducido (CS1). Las imágenes en LF muestran claramente la interpretación susurrada, sin embargo no se produce a ningún tipo de modificación del guion traducido, ya que tampoco el canal oral recogía *chuchotage* en el original (LF2).

- Las variedades lingüísticas tienden a desaparecer en el doblaje.

En general, en los filmes estudiados no se conservan en la traducción:

(a) las variedades de la L1, ya que el doblaje se realiza en español peninsular estándar.

(b) sin embargo se mantienen algunas de las interferencias de los personajes que hablan español pero que se han presentado como no nativos de esta lengua (LF y SPG) mientras que en otras ocasiones se suprimen por el mero hecho de que los personajes no nativos de español usan el español peninsular estándar desde el inicio (LF, CS). En los originales David (LF) y George (CS) al comienzo de las películas no comprenden los enunciados en L3-español, pero poco a poco van mejorando su comprensión en esta lengua, hasta que finalmente se atreven a interactuar con hablantes de español que no saben inglés. Incluso en MNP, Gil afirma en una escena que se siente cada vez más cómodo con el francés. En las últimas escenas de SPG y después de que Flor haya empezado a tomar clases de inglés, se incrementa el uso de inglés cuando habla con su hija. Parece una forma de mostrar que lentamente las dos se van integrando en la cultura del país donde se han mudado. Existe, pues, una progresión de acercamiento a la L3 que desaparece en el doblaje.

(c) a veces los acentos de los personajes que tienen un origen español no utilizan la variedad geográfica adecuada (MNP) en el doblaje aunque en gran mesura se intenta señalar los acentos latinoamericanos con más (CS) o menos éxito (SPG). Se elimina en el doblaje el acento catalán de los personajes que usan esta variedad en los originales (LF1, LF2, LF3). Esta solución traductora pone de manifiesto una visión de Barcelona y de la región donde se produjeron los trágicos episodios del frente de Aragón distinta de la realidad diglósica de estas zonas. En VCB en catalán es únicamente mencionado.

- Para compensar la falta de interpretación en el doblaje se opta por unos cambios en los contenidos del texto doblado.

Hemos detectado que ello ocurre en LF (LF1), VCB (VCB1) y CS (CS2, CS3). En CS3 se produce una falta de sincronía de contenido que puede hacer variar la percepción de la identidad del personaje de David por parte los espectadores del doblaje.

- La interpretación puede incluirse no como un enunciado aislado de la conversación que mantiene el grupo, sino como una explicación que se incorpora a la conversación.

Hemos hallado ejemplos en MNP (MNP1, MNP2, MNP3) y en VCB (VCB1). En estas escenas, los personajes que podrían actuar como intérpretes no profesionales añaden la información que acaban de escuchar en su turno de palabra siguiente.

• La única película con singularidades en la opción traductora es SPG. En este filme, como hemos explicado anteriormente, solo se distingue entre el texto origen y el doblado por el hecho de que se doblan las intervenciones de la narradora en off.

En general hemos podido comprobar que la voluntad de los originales de descubrir una visión heteroglósica de las sociedades no se reproduce en la traducción, con la única excepción de SPG.

La función del español en las películas de Ken Loach es similar y en LF se hace referencia al uso del catalán. La interpretación permite la comprensión entre hablantes de español e inglés, pero este acto de mediación tiende a desaparecer en el doblaje. Tampoco se mantiene el uso del catalán por parte de algunos personajes.

VCB de Woody Allen expone una visión del multilingüismo distinta de la de Ken Loach. Aparecen personajes que podrían hablar en español y se hace referencia a la lengua y cultura catalanas, pero los personajes españoles no siempre usan la variedad geográfica correcta y el catalán no está presente en el original de los filmes analizados.

Este estudio nos ha permitido ver opciones cinematográficas distintas para representar la heteroglosia en la sociedad y un amplio abanico de formas distintas de traducirla que van desde su desaparición, a la mera referencia a las L3 que forman parte del original, a hacerlas presentes en algunas escenas e incluso a hacer evidente la heteroglosia manteniendo algunas escenas donde la L1 del original se convierte en L3 en la traducción.

Bibliografía

Allen, W. 2008. *Vicky Cristina Barcelona*, Estados Unidos y España.

Allen, W. 2011. *Midnight in Paris*, Estados Unidos y España.

Baigorri, J. 2011. "Los intérpretes en el cine de ficción: una propuesta de investigación", en J. M. Zarandona (ed.) *Cultura, literatura y cine africano: acercamientos desde la traducción y la interpretación*, Valladolid: Universidad de Valladolid, 504–522.

Baldo, M. 2009. "Dubbing multilingual films: La terra del ritorno and the Italian–Canadian immigrant experience" en Marrano, G., Nadiani,G. yRundle, C. (eds.) *The translation of dialects in multimedia. Special Issue of InTRAlinea.*

[Fecha de consulta: 20/10/2018]. Documento disponible en: http://www.intralinea.org/specials/article/Dubbing_multilingual_films.

Bogucki, L. 2004. *A Relevance Framework for Constraints on Cinema Subtituling.* Lódz: Wydawnicto Uniwersytetu Lódzkiego.

Brooks, J. L. 2004. *Spanglish*, Estados Unidos.

Bucholtz, M. y Hall, K. 2004. "Language and Identity" en Duranti A. (ed.), *A Companion to Linguistic Anthropology*. Oxford: Basil Blackwell. 368–394.

Bogucki Ł. 2016. "Rendering Otherness in Film – Techniques for Translating Multilingual Audiovisual Material" en Lewandowska-Tomaszczyk, B., Thelen, M., van Egdom G-W., Verbeeck, D. y Bogucki, Ł. (eds.), *Translation and Meaning: Translation and Meaning New Series*, Lodz Studies in Language, Vol. 1, Frankfurt am Main: Peter Lang Series, 7–18.

Corrius, M. 2008. *Translating multilingual audiovisual texts. Priorities and restrictions. Implications and applications* (Unpublished doctoral dissertation). Barcelona: Universitat Autònoma de Barcelona.

Corrius, M. y Zabalbeascoa, P. 2011. "Language variation in source texts and their translations: the case of L3 in film translation". *Target*, 23, 113–130.

Cronin, M. 2009. *Translation Goes to the Movies.* London and New York: Routledge.

de Higes-Andino, I. 2014. "The translation of multilingual films: Modes, strategies, constraints and manipulation in the Spanish translations of *It's a Free World*" *Linguistica Antverpiensia, New Series. Themes in Translation Studies*, 13, 211–231.

Delabastita, D. y Grutman, R. (2005). "Introduction. Fictional representations of multilingualism and translation" en Delabastita, D. y Grutman, R. (eds.), *Fictionalising Translation and Multilingualism*. Linguistica Antverpiensia 4. Antwerp: University of Antwerp, 11–34.

Diaz-Cintas, J. 2014. "Multilingüismo, traducción audiovisual y estereotipos: el caso de Vicky Cristina Barcelona". *Prosopopeya: Revista de crítica contemporánea*, 9. 135–161.

Ellender, C. 2015. "Dealing with difference in audiovisual translation. Subtitling linguistic variation in films". *New trends in translation studies*, 14. Oxford: Peter Lang.

Grutman, R. 2006. "Refraction and recognition. Literary multilingualism in translation". *Target*, 18, 17–47.

Gutt, E.-A. 1991. *Translation and relevance: Cognition and context*. Oxford: Blackwell.

Loach, K. 1995. *Land and Freedom*, Reino Unido, España, Alemania, Italia y Francia.

Loach, K. 1996. *Carla's Song*, Reino Unido.

Moraza Pulla, M. J. 2000. "El reto de traducir una pelicula multilingüe: 'Tierra y Libertad'" en: *Procedings of Mercator Conference on Audiovisual Translation and Minority Languages*, Aberyswyth: Mercator Media, 73–91.

Petrucci, P (2015) "Reclaiming Rio: Iconization and erasure of American English in the Brazilian Portuguese dubbing of an animated film". Perspectives, 23: 3, 392–405.

Round Table: Professional Perspectives on Multilingual Films. Trafilm Conference: Multilingualism and Audiovisual Translation. [Fecha de consulta: 20/10/2018]. Documento disponible en: https://www.youtube.com/watch?reload=9&v=Ub5rkZtRarA&feature=youtu.be)

Sanz Ortega, E. 2011. "Subtitling and the Relevance of Non-Verbal Information in Polyglot Films", *New Voices in Translation Studies*, 7, 19–34.

The Translation of Multilingual Films in Spain. Research project. [Fecha de consulta: 20/10/2018]. Documento disponible en: http://trafilm.net

Zabalbeascoa, P. 2018. "Types of solutions for dubbing film and TV multilingual humour" en Ranzato, I. y Zanotti, S. (eds.), *Linguistic and Cultural Representation in Audiovisual Translation*. London y Nueva York: Routledge Advances in Translation and Interpreting Studies, 165–183.

Zabalbeascoa, P. y Corrius, M. 2014. "How Spanish in an American film is rendered in translation: dubbing Butch Cassidy and the Sundance Kid in Spain", *Perspectives studies in translatology*, 22(2), 255–270.

Zabalbeascoa, P. y Corrius, M. 2018. "Conversation as a unit of film analysis. Databases of L3 Translation and Audiovisual Samples of Multilingualism". *MonTi Special Issue*, 4, (en prensa).

Zumalde, I. (2008). "Estamp(it)as multiculturales. Las tribulaciones del texto fílmico contemporáneo ante las veleidades de la crítica posmoderna". *ZER*, V. 13, Núm. 24, 223–236.

Patricia Silvia Mascuñán Tolón
Universidade de Vigo

El intérprete acompañante en la película
La niña de tus ojos, de Fernando Trueba

Resumen: La presencia del intérprete acompañante en la película de Fernando Trueba *La niña de tus ojos* es una herramienta muy valiosa para la representación del intérprete en el ámbito de la interpretación de enlace. Para dar una mayor verosimilitud a los diálogos en una película basada en hechos históricos, la necesidad de contar con un intérprete es fundamental para el desarrollo de la trama. La calidad de sus intervenciones, las técnicas utilizadas son una muestra realista de las cualidades y capacidades que debe tener un buen intérprete. Los ámbitos y las situaciones comunicativas reflejadas muestran las condiciones en las que el intérprete acompañante debe desempeñar su función que implican una convivencia muy intensa. El director utiliza su presencia y la interacción con los demás personajes para ofrecer una mayor información sobre la comunicación entre los dos grupos lingüísticos. A pesar de que el objetivo de la película no es trazar el perfil de un intérprete acompañante ni definir la *escort interpreting*, tan poco reconocida y presente en la literatura sobre interpretación, puede ser utilizada en la didáctica de la interpretación para responder a la pregunta ¿qué es y qué hace un intérprete acompañante?

Palabras clave: Intérprete acompañante, mediación, visibilidad, La niña de tus ojos

1 Introducción

La función del intérprete siempre ha existido porque la palabra ha precedido a lo escrito y cada vez que grupos lingüísticos distintos necesitaban comunicarse, han recurrido a esta figura. Se utilizaba con fines comerciales, militares o diplomáticos (Van Hoof, 1962), así como en el ámbito religioso. Su presencia en los acontecimientos históricos que incluían a grupos lingüísticos distintos los convierte en testigos privilegiados de la historia (Delisle y Woodworth, 1995). Las técnicas empleadas eran la consecutiva, unidireccional y bidireccional o bilateral, el *chuchotage* en simultánea y la traducción a vista de distintos tipos de documentos.

El ámbito en el que se trabajaba era el del enlace, término que como señala Van Hoof "peut sembler pléonastique, car toute interprétation est liaison" (1962:25).

La figura del intérprete acompañante no aparece a menudo como tal en la teoría de la interpretación. Bajo la denominación "intérprete de enlace", Van Hoof (1962) describe su papel de acompañante de los hombres de negocios de visita en las empresas de su país, o a la inversa, será acompañante y guía del compatriota industrial que visita un país cuya lengua no conoce y señala la necesidad de una buena formación no sólo lingüística "Moyennant une préparation adéquate, il servira aussi de guide pour la visite d'usines, d'installation techniques, d'expositions industrielles, de foires comerciales, etc" (1962:25).

A finales del siglo XIX, se asiste a una internacionalización creciente de las relaciones en todos los campos, y los encuentros ya no se desarrollan entre los gobiernos, diplomáticos o comerciantes, sino entre expertos, técnicos y sabios, y se inicia la era de los congresos internacionales; durante la Conferencia de Paz de París se elevará la importancia del oficio del intérprete. Uno de ellos, Antoine Velleman, fundará tiempo después la Escuela de Intérpretes de Ginebra. La interpretación simultánea se utiliza por primera vez en la Conferencia Internacional del Trabajo de 1927 (Van Hoof, 1962) pero debido a problemas técnicos, se sigue utilizando la consecutiva (Delisle y Woodworth, 1995:20). El proceso de Nüremberg significa el resurgir y el asentamiento de la interpretación simultánea.

Nace así la profesión de intérprete de conferencias; se abren escuelas superiores y facultades, se inicia una amplia labor de en las dos modalidades, consecutiva y simultánea, y se publican manuales teóricos y prácticos sobre el intérprete, la interpretación y la toma de notas elaborados por intérpretes profesionales, Herbert, Rozan, Van Hoof, Seleskovitch, entre otros muchos; a partir de los 80, nace una segunda ola de investigadores más cercano al enfoque científico que intuitivo, Barik, Bühler, Kurtz, Gile y Schlessinger, entre otros.

Ya en los años noventa, la interpretación de enlace empieza a considerarse como objeto de estudio entre los investigadores, docentes y profesionales. Wadensjö, tanto en su tesis en 1992 como en publicaciones posteriores, analiza la interpretación como una interacción entre distintos interlocutores, señalando la presencia del intérprete entre los interlocutores en vez de estar encerrado en una cabina, que trabaja en las dos lenguas, por lo que la variable lengua materna/lengua extranjera desaparece y se habla entonces de bidireccionalidad, señalando de este modo las características de la interpretación de enlace. Profundizando en los contextos en los que se realiza este tipo de interpretación, introduce el concepto de interpretación médica y posteriormente el de *community interpreting* en la que se facilita la comunicación entre los que no hablan la lengua oficial del país y los servicios públicos.

Gentile et al. (1996:22) coincide con Wadensjö en las características que definen la interpretación de enlace: presencia física del intérprete y de dos o más interlocutores que hablan dos lenguas distintas, por lo que se configuran dos grupos lingüísticos, y el uso de la consecutiva. Determina las dos modalidades de interpretación, simultánea y consecutiva, señalando dos ámbitos dentro de esta última, el ámbito de la conferencia y el de la interpretación de enlace.

Bastin (1999) subraya en su reseña sobre el manual de Gentile, Ozolins y Vasilakakost *liaison interpreting: a hand book* (1996), que la interpretación de conferencia, más prestigiosa, ejercida por los grandes de la interpretación, mejor remunerada, objeto de numerosas publicaciones e investigaciones, eclipsó otra interpretación practicada por profesionales, que también tienen una especialidad y viven de ella. Resume en una frase la importancia de esta publicación, clave para la interpretación de enlace, "L'ouvrage de Gentile et al. rend enfin à cette profession les honneurs qui lui reviennent" (1999:378).

Alexieva (1997:156) propone un enfoque que tenga en cuenta parámetros múltiples para establecer los distintos tipos de interpretación, enfoque que, además, eliminaría esa jerarquía ya constataba por otros teóricos. Propone incluir elementos relativos a la situación comunicativa: quién habla, a quién, sobre qué, dónde, cuándo y por qué y para qué.

Gran parte de la investigación sobre la interpretación de enlace se centra en la interpretación social y sus distintos ámbitos, jurídico-médico y servicios públicos. Ticca y Traverso (2015:8) diferencian tres zonas en la interpretación en el ámbito social que parecen estructurarse las unas respecto de las otras aunque estén relacionadas: "les situations de contact/situations interculturelles; la médiation/interprétation; les migrants et leurs droits". Por su parte, Tipton y Furmanek (2016) que denominan este tipo de interpretación *dialogue interpreting*, añaden a estos tres ámbitos, *court interpreting*, *health interpreting* y *public services interpreting*, el religioso, *faith-relates interpretingy*, el educativo, *educational interpreting* y el del trabajo social (*social care interpreting*). El ámbito deportivo también surge con fuerza y el militar, sobre todo en zonas de conflicto, es de actualidad tanto por el abandono del que son objeto estos intérpretes acompañantes como su perfil, su estatus y las condiciones en las que desempeñan su labor, siendo su formación también objeto de estudio de los investigadores.

En 1998, Fernando Trueba rueda la película *La niña de tus ojos* en la que se pueden ver representadas con bastante fidelidad, dentro del ámbito de la interpretación de enlace, la profesión y función de un intérprete acompañante.

2 La relación entre el cine y la interpretación

El cine es entretenimiento, arte y cultura y representa una forma muy importante de transmisión de la cultura universal en los tiempos actuales. "Es una herramienta fundamental para la difusión actual de la cultura, la creación de actitudes públicas y de ideas sobre la ciencia y la sociedad en general". (Astudillo y Mendinueta, 2008)

Asimismo, Baigorri (2007 en Cerrato, 2013) define el cine de ficción como "un reflejo de nuestra realidad, pero un espejo que, según su mayor o menor convexidad, nos transmite una imagen deformada de dicha realidad". Al igual que otros autores, señala que "no es neutral, sino que, como cualquier medio de expresión, posee un trasfondo o un propósito ideológico".

A través de las imágenes de una película, se puede influir en los espectadores, creando modas, costumbres, así como opiniones y actitudes. Nepote, en su blog *Ciencia y Desarrollo* afirma que Alex Cheung, editor del portal *physics.org*, sostiene que la serie televisiva *The Big Bang Theory* ha tenido un gran impacto significativo en la creciente matrícula de estudiantes de física; del mismo modo, otra serie de ficción, *CSI: Crime Scene Investigation,* ha tenido una influencia determinante en el interés de los jóvenes en los estudios de ciencias forenses. Sin embargo, la ficción no siempre representa la realidad de los profesionales, lo que lleva a que esta representación en la pantalla dé lugar a críticas por parte de los colectivos de los que desempeñan la profesión y oficio representado como reconoce Chalvon-Demersay. Cerrato (2013:14) también subraya la contribución del cine a "la divulgación de imágenes y de estereotipos" señalando al respecto que "no es de extrañar que sea la proyección en el cine de una realidad, de una historia o –como es el caso– de un colectivo, la que cale y arraigue en la sociedad". Sobre la presencia de los intérpretes en las películas, apunta que, "al usar ese medio… a no ser que el director quiera expresamente mostrar a intérpretes trabajando, lo más normal es que se eliminen los momentos en los que se duplica el diálogo entre los personajes para no aburrir al espectador con dos versiones del mismo mensaje". Por otra parte, el director puede utilizar la interpretación de las distintas intervenciones o su ausencia/ interrupción como un elemento más que permite calibrar el grado de importancia de las intervenciones o interlocutores del acto comunicativo, tal como se puede verificar durante el análisis de esta película.

La aparición de profesionales en la pantalla permite por lo tanto conocer profesiones ocultas o no reconocidas y a pesar de las peripecias que viven sus protagonistas, a veces poco creíbles o realistas, no debemos descartarla como herramienta de visibilización de una profesión.

A este respecto, Baigorri (2011:519) señala que la utilización de las películas de ficción con personajes de intérpretes es útil para la enseñanza de la interpretación incidiendo en la afirmación de Cronin (2007 en Baigorri 2011:505):

If we want to understand how translators and interpreters are seen to function in cultures and societies, it seems legitimate to investigate not only actual working conditions, rates of pay and training or educational opportunities for the profession but also the manner in which they are represented in cultural or imaginary artefacts. Indeed, a greatly neglected resource in the teaching of translation theory and history is cinema, whose familiarity and accessibility make it a compelling form of instruction for undergraduates and postgraduates who often possess a broad cinematographic knowledge base and highly developed visual literacy.

También señala al respecto que en las películas de ficción "la forma de presentar en el lenguaje cinematográfico la presencia de idiomas diferentes entre los protagonistas depende en parte del objetivo que se persiga con la película, pero en todo caso ha de combinar la realidad con la viabilidad comercial del proyecto" (504–505).

En el caso de *La niña de tus ojos*, la presencia del intérprete es constante a lo largo de la película, forma parte de la trama, y el actor que desempeña su papel, el checo Miroslav Táborský, "quien es la sensación de la película", según la descripción del portal setmeravelles[1] (2016), recibe en 1998 el Premio Goya al "mejor actor revelación", lo que significa una gran oportunidad para visibilizar el trabajo de un intérprete de enlace, valorado y creíble. La película de Fernando Trueba se convierte, por lo tanto, en una herramienta excelente para analizar la representación y el trabajo de un intérprete acompañante para su posterior uso en didáctica de la interpretación tal y como señala Pla Vall (Baigorri 2011:507) "sería un despilfarro no utilizar las oportunidades que ofrece el cine para educar, entendiendo esta palabra en un sentido muy amplio".

3 La película La niña de tus ojos

La niña de tus ojos pertenece al género "cine dentro del cine" incluye las "Películas de ficción cuyo tema central es la elaboración o rodaje de una película, o bien que tratan el mundo del cine y su ambiente desde dentro" según la definición de Filmaffinity. Se trata de una producción española dirigida por Fernando Trueba en 1998. Los personajes relacionados con la interpretación son el intérprete Vaclav (Miroslav Táborský), Joseph y Magda Goebbels (Johannes Silberschneider y Hanna Schygulla), Blas Fontiveros (Antonio Resines), el director español, Macarena Granada (Penélope Cruz), la actriz protagonista en la versión alemana y española, el Sr. Hippel (Heinz Rilling), anfitrión de la *troupe* en los estudios de

---

1   <https://setmeravelles.com/2016/11/24/la-nina-de-tus-ojos-1998/>.[Fecha de consulta: 10/09/2018].

cinematografía, Heinrich y Julián (Götz Otto y Jorge Sanz), protagonistas de la versión alemana y española respectivamente y Leo, el preso judío ruso (Karel Dobry) (Filmaffinity: 2018[2])

La película recrea, en tono de comedia con tintes dramáticos, el rodaje, en plena guerra civil y como muestra de colaboración entre el general Franco y Adolf Hitler, de una película de carácter folclórico sobre bandoleros en doble versión, alemana y española, en los estudios alemanes de la Universum Film AG (UFA), que estaba bajo el control del ministro de propaganda, Joseph Goebbels. Feliz por dejar atrás la guerra y la miseria, la *troupe*, encabezada por su director, inicia el rodaje pero pronto descubren que la invitación tenía mucho que ver con la atracción que siente el ministro alemán de Propaganda por su protagonista española. Surgen además algunas fricciones y acercamientos entre algunos invitados y los anfitriones. Por otra parte, durante el rodaje, se plantean algunas dudas por la caracterización de los figurantes que no se corresponde con el estereotipo andaluz por lo que les "prestan", para desempeñar ese papel, a prisioneros y prisioneras de un campo cercano. La historia está inspirada en el periplo del director de cine español Florián Rey y la estrella Imperio Argentina en Alemania para rodar la película *Carmen la de Triana* por invitación del Hitler, aunque fue posteriormente denunciada por la propia actriz (Rodríguez, 2009).

Con respecto al contexto histórico en el transcurre la trama, Rodríguez (2009:3) señala que:

> La relación entre los hechos ocurridos y el recuerdo que permanece de él es un asunto recurrente para el cine, como opción para crear una pseudo historia. No siempre la fidelidad a los hechos es el criterio determinante de un film que, por su propia naturaleza, necesita otros requisitos para su valor como documento o como objeto artístico.

En cuanto a los personajes de la película, afirma que "tan solo es coincidente la existencia del traductor, que aparece a lo largo de toda la película" (Rodríguez, 2009:14), reflejo del catedrático de lengua española que acompañaba siempre a la actriz Imperio Argentina cuando tenía que comunicar con J. Goebbels.

4 El intérprete

Para representar el contexto histórico en el que se va a rodar la película, la colaboración hispano alemana en una superproducción, las primeras imágenes que se emiten, al mismo tiempo que van apareciendo los títulos de créditos, son las

---

2   <https://www.filmaffinity.com/es/movietopic.php?topic=742444&nodoc>. [Fecha de consulta: 10/09/2018].

del NO-DO, noticiario documental semanal representativo de la política informativa del régimen franquista, con noticias del frente o de la retaguardia de la guerra así como falsos documentales tanto en España con una falsa entrevista a miembros de la *troupe* y en Alemania durante un discurso del ministro de propaganda.

Llega el coche con los actores españoles. El anfitrión los recibe junto al intérprete. Este está situado detrás del productor alemán, lo presenta, se adelanta y se presenta: "Soy su traductor" (min. 6.39), término que usa a lo largo de la película para definir su función, para luego describir cuál será su trabajo con toda una declaración de intenciones: "mi trabajo consiste en no despegarme de ustedes" (min 6.44).

Efectivamente, los acompaña en casi todas las secuencias rodadas en alemán, ruso y castellano, las tres lenguas que aparecen en la película, trabajando, por lo tanto, en ambas direcciones en cada una de las dos combinaciones lingüísticas que se utilizan en la película, es decir desde el alemán o ruso hacia el castellano y viceversa.

Sin embargo, Vaclav no aparece en algunas secuencias bilingües debido a que son escenas privadas en las que su presencia les quitaría realismo e intensidad e impediría el desarrollo de la trama; son casi todas escenas de intentos de seducción en las que los monólogos de los personajes, ya que no podemos llamarlos diálogos, sólo son un elemento más de la intención cómica o dramática de la escena. La comunicación no verbal es la que indica cuál es la trama y cuáles son las intenciones o sentimientos de los protagonistas de estas escenas: intento de seducción del actor protagonista de la versión alemán hacia el galán español, varias escenas del ministro Goebbels intentando seducir o a punto de violar a la actriz protagonista, así como una escena entre la actriz y el preso judío ruso huido y protegido por ella.

En las secuencias en las que sí aparece, se puede observar el trabajo de una intérprete profesional, testigo ajeno a los intereses particulares de unos y otros, neutral, aunque ha sido contratado por una de las partes, la que "manda" no sólo por ser los anfitriones y contratantes, sino por representar la autoridad máxima del régimen nazi en la persona de J. Goebbels. Pero, a medida que se van estrechando lazos con los invitados, intenta mantener la distancia ("yo no he visto nada") pero no los delata, sino que, por el contrario, los acompaña e incluso los cubre. Con ellos, debe afrontar distintas situaciones, incluso críticas, y realizar su trabajo en diferentes contextos: acompañante del director y otros miembros del equipo español durante el rodaje y la recepción en la embajada española; también está presente en la cena privada en el restaurante, en las entrevistas con M. Goebbels, en el aeropuerto así como en el campo donde estaba retenido uno de los actores, sugiriendo en este caso, el ámbito militar o de la policía, a la que tiene que interpretar en varias secuencias de la película, cumpliendo de este modo con la definición de la *Escort Interpreting* que se caracteriza "by the spontaneity and the broad spectrum of situations interpreters may find themselves in, from formal meetings to tours of factories to cocktail parties". (González *et al.* en Mikkelson, 1999).

La interpretación de los diálogos ofrece un mayor realismo a la calificación "basada en hechos históricos" puesto que no son útiles para los actores que pueden conocer todas las réplicas de los diálogos en los que participan y que, además, no dependen de la interpretación para entenderse, sino al público que generalmente no sabe idiomas y, por lo tanto, debe entender las intervenciones en versión original de los personajes extranjeros.

Por otra parte, la interpretación y el intérprete se convierten en un recurso más del guionista o del director de la película para dibujar la trama y ofrecernos información sobre los sentimientos de los distintos personajes, su jerarquía e incluso sus intenciones. En algunas situaciones comunicativas, los anfitriones, sobre todo, muestran indiferencia, falta de interés o incluso desprecio fácilmente perceptible no sólo por el tono de su intervención, sino por el simple hecho de interrumpir la interpretación al alemán. El espectador, que escucha la versión original, sí sabe lo que se quiso decir, pero, además, le queda claro que los personajes en cuestión no tienen ningún interés en mantener un diálogo o incluso conocer a su interlocutor. Por el contrario, en una versión monolingüe, se interrumpiría al interlocutor y los espectadores se quedarían sin la información emitida en castellano. Esta identificación entre el espectador y los invitados españoles se en su dependencia de la interpretación.

5 Características de la *escort interpreting* y del intérprete acompañante

Hobs (2010 en Torres y Da Silva, 2014) subraya la interacción continua entre el intérprete acompañante y el cliente lo que posibilita "uma comunicação que leva em consideração as particularidades da cultura, inclusive a escolha da forma mais apropriada de portar-se durante cada situação".

En *La niña de tus ojos*, se desarrollan varias situaciones comunicativas, algunas cómicas, otras más dramáticas en las que el intérprete tiene que responder de forma profesional y neutral; además, en tan sólo algunas secuencias, se puede resumir muchas de las situaciones reales que tiene que sortear un intérprete: algunas presentaciones en las que uno de los interlocutores no muestra ningún interés, intentos de seducción, relaciones de poder, problemas, que deben resolverse.

Además de su trabajo visible en los diálogos multilingües, tiene que ejercer su función situaciones problemáticas: el intérprete, ejerciendo una función de mediador, tiene que negociar en el aeropuerto la salida de la actriz con el preso fugado ruso (min 108.26) y sacar al actor español del campo en el que está retenido al haberlo confundido con el ruso. Esta mediación se percibe de forma intuitiva, en escenas de segundo plano como en el aeropuerto, en las que se ve a Vaclav negociar con el piloto, o en el campo de prisioneros del que ve salir al actor español, apoyado en el intérprete.

6 Técnicas de interpretación

El intérprete utiliza todas las técnicas de interpretación que no requieren tecnología a lo largo de la película, y en algunas ocasiones, en una misma secuencia. Por ejemplo, la primera vez que se reúnen M. Goebbels y el director español (min 73.36 a min 74.37), Vaclav interpreta en una sola dirección, del alemán al castellano, ya que M. Goebbels ha sido quién ha convocado al director para darle indicaciones u órdenes y, por lo tanto, no espera réplica alguna. Trabaja en simultánea, *chuchotage* y consecutiva, resumiendo o restituyendo la integridad de la información.

La **consecutiva** es la técnica más utilizada, lo que significa que se oyen las dos versiones, la original en alemán y su interpretación al castellano; el intérprete trabaja a veces en una sola dirección, y en las demás ocasiones, en ambas direcciones, adquiriendo, por lo tanto, la característica bidireccional de la interpretación bilateral.

En la mayoría de las interpretaciones de la versión alemana y a pesar de que el espectador no suele conocer el idioma, Vaclav resume la información. En la reunión ya mencionada, M. Goebbels es muy clara en cuanto a sus sentimientos (min 74.01): "Aber weisen sie sie auch darauf hin, dass sie nicht schwanger werden darf. Falls dies dennoch der Fall ist, wird sie die Konsequenzen tragen müssen Ich werde mich in diesem Fall auf nichts einlassen" ("Pero adviértale así mismo que no puede quedar embarazada. Si a pesar de todo esto fuera el caso, tendrá que asumir las consecuencias. En el supuesto caso no consentiré nada"). Esta intervención es mucho más corta en castellano "Pero la Sra. Goebbels le advierte que no se le ocurra quedarse embarazada. La Sra. será inflexible".

En cuanto al **chuchotage** en simultánea, en el min 9.36 se puede ver, en un segundo plano, cómo Vaclav se inclina hacia el director alemán y le susurra al oído (min 26.17 a min 26.40) mirando al grupo de españoles que está debatiendo sobre el decorado, para posteriormente incorporarse a la conversación.

Cuando la intervención se realiza en alemán, el intérprete utiliza la **simultánea**; Vaclav interpreta al oído del director la intervención de M. Goebbels (min 73.36), pero sin susurrar para que el espectador pueda entender lo que ha dicho.

Los mensajes se **traducen a vista**: la orden de arresto (min 88.13) y la invitación a cenar del ministro Goebbels a la actriz española, traducida en primera persona: "Espero que pueda acompañarme esta noche a una cena privada. Mandaré un coche a recogerla a su hotel" (min 49.31).

La interpretación bilateral es la técnica principalmente utilizada. Se realiza en ambas direcciones, generalmente en consecutiva, y se puede usar un estilo directo o indirecto dependiendo del uso de la 1ª o 3ª persona. Thierry (1981:404) caracteriza lo que él llama "interprétariat" a partir de esta constatación "l'interprète intervient au bout d'un membre de phrase, ou d'une phrase; il transmet l'essentiel du message, à la troisième personne".

6.1 Estilo directo e indirecto: uso de la primera y tercera persona

En la mayoría de las intervenciones, el intérprete utiliza el estilo indirecto, en 3ª persona. Para ello, debe realizar un esfuerzo de análisis de la información, ya que resume parte de esta información en un verbo introductorio en 3º persona: "se alegra" (min 6.23), "dice" (min 8.21), "pregunta" (min 6.23) "quiere" (min11.08), "la conoce y la admira" (min 28.20), "le gusta mucho" (min 29.00), "sugiere" (min 32.30), entre otros muchos.

En alguna ocasión, durante la cena de seducción ofrecida por J. Goebbels, Vaclav interpreta los cumplidos del anfitrión dirigiéndose directamente, mirándola, a la actrizespañola (min 59.03) sin este verbo introductorio, y puede parecer que hace suyas estas palabras y el sentimiento que expresan. En este mismo escenario de seducción, cuando tiene que interpretar algo más subido de tono, suele desviar algo la mirada, lo que nos lleva a suponer que quiere poner una distancia entre lo que siente y lo que dice.

6.2 Visibilidad

El intérprete de enlace está presente en la situación o acto comunicativo. Esta presencia a veces no se hace patente pero, en ocasiones, el intérprete puede querer o tener algo que decir y la primera persona del tiempo verbal, "yo", le significaría como sujeto. Para evitar que se confundan los distintos "yos", el de los interlocutores y el suyo propio, se aconseja el uso de la 3º persona, es decir, del estilo indirecto.

En esta película, el "yo" del intérprete se materializa cuando se presenta "soy el traductor" (min 6.39), denominación que utilizará siempre que quiere definir su función o neutralidad, señala cuál es su papel, y posteriormente informa a los visitantes sobre quién es J. Goebbels, "es el ministro de propaganda" (min 8.14) "gustarle es poco" (hablando del cine).

En los intercambios en los que el intérprete está presente físicamente, esta presencia puede ser visible o no, entendiendo por visibilidad la toma de palabra con voz propia del intérprete, para aclarar algún punto o dar/pedir información. En algunas secuencias, algunos de los personajes lo miran y dirigen directamente a él, en vez de mirar a su interlocutor: "dígale", "no traduzcas", "no le digas".

En la secuencia con el protagonista alemán (min 12.50), el director español se dirige directamente al intérprete — "No traduzca esta bobada" — refiriéndose al saludo de una actriz secundaria española al actor alemán, "Lucía Gandía para servirle en cuerpo y alma".

El actor alemán llama al intérprete para que se acerque (min 13.14): *Sie* y, señalando al actor protagonista español, le pregunta "Was ist denn mit seinem Arm passiert?" ("¿Qué le ha pasado en el brazo?").

Posteriormente, también se dirige directamente al intérprete: "Ist es möglich, einen seiner Filme zu sehen?" ("¿Es posible, ver una de sus películas?") (min 13.40) y la respuesta también va dirigida a él "dígale que proyectará para él".

En la secuencia de la cena, la actriz española exclama: "Ese hombre es una lapa" y se dirige directamente al intérprete. "No le traduzcas eso. Dile que mañana tengo que rodar temprano y que tengo que ir al hotel" (min 59.08).

6.3 Neutralidad

Roberts (1994) afirma que, en este ámbito, la posición de neutralidad queda en entredicho y el intérprete se ve obligado a adquirir las competencias de un verdadero mediador cultural.

En dos ocasiones, el director español pide al intérprete que cuide a sus actores: al actor protagonista (min 18.27) "acompaña a Julián que no quiere estar solo" y a la actriz protagonista cuando tiene que ir a cenar con el ministro "ves qué bien, no estarás sola, cuidará de ti". Vaclav señala al respecto: "sólo soy el traductor" (min 49.30)

En las ocasiones en las que el visitante tiene que hacer frente a una situación de indefensión o de inferioridad en un país, cuya lengua no entiende ni habla, frente a la autoridad, en los interrogatorios policiales, incluso en los hospitales, la presencia de una voz amigo, de un civil o de un testigo lo tranquiliza y le permite manejar la situación con más confianza.

Cuando la *troupe* descubre que la actriz ha escondido en su camerino al preso judío ruso que había huido durante el rodaje en el que están encerrados (min

85.25 a min 93.27) el intérprete se asusta e intenta irse y repite en multitud de ocasiones "sólo soy el traductor", "yo no he visto nada", "yo hablo doce idiomas, no soy de ningún sitio, pero lo único que quiero es seguir vivo" porque sabe que en ese momento, su neutralidad está más que entredicho y se convierte en cómplice del delito; a pesar de ello cumple con su función de intérprete entre el ruso y los actores.

Esta situación dramática lleva a preguntarse qué habría hecho un intérprete en esta situación en la realidad, pero somos todos conocedores de historias heroicas y de muertes de intérpretes en zonas de conflicto, así como lo contrario, cómo el intérprete de la Gestapo en Carcassone, René Bach, se convierte en torturador y es fusilado al finalizar la guerra (Núñez, 2016).

La situación empeora, la actriz está en un gran aprieto después del ataque al ministro. El director español decide pedir una entrevista a la Sra. Goebbels para intentar salvar a su actriz y amante. Vaclav, conocedor de la situación, está algo reticente pero es profesional y lo tiene que acompañar (min 104.27 a min 106.07). A pesar de ser consciente de que el director está mintiendo, interpreta lo que dice.

6.4 Manipulación del texto o censura

En algunas escenas, el director y el actor alemanes, voluntaria o involuntaria-mente, muestran un desprecio absoluto o insultan a su interlocutor, En todas las ocasiones, el intérprete suaviza la intervención. En escenas en las que los anfi-triones, director o actor principal, muestran desprecio o se van sin esperar a ser interpretados o interrumpen a su interlocutor, dice una frase, "es un gran direc-tor", "es un gran actor", para suavizar el rechazo y no dejar el silencio instalarse.

1ª. Tras un leve intercambio de palabras que vemos a lo lejos entre la prota-gonista y el director alemán, la actriz llama al intérprete. Este llega con el director español y explica quién es el interlocutor alemán que, estrechándole las manos, susurra con voz despectiva "Ich habe schon mehr Regie geführt als Sie, mein junger Freund. Ich habe es nicht nötig, mir von einem Spanier sagen zu lassen, was ich zu tun habe". ("Ya he dirigido más [películas] que Usted, mi joven amigo. No necesito que un español me diga lo que tengo que hacer") (min 10.40).

Vaclav suaviza las palabras del director alemán y censura el desprecio mos-trado hacia su colega español a través de las palabras y que, por otra parte, se percibe por el tono y los gestos: "El Sr. … es un director … de gran experien-cia".

2ª. La actriz, harta de que el actor alemán no les preste atención, declama parte de su escena en alemán, haciendo ademán de acuchillarlo y el actor exclama en tono despectivo: "Verfluchtes Weibsbild, mich so zu erschrecken!" ("Maldita mujer! Asustarme así!") (min 15.22); en esta ocasión Vaclav cambia totalmente el sentido de su comentario (min 15.24) "Nada, le felicita por su pronunciación".

3ª. Durante la cena ofrecida para seducir a la actriz, la propuesta del ministro Goebbels de volver a verla es rechazada debido a que se va, "porque todo esto es un desastre, los decorados los extras. Esto ni es producción ni es ná, vamos que es una mierda". Con un tono neutro, Vaclav suaviza de nuevo las palabras de la actriz "ist der Meinung, [dass,] um weiter hier zu bleiben, müssten zuvor einige – kleine – Probleme, die Produktion betreffend, behoben werden" ("La señorita opina que, para seguir aquí, habría que solucionar (antes) algunos… pequeños… problemas en lo que se refiere a la producción") (min 33.28).

6.5 ¿Dónde se coloca el intérprete?

Para poder desempeñar su labor, el intérprete se sitúa cerca de la persona para la que interpreta, mostrando de ese modo la jerarquía de sus clientes: el Sr. y la Sra. Goebbels, el productor, y el director y el actor alemanes, el director, la actriz y el actor españoles.

En presencia del ministro, se coloca generalmente detrás, a veces algo retirado e inclinado hacia él, para de este modo poder hablarle y escuchar lo que dice sin molestar. Tanto en la embajada como en el restaurante, mientras toman el aperitivo o cenan, el intérprete está segundo plano, sentado en otra mesa, detrás del ministro e inclinado hacia él, no come, interpreta.

En la primera de las dos secuencias con M. Goebbels, está sentado junto al director, mostrando de este modo que está allí para interpretarle las palabras de la Sra. Sin embargo, en la segunda entrevista o reunión, solicitada por el director, se coloca entre los dos.

En las demás secuencias, que incluyen a los otros personajes, va de un lado a otro, detrás, entre o adelantándose a los distintos actores de la situación comunicativa.

En la secuencia más cómica y poco verosímil desde el punto de vista de la interpretación, la escena del baile durante la cena que ofrece el ministro a la actriz española, el intérprete, que gira al mismo tiempo que los bailarines, siguiendo su paso, para, de ese modo, seguir trabajando sin interrumpirlos.

El intérprete acompañante, que no suele estar incluido como tal en la literatura sobre investigación en el ámbito de la interpretación, así como sus técnicas y ámbitos de trabajo, están fielmente representados en *La niña de tus ojos*, según el perfil del profesional y la profesión definidas por Pamela Merino, intérprete profesional, en una entrevista al diario digital *Word Factor*. Su convivencia con las personas con las que trabaja es "intensiva"; ha trabajado en distintos contextos, formales e informales, y, como señala esta intérprete, "no hay regla, comienza y termina según las necesidades del cliente". También utiliza las distintas técnicas de interpretación "hay dinámicas en las que es recomendable llevar equipo portátil de interpretación, sobre todo cuando varias personas participarán o cuando habrá recorridos con explicaciones o juntas con más de 3 personas, entre otros casos". En cuanto a la especialización, los intérpretes acompañantes deben "estar informado de todo lo que pasa en el mundo, tener una excelente cultura general y estudiar siempre antes de acudir a cualquier evento".

Debido a esta presencia escasa, sino nula en la literatura sobre interpretación y en la institución académica, las películas que presentan situaciones que exigen la presencia de un intérprete de enlace provocan o aumentan la visibilidad y el reconocimiento de esta profesión convirtiéndose en una herramienta didáctica, amena y realista dentro y fuera de las aulas.

> El cine es texto, es arte, es imagen... pero es mucho más, ha sido la forma de expresión más extendida y popular del siglo XX, es una manifestación cultural que combina elementos de casi todas las artes (imagen, música, poesía, espacio, tiempo...) y un vehículo capaz de provocar emociones y reacciones con una intensidad que es imposible encontrar en casi ninguna otra manifestación. No aprovechar su potencial es algo más que una opción, es renunciar a un caudal casi inagotable de conocimiento, disfrute, emoción y reflexión, las bases de lo que solemos llamar educación. (Pla Vall en Baigorri: 2011:507)

Bibliografía

Alexieva, B. 1997. "Interpreting is interpreting – or is it?", *The Translator*, vol. 3, n 2, 153–174. [Fecha de consulta: 15/07/2018]. Documento disponible en: https://works.bepress.com/holly_mikkelson/9/

Astudillo, W. y Mendinueta, C. 2008. El cine como instrumento para una mejor comprensión humana. *Rev Med Cine* nº4:131–136. Ediciones Universidad de Salamanca. [Fecha de consulta 15/07/2018] Documento disponible en: revistas.usal.es/index.php/medicina_y_cine/article/download/16546/17189

Baigorri, J. 2003. "Guerras, extremos. Intérpretes", en Ricardo Muñoz Martín (ed.) I *AIETI. Actas del Congreso Internacional de la Asociación Ibérica de Estudios de Traducción e Interpretación*. Granada: AIETI. vol. II, 166.

Baigorri, J. 2011. "Los intérpretes en el cine de ficción: una propuesta de investigación", en Juan Miguel Zarandona (ed.) *Cultura, literatura y cine africano: Acercamientos desde la traducción y la interpretación*, Universidad de Valladolid: 504–522. [Fecha de consulta: 15/07/2018. Documento disponible en: http://campus.usal.es/~alfaqueque/pdf/interpretesenelcine.pdf.

Bastin, G. 1999. "Gentile, Adolfo, Uldis Ozolins and Mary Vasilakakos (with Leong Ko and Ton-That Quynh-Du) 1996: *Liaison Interpreting. A Handbook*", Melbourne: Meta 44-2, 378.

Cerrato, B. 2013. *La imagen del intérprete en el cine del siglo XXI*. [Fecha de consulta: 15/07/2018]. Documento disponible en: https://gredos.usal.es/jspui/bitstream/10366/123436/1/TFG_Cerrato_Rodriguez_Barbara.pdf.

Chalvon-Demersay, S. "Les métiers à la télé: entre la réalité et la fiction". [Fecha de consulta: 24/07/2018]. Documento disponible en: https://www.jobboom.com/carriere/metiers-tele-entre-realite-et-fiction/].

Couto, A., Chorão, G. y Pascoal, s. 2010. Traduzir palavras, aproximar culturas: o ensino da interpretação de acompanhamento *no ISCAP, Polissema* 10. 41–61. [Fecha de consulta: 24/07/2018]. Documento disponible en: http://www.academia.edu/1352643/TRADUZIR_PALAVRAS_APROXIMAR_CULTURAS_O_ENSINO_DA_INTERPRETA%C3%87%C3%83O_DE_ACOMPANHAMENTO_NO_ISCAP.

Delisle, J. y Woodworth, J. 1995. *Les traducteurs dans l'histoire*. Ottawa Editions de l'Université.

Gentile, A., Ozolins U. y Vasilakakos, M. 1996. *Liaison Interpreting: A Handbook*. Melbourne University Press, 24.

González, R. *et al.* 1991. *Fundamentals of Court Interpretation: Theory, Policy and Practice*. Durham, en Holly Mikkelson, Interpreting Is Interpreting—Or Is It, 28. [Fecha de consulta: 15/07/2018]. Documento disponible en: https://works.bepress.com/holly_mikkelson/9/

Jiménez, I. 2002. "Hermeneus", *Revista de Traducción e Interpretación*, 4. [Fecha de consulta: 19/07/2018]. Documento disponible en: https://www.researchgate.net/publication/277273211_Variedades_de_interpretacion_modalidades_y_tipos.

Kahane, E. 2007. "Intérpretes en conflictos: Los límites de la neutralidad", *The AIIC Webzine*. [Fecha de consulta: 19/07/2018]. Documento disponible en: http://aiic.net/page/2690/interpretes-¬-en -¬-conflictos-¬-los -¬-limites-¬-de-¬-la -¬-neutralidad/lang/39.

Merino, P. 2016. "Las cosas que jamás habríamos logrado sin un intérprete acompañante", *Word Factor*. [Fecha de consulta: 19/07/2018]. Documento disponible en: http://wordfactor.com/las-cosas-que-jamas-habriamos-logrado-sin-un-interprete-acompanante.

Mikkelson, M. 1999. "Interpreting Is Interpreting—Or Is It?" *GSTI 30th Anniversary Conference* [Fecha de consulta: 19/07/2018]. Documento disponible en: http://works.bepress.com/holly_mikkelson/9/

Nepote, J. "El lector científico: Los superhéroes y la ciencia", *Ciencia y desarrollo*. [Fecha de consulta: 19/07/2018]. Documento disponible en: http://www.cienciaydesarrollo.mx/?p=articulo&id=44.

Núñez; M. 2016. *El valor de la memoria. De la cárcel de Ventas al campo de Ravensbrück*, Colección Biblioteca de la Memoria, Serie Menor n°31: Renacimiento, Sevilla.

Roberts, R. 1994. "Community Interpreting Today and Tomorrow", in Peter Krawutschke, (Ed.) *Proceedings of the 35th Annual Conference of the American Translators Association*. Medford, NJ: Learned Information, 127–138.

Rodríguez, C. 2009. "La realidad ficcionada en *La niña de tus ojos* de Fernando Trueba", *Actas del Congreso Internacional latina de Comunicación Social* [Fecha de consulta: 13/07/2018]. Documento disponible en: http://www.revistalatinacs.org/09/Sociedad/actas/70fuentes.pdf.

Ticca, A. C., Traverso, V. 2015. "Traduire et interpréter en situations sociales: santé, éducation, justice", *Langage & Société*, n°153 : Editions de la maison des sciences et hommes Mayenne, 8.

Thiery, C. 1981. "L' enseignement de la prise de notes en consécutive, un faux problème", *Cahiers de Traductologie*, 4, 404.

Tipton, R. Furmanek, O. 2016. "*Dialogue interpreting. A Guide to Interpreting in Public Services and the Community*",Londres y Nueva York: Routlege Editions.

Torres, L.M. y Da Silva, J. 2014. "Comportamentos e atitudes essenciais na interpretação de acompanhamento: A perspectiva dos clientes": *Tradterm* v. 23, São Paulo, p. 35–57. [Fecha de consulta: 24/07/2018] Documento disponible en: https://www.revistas.usp.br/tradterm/article/viewFile/85566/88355

Van Hoof, H. 1962. *Théorie et pratique de l'interprétation*. Max Hueber verlag Munchen, 24.

Wadensjö, C. 2007. *The Critical Link 4: Professionalisation of Interpreting in the Community*, en Wadensjö, Birgitta Englund Dimitrova, Anna-Lena Nilsson Editors: John Benjamins Amsterdam/Philadelphia 3.

Wadensjö, C. 1992. *Interpreting as interaction: On dialogue-interpreting in immigration hearings and medical encounters*: Linköping Studies in Arts and Science 83, Linköping, Department of Communication Studies.

Patricia Pérez López
Universidad de Las Palmas de Gran Canaria

La imagen de la intérprete y el respeto de su código deontológico en la película *La intérprete*, de Sydney Pollack

Resumen: Muchos son los aspectos que se han analizado de *La intérprete*, de Sydney Pollack, película estadounidense cuyo título anuncia la profesión de la protagonista pero en la que, por el contrario, el oficio no es lo más importante de la trama.

En este capítulo presentamos un estudio de la imagen de dicha intérprete, intentando acercarnos a la visión que genera en el espectador esta profesión en la mencionada producción cinematográfica.

Además, sirviéndonos del código deontológico de la Asociación Internacional de Intérpretes de Conferencia (AIIC) veremos también si la protagonista, Silvia Broome (interpretada por Nicole Kidman) respeta dicho código. Según él, describiremos lo correcto (o no) de sus actuaciones a través del análisis de las secuencias en las que la protagonista ejerce la interpretación en sus diferentes modalidades (consecutiva, simultánea o bilateral). Asimismo, analizaremos los casos en los que el incumplimiento del código mencionado esté derivado de los conflictos personales de este personaje de ficción.

Enlazaremos, por último, ambos aspectos de imagen y respeto de la profesión en las conclusiones.

Palabras clave: Interpretación, imagen, cine, lenguas, AIIC

Introducción

En una de las primeras grandes obras escritas sobre interpretación, la propia Danica Seleskovitch (1983), quien contribuyó a la formación de la Asociación Internacional de Intérpretes de Conferencia y de la que fue secretaria ejecutiva mucho tiempo, habla del perfil del intérprete: qué debe conocer –un poco de todo–, cómo se debe expresar y qué factores influyen en la práctica de su profesión –condiciones técnicas, carga de trabajo, cansancio, entre otros–. En condiciones favorables, dice, el intérprete puede alcanzar grados de virtuosismo admirables, aunque a menudo se vea "[…] mis dans la situation d'un chirurgien qui devrait opérer avec un simple couteau de cuisine" (Seleskovitch, 1983: 241). A esto hay que añadir la falta de protección legal y el intrusismo, indica, al no ser una profesión colegiada.

Muchos son los campos de estudio relacionados con los intérpretes. Sin duda los lingüísticos, los comunicativos, pero también los neurológicos. Así, como apunta en un artículo Watts (2014), "simultaneous interpretation, it seems, is yet another feat made possible by our networked brains". En este caso, la relación la estableceremos con la imagen.

La imagen que podemos tener del intérprete está muy bien representada ya desde el prefacio de la obra de Seleskovitch (1983), donde podemos leer que el intérprete, situado entre dos Jefes de estado, ayuda a atravesar la barrera lingüística en conversaciones que, con frecuencia, son de gran importancia para la humanidad.

Cuando pensamos en un intérprete internacional, la imagen que habitualmente va a aparecer en nuestra mente es la de una persona con auriculares en una minúscula cabina y hábil en el paso de una lengua a otra. Sin embargo, esto no es suficiente, habrá de tener, además, una gran cultura general y la capacidad de expresar todo ese saber de un modo apropiado en la lengua hacia la que interpreta, antiguamente, la lengua materna, en la actualidad esto ha cambiado tanto en interpretación como en traducción. Así, no es de extrañar que una de las asignaturas que resultasen más complicadas a los estudiantes de las Facultades de Interpretación de nuestro país fuese la de lengua española.

Por último, otros aspectos muy interesantes de esta imagen del intérprete de los que no se suele hablar, pero que me resultan fundamentales, son los siguientes:

> [...] une grande souplesse, une grande célérité dans les réactions psychologiques. Et encore beaucoup de curiosité d'esprit, le don de s'intéresser à tous les domaines de l'activité humaine. Et enfin des nerfs bien accrochés : l'interprétation exige une grande maîtrise de soi, une attention capable de se soutenir longtemps et de rester aiguë à tous les moments... (Seleskovitch, 1983: II).

Así, interpretar se convierte en una profesión compleja en la que no basta con saber idiomas, como muchas veces se piensa. A lo largo de este capítulo veremos si "nuestra intérprete" cumple con los requisitos de la profesión.

La imagen

Una de las definiciones más antiguas de imagen la da Platón en *La República*: "Llamo imágenes ante todo a las sombras y, en segundo lugar, a las figuras que se forman en el agua y en todo lo que es compacto, pulido y brillante y a otras cosas semejantes [...]" (Platón, 1990: 364). Según el DRAE (2001), la palabra imagen procede del latín *imāgo, -ĭnis* y estas son sus diferentes acepciones:

1. f. Figura, representación, semejanza y apariencia de algo.
2. f. Estatua, efigie o pintura de una divinidad o de un personaje sagrado.

3. f. Ópt. Reproducción de la figura de un objeto por la combinación de los rayos de luz que proceden de él.

4. f. Ret. Recreación de la realidad a través de elementos imaginarios fundados en una intuición o visión del artista que debe ser descifrada, como en *las monedas en enjambres furiosos* (Real Academia Española, 2001).

Este apartado sobre la imagen estará basado, parcialmente, en la teoría y práctica de Martine Joly, profesora emérita de la Universidad de Burdeos 3 Michel de Montaigne –donde imparte clases de semiología de la imagen y del cine– por parecernos su material publicado, y en concreto su obra más reciente *Introduction à l'analyse de l'image*, de gran importancia e interés para interrogarnos sobre los diferentes significados de la imagen y sus funciones, además de su interpretación, palabra muy apropiada en este libro.

Para Joly (2014) resulta muy complicado dar una definición sencilla al término de imagen, teniendo en cuenta la gran cantidad de significados que atienden a empleos totalmente distintos. "Nous comprenons qu'il indique quelque chose qui, bien que ne renvoyant pas toujours au visible, emprunte certains traits au visuel et, en tout état de cause, dépend de la production d'un sujet: imaginaire ou concrète, l'image passe par quelqu'un, qui la produit ou la reconnaît" (Joly, 2014: 11). Esto no quiere decir, asegura, que las imágenes tengan que ser siempre culturales, la naturaleza también nos las ofrece como demuestra la definición hecha por Platón. Asimismo, la encontramos unida a representaciones mentales como el sueño,

> L'image mentale correspond à l'impression que nous avons, lorsque, par exemple, nous avons lu ou entendu la description d'un lieu, de le *voir* presque comme si nous y étions. Une représentation mentale s'élabore de manière quasi hallucinatoire, et semble emprunter ses caractéristiques à la vision. On *voit* (Joly, 2014: 16).

En cuanto a la expresión a través de imágenes, y aquí es cuando Joly (2014) relaciona la palabra imagen con metáfora, se relaciona la imagen fija con la fílmica y con la representación mental de estas en una categoría social determinada o en una persona, es decir, podemos "tener cierta imagen" de alguien. Imagen, pues, es sinónimo de metáfora, lingüísticamente hablando. Y es que ambas "[...] ils consistent à employer un mot pour un autre en raison de leur rapport analogique ou de comparaison"(Joly, 2014: 18). Así, del mismo modo que utilizamos apelativos según las características que deseamos resaltar, creamos nomenclaturas asociadas a cosas por su similitud de imagen. Joly destaca también la imagen como un procedimiento expresivo "[...] riche, inattendu, créatif, et même cognitif, lorsque le rapprochement de deux termes (explicite et implicite) sollicite l'imagination et la découverte de points communs insoupçonnés entre eux" (Joly, 2014: 18).

Cierto es que la palabra "intérprete" nos puede conducir a diversas imágenes: de cine, de signos, de idiomas… cada una de ellas con sus características determinadas intrínsecas a cada profesión que, en el caso del intérprete de cine, dista mucho de los intérpretes de lenguas (signadas o habladas). Pero sí podemos extrapolar las palabras de la autora y admitir que, de manera metafórica, intérprete nos remite irremediablemente a la cabina, a los cascos y a "tener una imagen del intérprete de lenguas". Sin ir más lejos, y continuando con su definición de imagen, podemos asociar sus palabras a la interpretación (simultánea) como procedimiento expresivo "riche, inattendu, créatif, et même cognitif" (Joly, 2014: 18).

Por otra parte, si entramos en el audiovisual narrativo, la imagen, según García Jiménez (1995) "no sólo es 'vista', sino 'mirada' y sometida, en cuanto objeto de la mirada, a un proceso de selectividad por una doble vía: la atención (visión intencional central y periférica) y la indagación" (García Jiménez, 1995: 205). La atención central vendría a ser "la focalización sobre los aspectos más importantes del campo visual" (García Jiménez, 1995: 205), contraria a la atención periférica, y la indagación visual sería el "proceso que encadena varias fijaciones en secuencia sobre una misma escena visual para explorar en detalle" (García Jiménez, 1995: 206). Este término guarda estrecha relación con la atención y la información. Según sendas investigaciones clínicas y quirúrgicas sobre asimetría cerebral realizadas en EE. UU. y recogidas por García Jiménez,

> la percepción y lectura de la imagen secuencial obedece […] a la actividad cruzada de ambos hemisferios: el derecho identifica las imágenes y el izquierdo responde de su elaboración serial. La configuración discursiva de las imágenes estriba en la función asociativa y en la memoria gestionada por el hemisferio izquierdo (García Jiménez, 1995: 206).

Así pues, existe la narración verbal, que estará conectada con el hemisferio izquierdo y la narración icónica, con el derecho. Esta permite que se siga más fácilmente la narración, porque se construye a un nivel mental más lúdico.

Si nos fijamos, también desde el punto de vista de este autor, hay relaciones con la interpretación. Por una parte, en cuanto a la atención central, que es fundamental en el intérprete, pero también en cuanto a la atención periférica, si consideramos la importancia que el intérprete da a los detalles (lingüísticos y de otra índole) como ser de espíritu curioso. Además, todo ello está relacionado con la actividad cruzada en ambos hemisferios y los intérpretes son, digamos, perfectos conejillos de indias en los que observar la actividad cerebral en neurología, como apuntábamos en la introducción.

Rivera Betancur y Correa Herrera (2006) exponen, al estudiar la imagen en la narrativa audiovisual, que además de guardar relación con el relato que acompañan, dichos relatos también influyen en la imagen en una reciprocidad y, por lo tanto, hace posible la construcción del sentido por parte del espectador. Por eso creen necesario ahondar en los análisis de la imagen audiovisual en estos últimos tiempos en que esta se sigue desarrollando ya que "lo audiovisual es mucho más que la suma de un elemento visual y un elemento auditivo y que en este lenguaje pueden encontrarse rasgos característicos de lo verbal, lo proxémico y lo metalingüístico" (Rivera Betancur y Correa Herrera, 2006). Es más, creen un error el haber desdeñado a menudo el papel del sonido a favor de la imagen, porque esta última puede ser construida por el espectador a partir de otros estímulos sensoriales. Todo ello sin olvidar la intención comunicativa del emisor, que también reconstruye en el relato audiovisual su propia mirada. Así, volvemos a la idea de la imagen como una mera posibilidad de representación –en la que entran en juego las vivencias del espectador y su carga emotiva– y en su gran potencial de estudio y de investigación.

Según estos autores, nos podríamos plantear si el relato que crea Pollack en *La intérprete* influiría en la imagen de la profesión de la protagonista y viceversa, si la intérprete influiría en el relato, lo cual no iría demasiado desencaminado teniendo en cuenta las connotaciones y las influencias políticas de las que hablaremos más adelante.

Imagen audiovisual, histórica, cinematográfica, en formas literarias, real o figurada, física o en relación con la referencia cultural, de lo que no nos cabe duda es del valor que actualmente ocupa en multitud de campos, desde los que se siguen estudiando posibles interpretaciones.

Elementos intersemióticos de la imagen

La imagen puede también tener que ver en las interpretaciones que el espectador haga de una película. Así, el enfoque que le haya dado el director puede variar en función de esto. Gómez Alonso (2001) habla de enfoques cinematográficos desde un punto de vista de género:

- El enfoque clásico sería aquel en el que se enmarcarían los clásicos de Hollywood y presentaría "al género masculino como el objeto dominante y el objeto deseado y al género femenino como objeto dominado y objeto deseante" (Gómez Alonso, 2001: 56).
- El enfoque anticlásico representaría justamente los géneros en sentido opuesto al enfoque anterior, como ejemplo, la película *Instinto básico* (1992), de Paul Verhoeven.

– En el enfoque moderno no hay ninguna dominancia de género, sino un equilibrio entre ambos. El tema central de estas películas suele girar en torno a condiciones de vida, como en *El verdugo* (1963), de Luis García Berlanga.

– El enfoque posmoderno, por último, presenta a ambos sexos como deseantes y deseados, dominantes y dominados (*Amores perros* (2000), de Alejandro González-Iñárritu).

De todos estos enfoques, el más apropiado para la película que analizaremos a continuación es el enfoque moderno, puesto que no presenta género dominante: hay mujeres y hombres en las profesiones de los papeles principales, de intérprete y de policía. Además, a grandes rasgos, tampoco hay enfoques de personas como objetos dominantes. Cierto es que hay más hombres políticos (aunque no todos lo son), pero esto corresponde a una realidad cultural en el continente en cuestión (África).

Otro de los aspectos a los que alude Gómez Alonso (2001) son los comportamientos fetichistas, relacionados con el placer por los objetos, así como a las estrategias de seducción que utilizan como reclamo imágenes bellas, basadas en cánones visuales atractivos. Si lo mencionamos es porque en muchas de las citadas críticas a la película de *La intérprete* se resaltan, además de las cualidades interpretativas de Nicole Kidman, la belleza de la actriz. No dudamos de este factor en la elección de los intérpretes, tanto femenino como masculino, en el caso de Sean Penn.

Relacionado con esto, la pulsión escópica, de Lacan (1973), está basada en la necesidad humana de ver y el placer de mirar, tomados como objeto que crea expectativas e intercambio de miradas dentro de una misma historia, incluyendo en este juego de miradas, las del espectador. A su vez, las miradas y el análisis de la imagen guardan también relación; para ilustrarlo, hablaremos de la idealización audiovisual o de cómo los distintos puntos de vista influyen. Esta idealización supone estudiar, entre otros aspectos,

> cómo se observa dentro y fuera de una escena concreta, qué papel juega el receptor interno (personaje) y externo (espectador), cómo se construyen los juegos de miradas, dónde miran los personajes, quién ostenta la mirada principal en una imagen, cuántas miradas aparecen en escena (Gómez Alonso, 2001: 49).

El punto de vista óptico es el encargado de descubrir qué personaje está viendo una escena y el grado de implicación del realizador en el discurso audiovisual, así como un estilo determinado, si el autor deja ver las marcas necesarias.

El punto de vista acústico, por su parte, se encarga de mostrar qué personaje oye, cuántos lo hacen, qué papel desempeña la BSO de la película y cómo están construidos los planos sonoros (cercanía/lejanía). Gómez Alonso (2001) cita la clasificación de Michael Chion (1993) que consiste en cuatro tipos de escucha:

Escucha causal: informa sobre la causa. Incide en el reconocimiento de sonidos, voces (sea de imágenes visibles o invisibles).

Escucha semántica: produce un significado concreto. El reconocimiento del idioma y dialectos forman parte de este apartado.

Escucha reducida: estudia los valores físicos del sonido y su observación por procedimientos. Se necesita realizar un estudio aplicado (similar al que se realiza en investigaciones policiales).

Escucha asociativa: genera recuerdos (asocia sonidos a imágenes mentales) (Gómez Alonso, 2001: 49).

Por otra parte, el análisis del punto de vista perceptivo persigue desentrañar las sensaciones, movimientos y motivaciones de los personajes; en cuanto al receptor, cómo reacciona este cuando percibe las imágenes, cómo se van constituyendo sus pasiones.

El punto de vista realizativo se refiere al lugar que ocupa la cámara y a la finalidad de mostrar determinadas situaciones.

El punto de vista compositivo guarda relación con el modo en el que está tomada la escena: peso visual, lugar desde el que se observa y finalidad de este enfoque.

Por último, en cuanto al punto de vista de la puesta en escena, lo que interesa apreciar es la importancia de un personaje respecto al resto. Gracias a este punto de vista se puede saber quién es el protagonista e incluso lo que le va a ocurrir a un personaje durante la historia.

No entraremos en un análisis pormenorizado de los puntos de vista en *La intérprete*, sin embargo, subrayaremos que todos ellos nos sirven para trabajar la imagen, aunque quizás el realizativo y el compositivo requieran un análisis más preciso, al tratarse de aspectos más técnicos. Así, el punto de vista óptico nos indicará quién ve cada escena y, por ejemplo, si la protagonista es vista en esas primeras escenas inquietantes; el punto de vista perceptivo, por su parte, nos servirá para descubrir sensaciones en la intérprete y en nosotros mismos, como espectadores; el de la puesta en escena nos ayudará a descubrir a los personajes principales (además de la intérprete, ya anticipada con el título) y a intuir los acontecimientos. Sin embargo, consideramos que uno de los puntos de vista más importantes en relación con esta película sería el de la escucha, por ser este un aspecto clave en la profesión. Escucha casual, semántica, reducida, asociativa: todas se dan en esta película.

En relación con todo lo anterior: con las miradas del espectador y con los factores que le influyen, está la cultura. Cada cultura tiene su mirada y tiene su

espacio, aunque autores como Gómez Alonso (2001) hablan de fronteras trans-
nacionales que plantean estrategias a los cercos de las culturas. Según él, una vez
que esos espacios deciden acoger las posturas alternativas, pasan a denominarse
posmodernos. Las imágenes que nos encontramos actualmente, en relación a la
cultura, se debaten entre la cultura misma y su dimensión de fetiche y seductora.
Cualquier reflexión sobre la obra, la percepción de esta y el sentimiento de los
creadores, opina el autor mencionado, ha de apreciarse en el análisis audiovisual.
Se busca sorprender con lo exótico, a sabiendas de que será lo que busque el
público, cada vez más diversificado por gustos. La idea es generar placer estético
para darle sentido a la exposición visual, más allá de los parámetros culturales.

Con *La intérprete* en la ONU podemos hablar, sin duda, de fronteras transna-
cionales, aunque pueda no faltarle razón a Gómez Alonso (2001) en que la imagen que se plantee [en esta película] se debata entre sus dimensiones culturales
(con toda la carga profesional, lingüística y política, entre otras, que ello pueda
acarrear) y fetichistas. Cabría recurrir a la mirada del espectador para averiguar
cuál es la imagen que a cada uno le llega.

En resumen, comenzamos este apartado teórico viendo no solo las similitudes que pueden tener la imagen y la interpretación desde sus perspectivas
terminológicas y semánticas, por sus conexiones establecidas en cuanto a definición, sino también las relaciones en cuanto a usos cerebrales se refieren. De este
modo, empezamos a relacionar dichas similitudes con la película objeto de estudio: atención central, periférica, escucha… son aspectos que veremos reflejados
en *La intérprete*, de Pollack. Podríamos encontrar una influencia del relato en
la imagen, pero también esa imagen (de la intérprete) puede influir en el relato.
La mirada del espectador va a desempeñar un papel fundamental a la hora de
definir la imagen de esta profesión. Es más que probable que de un espectador a
otro, esa imagen varíe. En cualquiera de los casos, como se trata de percepciones,
lo cierto es que cada una de ellas será totalmente válida.

Breve introducción al servicio de interpretación de la Organización de las Naciones Unidas (ONU)

Los seis idiomas oficiales de la ONU son el árabe, el chino, el inglés, el francés,
el ruso y el español. Estos se interpretan de manera simultánea a los restantes
idiomas. El servicio de interpretación es el responsable de que delegados y representantes entiendan lo que se dice en las reuniones de la Asamblea General, el
Consejo de Seguridad, el Consejo Económico y Social y demás órganos subsidia-
rios, intergubernamentales y conferencias.

La página web oficial de la ONU, y en concreto la del Servicio de Interpretación, dice que son necesarios 14 intérpretes en una reunión con seis idiomas, "tres por cabina en el caso del árabe y del chino, dado que estos profesionales se encargan de la interpretación directa e inversa de esos idiomas; y dos en el caso del español, el francés, el inglés y el ruso". La interpretación solicitada puede ser simultánea o consecutiva, en esta última, los intérpretes intervienen después de cada participante, y ponen como ejemplo

> las reuniones de los Jefes de Estado y de Gobierno con el Secretario General, las consultas con el Presidente del Consejo de Seguridad o el Presidente del Consejo Económico y Social sobre situaciones políticas concretas, las misiones oficiales y las investigaciones especiales en el extranjero, así como las conferencias de prensa y, en ocasiones, actos especiales (ONU)[1].

Apunta también a la disposición de las cabinas, que están cerradas pero que les permiten ver y oír a los participantes. Asimismo, los intérpretes han de tener a mano la información necesaria para la reunión, elemento de mejor acceso en los últimos años gracias a las nuevas tecnologías.

Se menciona como dato importante, antes incluso de interpretar, la responsabilidad en la profesión de proporcionar una información correcta, para ello, el intérprete ha de estar al día, y en sus diversas lenguas de trabajo, en cuestiones de interés mundial que abarcan la política, la economía, el desarrollo social, las causas jurídicas, el cambio climático o los derechos humanos.

La Asociación Internacional de Intérpretes de Conferencia (AIIC)

La AIIC es una asociación que nace en 1953 y reúne a intérpretes de conferencias de todo el mundo. Estos pertenecen tanto al sector público como al privado, a instituciones, a organismos y a organizaciones pertenecientes al gobierno y a organizaciones no gubernamentales nacionales e internacionales. Así, se incluyen entre sus miembros trabajadores de la ONU y de la UE, entre otros.

Entre los objetivos de la AIIC destaca "definir la profesión de intérprete de conferencias y adaptarla a los nuevos retos. Representarla […] [y] mejorar [su] ejercicio […] a través del fomento de la formación y de la investigación" (ESPaiic[2], 2013).

---

1   Fuente: http://www.un.org/es/hq/dgacm/interpretation.shtml (Fecha de consulta: 25/06/2018)

2   «ESPaiic es la asociación española de profesionales de la interpretación de conferencias miembros de AIIC» (ESPaiic, 2013).

Tras seguir un estricto procedimiento en la admisión de sus miembros, la AIIC publica, de manera trimestral, un Anuario en papel y en digital. Además, cuenta con unas Normas de Práctica Profesional que son revisadas de manera periódica. Entre las actividades que realiza, están los acuerdos con importantes organizaciones internacionales, la difusión de información a los medios sobre la profesión, la cooperación con universidades europeas y la organización de encuentros profesionales entre sus miembros, entre otras.

Las mencionadas normas profesionales incluyen aspectos relacionados con el domicilio profesional, los contratos y su cancelación, la remuneración o la ausencia de esta, los equipos de intérpretes, la jornada laboral, los días no trabajados durante el periodo de contrato, el desplazamiento, los días de descanso, el alojamiento y las dietas, los acuerdos a los que quedan vinculados, las conferencias intergubernamentales fuera del sector del acuerdo, los intérpretes permanentes y, por último, el procedimiento de enmienda al que pueden ser sometidas las normas. Estos aspectos, recogidos en 15 artículos, se basan, a su vez, en los Estatutos de la Asociación, así como en su código deontológico.

En dicho código es en el que nos vamos a centrar para el análisis de la película que vamos a llevar a cabo, por ser este de aplicación internacional, incluyendo organismos como la ONU.

La intérprete (2005)

Sinopsis

Silvia Broome (Nicole Kidman) es una intérprete sudafricana de las Naciones Unidas que un día, de manera casual, escucha en lengua *ku* (lengua africana ficticia) cómo planean matar al presidente de Matobo, un país africano también ficticio (en el que, además, la protagonista está nacionalizada). Dicho presidente ha de asistir a una Asamblea General de la ONU a dar un discurso, a pesar de estar acusado de genocidio. Tras denunciar el hecho y sentirse amenazada, será un agente del Servicio Secreto, Tobin Keller (Sean Penn) quien tratará de protegerla, aunque durante el proceso surgirán dudas acerca de su inocencia, fundadas estas en los ideales políticos de la intérprete.

Algunas escenas de la película fueron rodadas en la sede de las Naciones Unidas. Muchos apuntan que esto sucedió por primera vez en la historia, aunque Gree (2005), asegura que ya en 1996 "se realizó una película en la ONU, copatrocinada por AICC, a partir de materiales de archivo y entrevistas [...] titulad[a] 'Los intérpretes: perspectiva histórica'". Para que esto fuese posible, el director tuvo que entrevistarse con Kofi Annan, quien dio su visto bueno después de leer el guion y comprobar que en él se defendían los valores que promueve dicha organización. Además, y para no interferir en la actividad de la ONU, el rodaje tuvo que ser llevado a cabo solo durante los fines de semana[3].

Crítica general y opinión de intérpretes

Las críticas van desde aquellas que afirman que es de las mejores películas de Pollack, o que tiene un estilo hitchcockiano, hasta las que aseguran que detrás de lo que presentan como un thriller político no hay ni política ni thriller, además de muchas otras que aseguran que es una película demasiado larga y que, a esto, se le une la falta de química entre los actores principales[4], lo cual hace que la historia no llegue al espectador.

Tal y como dice Baigorri (2011), la formación de la intérprete no queda clara. Se habla de su variado recorrido académico, pero no de estudios en traducción o interpretación. Este mismo autor –en un artículo que no está centrado en la crítica, sino en los intérpretes de cine– habla de la utilidad de la película de Pollack para dar visibilidad a esta profesión, a pesar de que *La intérprete* no estuviese centrada, como pudiera parecer en un primer momento, en la actividad profesional.

Cuando Cronin (2006) menciona esta obra cinematográfica destaca, entre otros, la validez de la intérprete, que revela la conversación que ha escuchado y que no parece demasiado objetiva tras darse a conocer su implicación en una época anterior.

Interesante es la opinión de Gree (2005), intérprete de la ONU, sobre la figura de la intérprete en esta obra de Pollack. Y es que, aunque el director se documentó con profesionales de dentro de la organización, algunos de los cuales aparecen en la película, enumera imprecisiones como las siguientes:

– En primer lugar, sorprende que, siendo una intérprete de conferencias de la ONU, sea uno de sus colegas quien ayude a Sean Penn, del FBI, en una interpretación del portugués, cuando la interpretación judicial no es competencia de los intérpretes de la ONU.

– En segundo lugar, hay una "ausencia de material de referencia o de consulta en la cabina […] y en la biblioteca personal de la protagonista, que parece

---

3   Fuente: http://www.elmundo.es/television/programacion-tv/peliculas/1135642_la-interprete.html (Fecha de consulta: 01/06/2018)

4   Fuentes: http://www.lashorasperdidas.com/index.php/2005/04/15/la-interprete/, https://www.filmaffinity.com/es/pro-reviews.php?movie-id=861155 y https://www.alohacriticon.com/cine/criticas-peliculas/la-interprete-sydney-pollack/ (Fecha de consulta: 01/06/2018)

sobre todo muy bien surtida en guías de viaje" (Gree, 2005). Es como si el personaje interpretado por Nicole Kidman viviese de las rentas de haber nacido en África y haber sido educada en Europa y no tuviese que preparar las reuniones como hacen los intérpretes de la ONU en realidad, apunta la autora.

- La escena en la que hace la interpretación consecutiva (de pie, con la libreta en mano, sin tomar notas) no corresponde a lo que debería ser en estos casos: por una parte, habría de ser en una interpretación asignada por el jefe de interpretación, que es quien elabora la agenda, y no interceptada por un funcionario en un pasillo y, por otra, sentada en la mesa de las delegaciones tomando notas.

- En este artículo, Gree (2005) ya apunta a un posible incumplimiento del código deontológico al faltar al secreto profesional desvelando lo que ha escuchado, aunque duda al no ser esta escucha en una reunión oficial.

Análisis

En este apartado de análisis nos centraremos en las escenas de interpretación que aparecen en la película para relacionarlas con los dos apartados teóricos mencionados previamente. Por una parte, discerniremos si la intérprete cumple el código mencionado en cada una de esas escenas y, por otra, si la imagen que se ofrece habitualmente de los intérpretes se corresponde con la que se presenta en esta película, sobre todo en lo que respecta a su neutralidad a la hora de interpretar o si, por el contrario, influye el punto de vista personal.

Dicho esto, podríamos dividir este apartado de análisis en dos partes: interpretaciones y actuaciones de la intérprete desde un punto de vista personal, sin embargo, para respetar la cronografía de la historia, iremos analizando los acontecimientos por orden de aparición.

La primera escena de interpretación aparece en pantalla desde que aparece la ONU, al inicio de la película. La cabina de interpretación es bastante grande, fue una de las pocas cosas que el director modificó para el rodaje, pues las reales "le parecían estrechas y abigarradas y prefirió construir unas nuevas sobre el plató para rodar a gusto", Gree (2005). En la cabina hay dos intérpretes, como sucede habitualmente en la realidad. Tras un simulacro de evacuación, la intérprete vuelve a una cabina solitaria, en la que había dejado una caja con sus flautas, es entonces cuando se produce esa escucha que mencionábamos en el resumen.

La segunda escena de interpretación sucede al día siguiente de la escucha. El asesor de la embajadora llega diciendo que la necesita, la intérprete pregunta qué idioma y el responde que el embajador de Matobo hablará en *ku*. Tal y como afirma Gree (2005), este no suele ser el procedimiento, puesto que hay un jefe de interpretación que se ocupa de asignar las interpretaciones. Además, normalmente los intérpretes tienen tiempo para prepararlas. Esta interpretación, mencionada por Gree (2005) como consecutiva –con una libreta en la mano, pero sin tomar notas– yo diría que es una simultánea fuera de cabina o bilateral. Sin duda, es una interpretación *sui generis*, pues, efectivamente, tiene un cuaderno, hace como que toma notas, pero no le sirven para nada porque, en realidad, está interpretando de manera simultánea, lo cual, según hemos expuesto, tampoco coincide con el procedimiento de la ONU. Al final de esta escena, el embajador se levanta y habla inglés, para mayor desconcierto de personajes (y espectadores).

Es después de esta escena cuando la intérprete denuncia, al verle sentido al comentario escuchado por casualidad: "The teacher will never leave this room alive" ("El maestro no saldrá vivo de esta sala"). La noche anterior no le veía sentido pero, tras escuchar al embajador y saber que "el Maestro" vendría a la ONU, entiende que se refería a él. Me parece oportuno resaltar que el director, Sydney Pollack, ha tenido a bien considerar lo no apropiado de la situación al poner en boca de la intérprete que no sabe si puede decir lo que escuchó en su trabajo, en esa reunión a puerta cerrada. Ya apuntaba Gree (2005) este posible incumplimiento del código deontológico, aunque los policías que recogen la denuncia aseguran que está obligada, no parece ser lo que indica el código en su artículo 2. a).

> a. Los miembros de la Asociación estarán obligados a mantener el más estricto secreto profesional, con respecto a todas las personas y a toda la información revelada en el transcurso de la práctica de la profesión en cualquier reunión no abierta al público (ESPaiic, 2013).

La siguiente interpretación es simultánea francés – inglés, en cabina, y todo se desarrolla correctamente. Sin embargo, la escena de interpretación (bilateral) que se desarrolla a continuación tiene lugar en comisaría y, en ella, el empleado portugués de la ONU habla en este idioma a la intérprete (al inglés) que es una colega de Silvia Broome y esta traduce que cree que dicho empleado no estaba ahí. En primer lugar, y como tampoco escapaba a Gree (2005) la interpretación judicial no es competencia de la ONU. En segundo lugar, siendo intérprete y de la ONU, sorprende el hecho de que lo "crea" y no lo afirme, y su cara de extrañeza como si este idioma no fuese uno de los que maneja. En una escena previa, dicha intérprete aparece haciendo un comentario en francés, quizás, efectivamente, esta no fuera una de las lenguas de trabajo de dicha intérprete y, como en casos anteriores, la intérprete fuera interceptada por los pasillos, en otra falta a la realidad de trabajo en esta organización. Por último, este hecho podría faltar al Artículo 3. a) del código: "Los miembros de la Asociación no aceptarán ningún encargo para el que no estén cualificados. La aceptación de un encargo conllevará un compromiso moral por parte del miembro de trabajar con toda la debida profesionalidad" (ESPaiic, 2013). Claro que, aparentemente, no está interpretando para la ONU.

La siguiente escena que describiremos tiene más que ver con lenguas y con la actuación de la intérprete que con la interpretación en sí. Es la escena en la que Silvia va a Brooklyn, allá donde la prensa había publicado que Kuman-Kuman (representante político de Matobo) cogía cada mañana el autobús. Antes de subirse en el autobús, la intérprete pronuncia unas palabras en *ku*, Kuman-Kuman se dirige a ella, sorprendido por que conozca su idioma, y ella se presenta como intérprete de la ONU y lo tacha de asesino por la muerte de Xola. El político detiene a su guardaespaldas y la deja hablar, ella le pregunta por su hermano, que él no conoce pero, antes de despedirse, le dice a la intérprete que intentará averiguar algo sobre él y que considera la mencionada muerte una gran pérdida, ya que su intención era unirse a Xola.

Si atendemos al código, en esta escena, la intérprete incumple tres de los nueve artículos, ya que hace pública su condición de intérprete para un fin personal, e insulta gravemente a un representante político de su país, lo cual puede ser considerado como un acto que desprestigie a la organización.

Artículo 4

b. Los miembros se abstendrán de cualquier acto que pueda desprestigiar a la profesión.

Artículo 5

Para cualquier fin profesional, los miembros podrán hacer pública su calidad de intérpretes de conferencias y miembros de la Asociación, tanto de forma individual, o como parte de cualquier agrupación o región a la que pertenezcan.

Artículo 6

b. Los miembros se abstendrán de cualquier mención o acto perjudicial para los intereses de la Asociación o sus miembros. Toda reclamación, resultante de la conducta de cualquier otro miembro, o todo desacuerdo pertinente a cualquier decisión adoptada por la Asociación, será instruida y resuelta por la propia Asociación (ESPaiic, 2013).

Posteriormente a este encuentro, hay una explosión en el autobús en la que muere Kuman-Kuman, entre otros muchos. La intérprete sobrevive y es sometida a un interrogatorio por parte del FBI en el que le muestran unas fotos de su vida en África. En dichas fotos ella lleva un arma que justifica con el argumento de que, tras las muertes en su familia, recurrieron a ellas para hacerse escuchar. Su relación con las armas, dice, acabó el día en el que, en defensa propia, mató a un niño cuya única razón para vivir era el dinero que obtendría matándola. Ese día también acabó la relación con su hermano, quien la acusó de cobarde. Confiesa que mintió por miedo a que su hermano estuviese involucrado, y que también mintió a todos para poder trabajar en la ONU porque creía que la ONU era el único lugar que podía hacer cambiar la situación, aunque fuese una vía más lenta que las armas. En este fragmento, vuelve a quedar patente la implicación emocional y personal de la intérprete. La confesión de las mentiras diversas repercutirá, como veremos más tarde, en la profesión, al final de la película.

Nuevamente en la ONU, hay una conferencia en una sala, abierta, con los mismos representantes africanos que Silvia Broome interpretó en aquel encuentro, el intérprete era el mismo que, en ese primer encuentro, estaba sentado con el político de Matobo, por lo cual no pertenece a la ONU, sino a la embajada.

Entre esta escena de interpretación y la siguiente escena en la Asamblea General, se intercalan escenas de la vida personal de la intérprete (recibiendo la noticia de la muerte de su hermano, leyendo en los cuadernos de este las anotaciones sobre los asesinatos del resto de su familia), un intento de asesinato hacia ella y su mensaje al FBI en el que comunica su decisión de volver a casa.

Posteriormente, se ve la llegada de Zuwanie y las investigaciones que van atando cabos y relacionando algunas de las muertes con personajes presentes en la ONU (caso del intérprete de la embajada de Matobo, Marcus Matu). Después de ser presentado en inglés en la Asamblea General, Zuwanie también habla inglés, pero es interrumpido por los disparos. Tras el revuelo, Silvia logra acceder a la sala en la que se encuentra Zuwanie y le recuerda la última vez que este visitó los Estados Unidos, ella lo vio en televisión con toda su familia. A estas alturas de la película y de los acontecimientos, además de la frase de "soy la Silvia cuya familia mató" no cabe duda de la implicación personal de la intérprete. A solas con Zuwanie en la sala, logra hacerse con su arma, lo apunta y lo hace leer en su propio libro, *Vida de un libertador*: "The gun fire around us makes it hard to hear. But the human voice is different from other sounds. It can be heard over noises that bury everything else. Even when it's not shooting. Even if it's just a whisper. Even the lowest whisper can be heard over armies when it's telling the truth".

Tras ser convencida por el agente Tobin (Sean Penn) para que suelte el arma, se enlaza esta escena con la voz de la intérprete, como si estuviese en la Asamblea General, anunciando la lista de fallecidos en África, al mismo tiempo que alguien anuncia la decisión, por unanimidad, del Consejo de Seguridad de la ONU de que Zuwanie sea juzgado en la Corte Penal Internacional de La Haya por crímenes contra la humanidad. Vuelve a oírse la voz de Silvia Broome, finalizando la lista con el nombre de su hermano.

Por último, el *skyline* neoyorkino y una despedida de los actores principales tras la inminente deportación de la intérprete a África que, habida cuenta del desarrollo de los hechos, no nos parece, ni mucho menos, una medida desproporcionada.

Podemos concluir de manera parcial a los dos puntos anunciados al principio de este apartado con los siguientes resultados:

- hay incumplimiento del código deontológico, en unas ocasiones de manera clara y, en otras, con alguna duda, como ya recogía Gree (2005);
- la imagen que se nos presenta corresponde parcialmente con la de una intérprete real, sobre todo en aspectos técnicos, pero habitualmente su punto de vista personal no influye en sus actuaciones. El intérprete ha de ser un puente de comunicación neutro y la intérprete de Pollack tiene demasiada carga emotiva que afecta en el desempeño de su trabajo de un modo efectivo. La intérprete está influida por el relato (su entorno en África, la muerte de su familia), y en el relato influye la profesión de la intérprete. La película no está centrada en la profesión de la intérprete, pero ella es un elemento central, por su profesión y por todo lo que la rodea.

Conclusiones

En un primer acercamiento a la imagen, hemos definido el término, acercándonos a sus similitudes con la interpretación y, valga la redundancia, a la imagen que nos arroja el término "intérprete". La imagen y la interpretación no solo comparten adjetivos como "rico, expresivo, creativo y hasta cognitivo", a los que apuntaba Joly (2014:18), sino que también, desde un punto de vista más científico, García Jiménez (1995), aludía a que ambas utilizan los dos hemisferios cerebrales.

En cuanto a los elementos intersemióticos de la imagen, destacábamos *La intérprete* como inserta en un enfoque moderno, en el que no hay dominancia de género, y entre los diversos puntos de vista, nos parecía especialmente interesante el de la escucha, pues es innegable su paralelismo y su importancia con la interpretación.

Para cerrar el apartado de la imagen, relacionábamos todo lo anterior con la cultura, tan importante en un intérprete, y con la mirada del espectador que será la que, influida por su bagaje cultural, decida, en última instancia, la imagen que para él tendrá lo que percibe. Además, vimos cómo influye esta imagen de la intérprete en la trama de la película y viceversa.

Posteriormente, nos hemos acercado al funcionamiento del servicio de interpretación de la Organización de las Naciones Unidas que, como su propio nombre indica, obedece a una imagen de paz mundial, a lo que contribuye la Asociación Internacional de Intérpretes de Conferencia (AIIC), de la cual extraemos su código deontológico.

Con todo ello, realizamos el análisis del papel de los diversos intérpretes de conferencia, más en particular el de Silvia Broome (Nicole Kidman) en la película de Sydney Pollack, *La intérprete*. Por una parte, en lo relacionado con el código deontológico mencionado y, por otra, en cuanto a la imagen de neutralidad que siempre aporta (o debe aportar) el intérprete en su profesión.

En lo que se refiere al código de la AIIC, hemos visto que hay varias infracciones a lo largo del filme, relacionadas con los artículos del 2 al 6. Cuatro de ellas (relacionadas con los artículos 2, 4, 5 y 6) son cometidas por la protagonista: la intérprete revela información confidencial (nos queda la duda de si, como dice el FBI, realmente estaba obligada en aras de un bien mayor) y se presenta como intérprete de la ONU en un entorno político comprometido, insultando gravemente a un político africano, lo cual no deja muy bien la profesión y podría representar, además, un acto perjudicial para los intereses de la Organización. La referida al artículo 3 tiene que ver con otra de las intérpretes, que parece no conocer la lengua desde la cual interpreta y, por lo tanto, no estar capacitada para aceptar tal encargo, aunque teniendo en cuenta que la interpretación es en el FBI y no en la ONU, no queda claro si tal infracción se reduce a nada o si, por el contrario, es una doble infracción.

Por otra parte, hemos subrayado otros hechos referentes a la profesión que, sin entrar en conflicto con el código, no se corresponden con el proceder general en esta Organización, como:

– la forma de asignar trabajos a los intérpretes, obviando la agenda existente, arduamente elaborada por el jefe de interpretación;
– derivado de lo anterior, las interpretaciones improvisadas, sin toma de notas;
– el trabajo de intérpretes de la ONU en interpretaciones judiciales;
– el hecho de que dichos intérpretes trabajen con lenguas que no sean habitualmente sus lenguas de trabajo.

En resumen, por una parte, hemos visto múltiples coincidencias entre imagen e interpretación y entre interpretación y cultura, así como la importancia de la mirada en la percepción, que va a influir en la imagen que se cree el espectador de la intérprete de la película y, quizás, de la profesión en general. En *La intérprete* queda demostrada la influencia de los temas personales en la protagonista y, por lo tanto, la imparcialidad en su profesión. Aunque en un principio fuera a la ONU para luchar por la paz, acaba acudiendo a la violencia, pero esto no tiene nada que ver con los aspectos técnicos de su oficio. Y es aquí donde enlazamos con la segunda parte del capítulo: la corrección de su ejercicio que, aunque no ha sido el adecuado en todos los casos (recordemos aquellos momentos en los que se ha infringido el código deontológico), puede hacer que el espectador se forme una determinada "imagen de los intérpretes". Con todo, incluida la imparcialidad no solo de la intérprete sino de la mirada del espectador, cabe concluir destacando la idea de esta película de Pollack más como una trama política que como un reflejo real de la vida de una intérprete.

Referencias bibliográficas

Baigorri, J. 2011. "Los intérpretes en el cine de ficción: una propuesta de investigación", en Zarandona, J. M. (ed.), *Cultura, literatura y cine africano: Acercamientos desde la traducción y la interpretación*, Valladolid: Universidad de Valladolid, 504–522.

Cronin, M. 2006. *Translation and Identity*.Londres: Routledge.

Espaiic (Asociación de los Miembros de AIIC en España). 2013. "Código deontológico" [Fecha de consulta: 26/06/2018. Documento disponible en http://www.espaiic.es/textos/8c_codigo_deon_tb.html].

Espaiic (Asociación de los Miembros de AIIC en España). 2013. "Las actividades de AIIC" [Fecha de consulta: 26/06/2018. Documento disponible en http://www.espaiic.es/aiicinfo/3a_activ.html]

García Jiménez, J.1995. *La imagen narrativa*. Madrid: Paraninfo.

Gómez Alonso, R. 2001. *Análisis de la imagen. Estética audiovisual*. Madrid: Laberinto Comunicación.

Gree, D. 2005. "Opinión de los Intérpretes acerca de La Intérprete", *Aiic*. [Fecha de consulta: 02/07/2018. Documento disponible en http://aiic.net/p/1792].

Joly, M. 2014. *Introduction à l'analyse de l'image*. París: Armand Colin.

Lacan, J. 1973. *Séminaire XI: Les Quatre Concepts fondamentaux de la Psychanalyse*. París: Éditions du Seuil.

Platón. 1990. *La República*. Traducción de José Manuel Pabón y Manuel Fernández-Galiano. Madrid: Alianza.

Real Academia Española. 2001. *Diccionario de la lengua española* (22.ª ed.). [Fecha de consulta: 10/05/2018. Documento disponible en http://www.rae.es/].

Rivera Betancur, J. L. y Correa Herrera, E. 2006. La imagen y su papel en la narrativa audiovisual. *Razón y palabra*, nº49.[Fecha de consulta: 20/06/2018. Documento disponible en https://dialnet.unirioja.es/servlet/articulo?codigo=2161509].

Seleskovitch, D. 1983. *L'interprète dans les conférences internationales. Problèmes de langage et de communication*. París: Minard.

Watts, G. 2014. "The amazing brains of the real-time interpreters", *BBC* [Fecha de consulta: 13/07/2018. Documento disponible en http://www.bbc.com/future/story/20141117-the-ultimate-multi-taskers].

Lucía Molina
Universitat Autònoma de Barcelona

Intérprete o terrorista: el árabe en el cine de contraterrorismo. El caso de *En tierra hostil* y *La noche más oscura*

Resumen: El objetivo que se plantea este capítulo es analizar cómo el cine de Hollywood muestra la figura del intérprete en zonas de conflicto y cómo muestra su idioma, el idioma del otro. Para ello, revisaremos dos películas cuya acción se sitúa en las intervenciones militares de Estados Unidos en Iraq y en Afganistán en el marco de la ofensiva internacional denominada "guerra contra el terrorismo" emprendida tras los atentados terroristas del 11-S. Ambas películas además han sido realizadas por la misma directora, Kathryn Bigelow, y cuentan con un mismo guionista, Mark Boal. Son *The Hurt Locker* y *Zero Dark Thirty* y sus correspondientes doblajes al español, *En tierra hostil* y *La noche más oscura*, respectivamente.

El análisis se aborda desde una perspectiva traductológica y se apoya en la noción de oralidad prefabricada (Chaume, 2004) para analizar cómo se caracteriza en ambas películas la lengua del otro, que en este caso es el árabe. Los resultados apuntan a que, si bien en ambas películas la presencia de una lengua extranjera (que necesita ser interpretada) tiene un peso sustancial en la trama, ni la presencia de esa lengua en el guion y en el doblaje (la oralidad prefabricada) ni la propia figura del intérprete reciben una importancia acorde a ese peso.

Palabras clave: Árabe, doblaje, intérprete, cine de contraterrorismo

1 El árabe en el cine de Hollywood

El árabe es posiblemente el "otro" más ubicuo del cine de Hollywood. Shaheen (2009: 17) en su inmenso trabajo sobre la presencia de lo árabe en el cine estadounidense explica que en sólo un puñado de las más de 900 películas que analiza la imagen que se ofrece de los árabes no es negativa y que el estereotipo peyorativo del árabe se remonta a los inicios del cine de Hollywood:

> Seen through Hollywood's distorted lenses, Arab look different and threatening. Projected along and racial and religious lines, the stereotypes are deeply ingrained in American cinema. From 1896 until today, filmmakers have collective indicted all Arabs as Public Enemy#1—brutal, heartless, uncivilized religious fanatics and money-mad cultural "others" bent on terrorizing civilized Westerners, specially Christians and Jews. Much has happened since 1896 (…). Throughout it all, Hollywood's caricature of the Arab has prowled the silver screen. He is there to this day—repulsive and unrepresentative as ever. (Shaheen, 2009:8).

Son muy elocuentes las citas que recoge de diálogos de películas en las que literalmente se describe al árabe como el otro; como quienes no son como yo: "They [the Arabs] all look alike to me" *The Sheik Steps Out* (1937), "All Arabs look alike to me" *Commando* (1968), "I can't tell one [Arab] from another" *Hostage* (1986) (Shaheen, 2009:8). Para este autor, la producción audiovisual de Hollywood crea las nuevas mitologías que dominan la sociedad americana. Así, más que recrear la realidad, la crea formando el estereotipo que es una simplificación de la realidad. La preponderancia del estereotipo sobre la realidad, en el caso concreto del árabe en el cine de Hollywood, se muestra meridianamente clara en dos anécdotas referidas al actor egipcio Omar Sharif. Su nombre real era Michel, nombre común entre los árabes cristianos, pero que no casa con la identificación estereotípica entre árabe y musulmán. Algo semejante está en el origen del bigote que el actor lucía: fue una petición del director David Lean para caracterizar su personaje en *Lawrence de Arabia*, el *sherif* Ali Ibn El Kharish.

Sin dejar de ser negativa, la caracterización del estereotipo del árabe ha experimentado un viraje desde los años 80 del siglo pasado (Said, 1997; Navarro, 2008). Tradicionalmente, la presencia de lo árabe en las películas de Hollywood ha estado vinculada al exotismo y la aventura que se enmarcaban en una suerte de Arab-land (Shaheen, 2009: 14) con oasis con palmeras, caóticos zocos con exóticos productos, estrechos callejones, hombres con alfanjes en sus cinturones y bellas mujeres en harenes o en sensuales baños. Esta imagen ha ido perdiendo presencia en favor de otras dos realidades sociales y políticas: el terrorismo internacional y el fundamentalismo islámico (Navarro, 2008: 182). Las temáticas de las películas que analizamos aquí.

2 El cine de contraterrorismo

Una de las medidas tomadas por el gobierno estadounidense en respuesta a los atentados terroristas del 11-S consistió en buscar la complicidad de Hollywood a fin de promover un clima de opinión en la sociedad favorable a la puesta en marcha de reacciones antiterroristas.

El 11 de noviembre de 2001 (Gubern, 2003; Malalana Ureña, 2014), Karl Rove, asesor especial de Bush, se reunía en Beverly Hills con la cúpula de la industria del entretenimiento. Como testimonio de la reunión queda el documental de escasos 4 minutos titulado *The Spirit of America* "montado a partir de fragmentos de películas (de Frank Capra, John Ford), para exaltar la democracia y el poderío estadounidense" (Gubern, 2003). Este mismo autor señala que las consignas transmitidas a los representantes del cine fueron estas tres: 1) no revivir el trauma nacional en la pantalla, 2) exaltar el poder militar norteamericano y 3) afianzar el sentimiento de seguridad nacional y no criminalizar a los musulmanes.

Estas directrices fueron asumidas de manera generalizada en la industria del cine lo que permite situar los atentados terroristas del 11-S como afianzadores de un género cinematográfico propio, el cine de contraterrorismo. La versión más extrema de esta cohabitación entre política y cine se asienta en la consideración del producto audiovisual como "el medio más eficaz para emitir y captar ideas o consignas con planteamientos sencillos", capaz de "generar identidades grupales o nacionales" (…) y de convertir "una película o una serie en el arma invisible perfecta" (Malalana Ureña, 2014: 44).

Entre los rasgos que definirían el cine de contraterrorismo como género propio estarían: 1) la colaboración entre cineastas, directores y guionistas, y miembros de la administración americana. En el caso de una de las películas que analizamos, *La noche más oscura*, el Senado de EE.UU. abrió una investigación a la CIA sobre su colaboración en la película[1], 2) las temáticas, que siguiendo la clasificación de Martin (2011) son: docudramas, toma de rehenes, atentados suicidas, casos de pseudoterrorismo, radicalismo y; 3) el perfil del héroe, un agente de la CIA que puede ser mujer. Este cambio en el perfil del héroe protagonista se aprecia en las dos películas que analizamos. El héroe de la primera en el tiempo, *En tierra hostil*, es un soldado, un artificiero, que realiza su labor en el campo de batalla, mientras que la heroína de la segunda, *La noche más oscura*, es una mujer, agente de la CIA, que desarrolla su trabajo principalmente en su despacho.

Cabe mencionar, aunque sea de manera sucinta, que el cine de contraterrorismo tiene su réplica en producciones cinematográficas producidas fuera de la órbita de Hollywood, en películas como *Amerrika* (Cherien Dabis, 2009) o *Paradise Now* (Abu-Assad, 2005).

3 El intérprete en zonas de conflicto

Baker en la introducción de su obra *Translation and Conflict: A Narrative Account* destaca la necesidad de traductores (y de intérpretes) en nuestra sociedad globalizada, en la que los conflictos son una constante y donde la traducción se utiliza

---

1   "El Senado de EE UU investigará a la CIA por su colaboración en una película. 'La noche más oscura' se estrena este mes en EE UU y España". (El País: 01/04/2013). Disponible en: https://elpais.com/internacional/2013/01/04/actualidad/1357275663_312846.html [Fecha de consulta 05/072018].

para legitimar la versión interesada de los acontecimientos por cada una de las partes en conflicto:

> In this conflict-ridden and globalized world, translation is central to the ability of all parties to legitimize their version of events, especially in view of the fact that political and other types of conflict today are played out in the international arena and can no longer be resolved by appealing to local constituencies alone. (Baker, 2006, 1)

Uno de los temas claves que aborda Baker (2006) es el de la imparcialidad en el ejercicio profesional del traductor y del intérprete. La autora no sólo sostiene que ser completamente imparcial es imposible, que el traductor/intérprete, en tanto que ser humano, está imbuido de una serie de narrativas con contienen valores éticos y morales particulares y que ineluctablemente afectaran a su trabajo, sino que además no debe serlo, sobre todo, en una situación de conflicto:

> [...] I would argue that by over-romanticising the role of translation and translators as peace giving enablers of communication, we abstract them out of history, out of the narratives that necessarily shape their outlook on life, and in the course of doing so we risk intensifying their blind spots and encouraging them to become complacent about the nature of their interventions, and less conscious of the potential damage they can do... No one, translators included, can stand outside or between narratives. Hence, a politically attuned account of the role of translation and translators would not place either outside nor in between cultures. It would locate them at the heart of interaction [...]. (Baker, 2005: 45)

Otra de las características del intérprete en zonas de conflicto es su exposición al peligro durante la realización de su labor y también una vez finalizada ésta. La mayor parte de los intérpretes que actúan zonas de conflicto son civiles locales, sin formación específica contratados por las fuerzas ocupantes o humanitarias, muchas veces señalados como traidores o colaboradores y que quedan expuestos y sin protección cuando quien los contrata abandona el país[2].

Por otro lado, lamentablemente es algo recurrente que a estos civiles convertidos en intérpretes se les niegue el reconocimiento de su profesión en su designación y, por consiguiente, en sus derechos profesionales:

---

2   Recordamos el caso de los intérpretes contratados por el ejército español en Afganistán. Ver p.ej.: "Los traductores abandonados de Afganistán. Los intérpretes de las tropas españolas reciben el mismo trato que cualquier refugiado y malviven, incapaces de encontrar un empleo."(El País: 30/09/2015). Disponible en: https://elpais.com/politica/2015/09/30/actualidad/1443621979_652275.html.

Naciones Unidas ha optado por no aplicar sobre el terreno [las] condiciones [del trabajo de interpretación] y no contrata intérpretes sino a quienes, eufemísticamente, llama asistentes lingüísticos. Eso le permite saltarse todas las normas y acuerdos (…) las organizaciones humanitarias y los medios informativos, que no pueden cumplir con su cometido sin la función de intermediación cultural de los intérpretes, también han recurrido a un apelativo que denuncia la situación. No contratan intérpretes, sino a quienes llaman, de modo revelador, fixers. (Kahane, 2009)

La especificidad de la labor del intérprete en zonas de conflicto ha promovido la creación de una guía de buenas prácticas. Un documento que recoge los derechos básicos, las responsabilidades y las prácticas que recomiendan la Asociación Internacional de Intérpretes de Conferencias (AIIC), la Federación Internacional de Traductores(FIT), y Red T[3] para el ejercicio de la profesión de intérprete en contextos bélicos.

4 *En tierra hostil* y *La noche más oscura*

La coincidencia entre ambas películas en lo referente a nuestro interés investigador nos lleva a abordar su análisis de manera conjunta. La propia directora de las películas, Kathryn Bigelow, reconoce que su motivación para realizar ambas películas fue el mismo: mostrar el esfuerzo de los servicios de inteligencia estadounidenses por impedir nuevos atentados (Malalana Ureña, 2014; Armero, 2013).

En tierra hostil (2008) se sitúa en el Iraq invadido por los Estados Unidos en su *guerra contra el terror* y narra el día a día de un comando del ejército estadounidense especialista en la desactivación de explosivos. El protagonista es un impredecible y temerario sargento que llega a la base para hacerse cargo del equipo tras el fallecimiento en acción del anterior jefe. El éxito cosechado por la película, que ganó seis premios Oscars, entre ellos el de Mejor Película y el de Mejor Director, se atribuye en buena parte al estilo documental que usa la directora sirviéndose del recurso de la cámara en mano.

En el caso de *La noche más oscura* (2012) el estilo documental es todavía más evidente puesto que los hechos que se narran son hechos reales. La cinta relata la operación de caza y captura de Bin Laden emprendida por la administración estadounidense tras los atentados del 11-S y que concluye con el asalto a la casa en la que se refugiaba en Abbottabad (Pakistán) y su muerte. La protagonista de la película está inspirada en la agente de la CIA que, tras una década de dedicación, dio con el escondite del líder de al-Qaeda y buena parte de los personajes

---

3 El nombre completo es *Guía práctica en zonas de conflicto para traductores/intérpretes civiles y los que emplean sus servicios* y está disponible en el sitio web de la AIIC.

tienen su correlato en la vida real. Además de esto, y, sobre todo, la veracidad atribuida al filme y que, como en *En tierra hostil,* es la clave de su éxito, se asienta en la información sobre la operación facilitada por la CIA al guionista, Mark Boal, y que, como comentamos anteriormente, ha sido objeto de una investigación en el Senado de los EE.UU.

El estilo de falso documental de la película contrasta con inadecuaciones e incongruencias presentes en ella. Las hay hilarantes como las imprecisiones sobre la geografía de Pakistán[4] y fallos de *script* de índole lingüístico-cultural. Parte de la película fue rodada en Chandigarth, India, y en ella se cuelan imágenes en las que ven locales que anuncian productos que sólo se comercializan allí y rótulos escritos en hindi[5], es decir, en una lengua cuyo alfabeto no se usa en Pakistán. Hay además imprecisiones de mayor calado como el hecho de no incluir los atentados del 11-M en Atocha, cuando se mencionan los atentados de terrorismo jihadista acaecidos entre el 11-S y la muerte de Bin Laden (Malalana Ureña, 2014).

5 Retrato del intérprete

En *En tierra hostil* aparece un solo intérprete y en *La noche más oscura* dos. Los tres coinciden en su empleador, que es el ejército de los EE.UU., en su contexto de trabajo, que es un contexto bélico, en su combinación lingüística, que es árabe – inglés y en la modalidad de la interpretación, que es la de enlace y acompañamiento. También coinciden en que al hablar (inglés/español) tiene acento extranjero.

En *En tierra hostil* el intérprete aparece en única escena, en la escena final y posiblemente la de mayor tensión. Su intervención como intérprete es mediar entre un civil al que han adosado un chaleco bomba y el artificiero protagonista de la película que intenta desactivar la carga explosiva. La situación hace que el intérprete hable con el civil a gritos y con el artificiero utilizando un *walkie-talkie.* Viste uniforme militar y lleva el rosto cubierto. Esta caracterización hace pensar que es un intérprete ocasional, una persona del país que sufre el conflicto bélico, con conocimiento de la lengua del ejército extranjero para quien trabaja

---

4   _ "If you take a right out of Islamabad, drive about 45 minutes north, you'll find yourself here: Abbottabad". _ "Only if you're driving a helicopter" se apostilla ironizando sobre el error en la distancia entre las dos ciudades. (https://www.theguardian.com/film/filmblog/2013/jan/25/zero-dark-thirty-reel-history) [Fecha de consulta: 13/06/2018].

5   https://www.moviemistakes.com/film9509.[Fecha de consulta: 13/06/2018].

Fig. 1: El intérprete de *En tierra hostil*

Fig. 2: El intérprete 1 de *La noche más oscura*

y que por miedo a ser señalado como traidor o colaborador cubre su rostro. Está interpretado por el actor palestino Michael Desante.

En *La noche más oscura* aparecen dos intérpretes. El que denominamos *Intérprete 1* es el que tiene más papel. Es el personaje llamado Hakim, interpretado por el actor libanés Faris Faris. Como indican los créditos, es un agente de operaciones especiales de la CIA y no *solo* intérprete. La escena que se corresponde con la imagen se sitúa en un centro clandestino de detención de la CIA en Polonia al que se desplazan Maya, la agente de la CIA protagonista y el agente e intérprete Hakim para interrogar a un detenido. Es una escena relativamente larga, 1 minuto y 10 segundos, en la cual se muestra claramente la actuación de la

Fig. 3: El intérprete 2 de *La noche más oscura*

interpretación. La posición en la que están sentados, enfrentados de a dos, en vez de manera triangular, que es la deseable por las asociaciones de intérpretes, posiciona al intérprete como parte, como de hecho es.

En la escena que recrea el atentado en una base de CIA en Afganistán conocida como la Base de Chapman, ocurrido el 30 de diciembre de 2009, aparece un segundo intérprete. Momentos antes de que llegue un supuesto topo al que van a interrogar, que resulta ser una trampa, la agente encargada de la operación se coordina con los compañeros que van a estar con ella en la entrevista. Entre ellos está el intérprete a quien pregunta si el protocolo que propone le parece adecuado. Su intervención es breve. No tiene nombre y en los créditos no aparece como intérprete, sino como uno de los *devgru*[6].

6 La lengua del otro

La lengua de las películas es una oralidad prefabricada Chaume (2004). El autor del texto, el guionista, construye, mediante el empleo de distintas estrategias y mecanismos estilísticos, un discurso que resulta verosímil y que, aunque fabricado, pueda ser asumido como discurso oral espontáneo por parte del espectador. La falta de naturalidad del lenguaje oral audiovisual es asumida por el espectador. Es una de las convenciones del medio:

> Así, para el doblaje, asumimos que actores extranjeros hablen nuestra lengua; asumimos la parte correspondiente de asincronismo entre movimiento de labios y sonidos;

---

6   Siglas de Grupo de desarrollo de guerra naval especial de los Estados Unido. Es una de las dos Unidades de Misiones Especiales y contraterroristas de primer nivel del Mando de Operaciones Especiales de los Estados Unidos; la otra es la Fuerza Delta.

asumimos el asincronismo cultural; asumimos la coexistencia de lenguas y culturas diferentes en la banda de diálogos y en la de música y efectos; asumimos el neutro de los
actores de doblaje, admitimos que se escuchen acentos hispanoamericanos inverosímiles. Se admite el absurdo de la pregunta "¿Habla usted mi idioma?"(Mayoral, 1998: 13)

Mediante la técnica del doblaje, el texto de las películas se expresa en la lengua
del espectador y, en consecuencia, las lenguas, los dialectos o los acentos, que no
sean los suyos presentes en la película serán asumidos por éste como extranjeros.
En el caso que nos ocupa, los personajes estadounidenses se expresan en perfecto
castellano, mientras que los personajes árabes se expresan con acento extranjero.

El "acento árabe" del doblaje en español, una suerte de acento extranjero
con seseo y una deficiente discriminación vocálica, es relativamente reciente.
Volviendo a poner como ejemplo a Omar Sharif y su personaje en *Lawrence
de Arabia*, éste se expresaba en la versión doblada en un español sin ningún
tipo de acento, a pesar del que tenía el actor egipcio hablando inglés. Navarro
(2008: 178) sitúan en el tiempo la irrupción de esta dinámica de doblaje. Explica
que en la primera película de la saga de Indiana Jones, *Indiana Jones en busca del
arca perdida* (1981), el personaje de Salleh no tiene acento árabe, mientras que
en *Indiana Jones y la última cruzada* (1989) se le dobla con acento extranjero.

Esta política lingüística del doblaje en castellano busca caracterizar al árabe
como el otro, lo estereotipa y estigmatiza. Lo estereotipa porque le confiere una
característica específica, el acento, en tanto que grupo distintivo y lo estigmatiza
porque, como afirman Asali-van der Wal y Satkauskaite (2018: 40) "it has been
evaluated that people who talk with foreign accents are judged as less intelligent,
less competent, less educated, having poor languages kills, and unpleasant to
listen".

En *En tierra hostil* y *La noche más oscura* la lengua del otro es más de una. Por
un lado, está la manera en la que hablan en inglés (en castellano en la versión
doblada) los extranjeros, por otro, la manera en la que algunos los personajes
estadounidenses pronuncian palabras o expresiones árabes. Asimismo, está el
árabe que se escucha en las escenas en las que aparece el intérprete desempe-
ñando su labor y en otras como telón de fondo.

Los personajes extranjeros de ambas películas que tiene texto son árabes y
todos hablan con "acento árabe"[7]. No se escapan de hablar con acento ni los
intérpretes, ni el agente de operaciones especiales de la CIA Hakim de *La noche*

---

7   En *La noche más oscura* aparece algún personaje secundario pakistaní cuya lengua
    también está marcada con el mismo acento extranjero.

más oscura, ni el personaje del profesor Nabil de *En Tierra hostil* que es profesor de inglés.

En la manera en la que los personajes estadounidenses pronuncian palabras o expresiones en árabe conviene distinguir dos situaciones distintas en base al conocimiento de esta lengua por parte de los personajes. Aquellos a quienes no se les supone conocimiento de árabe, como el conductor de un vehículo militar que pide paso a grupo de viandantes a grito de "imshi, imshi" (camina, camina) o el artificiero protagonista de *En tierra hostil* diciendo "yallah, yallah" (venga, vamos) tienen una pronunciación deficiente en consonancia con su falta de conocimiento de la lengua. En cambio, la situación debería ser distinta en el caso de los personajes que se les supone conocedores del árabe, como es el caso de varios personajes de *La noche más oscura*.

En esta película, son tres los personajes a quienes se les muestra con dominio del árabe: Maya, la agente de la CIA protagonista de la película, interpretada Jessica Chastain; el personaje de Dan, el torturador agente de la CIA, a quien da vida el actor Jason Clarke y el personaje denominado el Lobo, un alto cargo de la CIA convertido al Islam que interpreta Fredric Lehne. En el caso de estos personajes, la verosimilitud demandaría que, aunque con acento, pronunciaran el árabe correctamente, pero no es así. Ni en la versión original ni en la doblada se incluye una pronunciación correcta del árabe como parte de la caracterización de los personajes. La pronunciación errónea hasta de nombres propios árabes sencillos y comunes como Khalid o Mukhtar[8] por parte de Maya y Dan, así como la penosa dicción de las fórmulas del rezo impropias de un converso musulmán en el caso del Lobo merman el realismo al que aspira la cinta. Cabe señalar también algunos datos que tienen que ver con la competencia cultural, o más bien con la falta de ella, de estos personajes que chirrían en los oídos de quienes conocen la lengua y cultura árabes y que, lógicamente, abundan en la pérdida de verosimilitud de la película. Uno menor, es una escena en la que Dan ofrece un cigarrillo a un preso musulmán con la mano a izquierda, cuando debería haber empleado la derecha. Otro de mayor envergadura es el argumento que da pie a la deducción de que el líder de al-Qaeda está en la casa en la que es abatido: que en ella viven tres mujeres y que, por tanto, debería haber tres hombres, ignorado la poligamia y el hecho de que el propio Bin Laden tuviera dos esposas.

---

8   La grafía "kh" que aparece en ambos nombres es la que se usa en inglés para transcribir el sonido de la letra árabe خ, cuyo sonido es el de la jota española y que los personajes pronuncian como ka.

Las escenas en las que se escucha árabe de manera comprensible son las que muestran la labor de los intérpretes. En el caso de la escena final de *En zona hostil* se escucha claramente el diálogo entre el hombre al que han adosado un cinturón con explosivos y el intérprete. La víctima hombre-bomba es iraquí y está interpretado por el actor iraquí residente en Jordania Suhail Aldabbach. En cuanto al intérprete, como comentamos antes, su atuendo militar y su rosto tapado hace pensar que es natural del país, es decir, iraquí, y está interpretado por el actor palestino Michael Desante. El diálogo de esta escena se expresa con coherencia respecto a la realidad sociolingüística del árabe[9]: en dialecto por ser una situación de espontaneidad y en el dialecto que corresponde, árabe oriental. Las posibles marcas dialectales desacordes por parte del actor palestino no están, por su buen hacer y porque el texto es tan breve y está tan poco estructurado, son frases sueltas, que no ha lugar.

La escena más larga en la que se escucha árabe en *La noche más oscura* es un interrogatorio a un detenido con interpretación[10]. Se desarrolla, como en el caso anterior, en árabe dialectal oriental, y es igualmente coherente desde el punto de vista sociolingüístico. El dialecto libanés en el que se expresa Hakim, interpretado por actor Faris Faris, y la variedad oriental que emplea el detenido es totalmente adecuada. Sin embargo, el empleo del dialecto libanés por el mismo personaje en otra escena supone un error inadmisible. La escena a la que nos referimos trascurre en una calle de Peshawar. El intérprete y agente de operaciones especiales Hakim, que va ataviado con ropa típica de Pakistán, se baja del vehículo militar en el que va con otros agentes para hablar con unos hombres que les han cortado el paso. La lógica de la situación comunicativa demanda que el diálogo se desarrolle en urdu, en la lengua del país, sin embargo, se escucha claramente a Hakim hablar en árabe, en dialecto libanés. En una película como *La noche más oscura* tan pegada a la realidad, esta incoherencia rompe con el afán de verdad que persigue la directora, o al menos constata que la realidad que importa es la realidad cercana.

---

9   La realidad sociolingüística del árabe pasa por la coexistencia de dos variedades de lengua. Una es el árabe dialectal, que varía de un país a otro y se emplea en la conversación ordinaria, en familia, en algunas obras de teatro de sello local y en situaciones de espontaneidad. La otra es la lengua clásica o árabe culto, que se emplea como vehículo de comunicación escrita en todo el mundo árabe; en la literatura, la prensa, los textos oficiales, científicos y técnicos, en la correspondencia epistolar (incluso familiar), en la enseñanza y oralmente en conferencias, ceremonias religiosas, reuniones internacionales.

10 Es la escena que muestra de la Fig. 2.

Hay otras escenas en las que se distingue el árabe como telón de fondo. En *En zona hostil* se escucha al personaje de la esposa profesor Nabil pidiendo a gritos al protagonista, que ha entrado subrepticiamente en su casa, que salga de ella. También se oye a su esposo, decirle que se tranquilice. En *La noche más oscura* hay tres escenas en las que se aprecia el árabe: en una se ve un grupo de hombres civiles cargando piedras en un carromato a los que una patrulla militar estadounidense les pide que se marchen. Otra es una escena que recrea un atentado real que tuvo lugar en centro comercial en Arabia Saudí en 2004. También se oye hablar en árabe a un grupo de cabecillas de al-Qaeda en una grabación de video. En todas estas escenas el árabe resulta verosímil, la variedad es árabe dialectal oriental y los personajes son árabes cuya variedad lingüística es oriental (iraquíes, saudíes…). También resulta coherente una escena que muestra un interrogatorio a un detenido de la órbita de al-Qaeda que alterna el árabe dialectal magrebí y el francés, caracterizando así al personaje como francés de origen marroquí o argelino.

7 Conclusiones

El perfil del intérprete que muestran *En zona hostil* y *La noche más oscura* es veraz con la realidad de su contexto de actuación en la ficción: el Iraq invadido por Estados Unidos, la primera, y las acciones de contraterrorismo de la CIA, la segunda. Cumplen con las características más habituales del intérprete en ese contexto: la combinación lingüística árabe-inglés, ser originarios del país en conflicto y trabajar para el ejército de los Estados Unidos.

En cuanto a la caracterización del árabe, la manera en la que se le hace hablar, siguiendo la norma del acento árabe del doblaje en español, lo marca como un otro y contribuye a perpetuar la extranjería que acompaña a los personajes árabes en el cine de Hollywood. Por otro lado, el error de intercalar un diálogo en árabe en las calles de Peshawar en *La noche más oscura* abunda también en otro tópico, la identificación entre árabe y musulmán.

La aproximación realista que busca la directora, sobre todo en *La noche más oscura*, pensamos que fracasa en lo que respecta al contexto lingüístico y cultural. La mala dicción del árabe y falta de competencia cultural de personajes especialistas en esa lengua y en esa cultura, los gazapos de imágenes inverosímiles, como tiendas con rótulos en hindi en las calles de Pakistán, las incorrecciones geográficas sobre este país y, sobre todo, el despropósito de que se hable en árabe en Pakistán merman verosimilitud a la cinta. Si a esto se le suma el olvido del atentado del 11-M en Atocha se puede colegir que el rigor de falso documental se reserva para que aquello que queda dentro de la órbita anglosajona.

Bibliografía

Abu-Asad, H. 2005. *Paradise Now*, Palestina.

Armero, A. 2013. "La carta de Kathryn Bigelow", *Bloguionitas*.[Fecha de consulta: 10/08/18. Documento disponible en https://bloguionistas.wordpress.com/2013/01/25/la-carta-de-kathryn-bigelow/

Asali-van der Wal, R. & Satkauskaite, D. 2018. "German accents in English-language cartoons dubbed into Lithuanian", *Skase Journal of Translation and Interpretation*, Vol 11–2018, 39–54. [Fecha de consulta: 10/08/18. Documento disponible en http://www.skase.sk/Volumes/JTI14/pdf_doc/03.pdf].

Baker, M. 2005. "Narratives in and of Translation", *Skase Journal of Translation and Interpretation*, Vol 1–2005, 4–13. [Fecha de consulta: 10/08/18. Documento disponible en http://www.skase.sk/Volumes/JTI01/doc_pdf/01.pdf

Baker, M. 2006. *Translation and conflict. A narrative account*. Londres & Nueva York: Routledge.

Bigelow, Kh. 2008. *The Hurt Locker*, Estados Unidos.

Bigelow, Kh. 2012. *Zero Dark Thity*, Estados Unidos.

Chaume, F. 2004. *Cine y traducción*. Madrid: Cátedra.

Davis, Ch. 2009. *Amerrika*, Estados Unidos.

Gubern, R. 2003. "La estratégica guerra de Hollywood" *La Nación*, 13/04/2003. [Fecha de consulta: 10/08/18. Documento disponible en https://www.lanacion.com.ar/488114-la-estrategica-guerra-de-hollywood

Kahane, E. 2009 "Resolución de la AIIC sobre Intérpretes en zonas de conflicto y guerra". *AIIC.NET*. Marzo 2009. [Fecha de consulta: 03/08/18. Documento disponible en https://aiic.net/page/3197/resolucion-de-la-aiic-sobre-interpretes-in-zonas-de-conflicto-y-guerra/lang/39].

Malalana Ureña, A. 2014. "La exégesis de la guerra global contra el terrorismo a través del cine y la televisión", *Historia Actual Online*, n°.34, 41–53. [Fecha de consulta: 15/06/18. Documento disponible en https://historia-actual.org/Publicaciones/index.php/haol/article/view/916/923]

Martin, E. 2011. "Terrorism in film media: An international view of theatrical films", *Journal of War and Culture Studies*, vol. 4, n°2, 207–222.

Mayoral, R., 1998. "Traducción audiovisual, traducción subordinada, traducción intercultural" Sevilla: Facultad de Filología de la Universidad de Sevilla. [Fecha de consulta: 10/08/18. Documento disponible en https://www.ugr.es/~rasensio/docs/TAV_Sevilla.pdf].

Navarro, L. 2008. *Contra el Islam. La visión deformada del mundo árabe en Occidente*. Córdoba: Almuzara.

Said, E. W. 1997. *Covering Islam. How the media and the experts determine how we see the rest of the world*. Londres: Vintage.

Shaheen J. G. 2009. *Reel bad Arabs. How Hollywood vilifies a people*. Massachusetts: Olive Branch Press.

Lara Domínguez Araújo
Universidade de Vigo

Un trabajo que enamora: la profesión de intérprete en la película *Je l'aimais*

Resumen: En este capítulo analizamos la profesión de intérprete en la coproducción europea *Je l'aimais* (2009), basada en la novela homónima de Anna Gavalda. En la parte central de la trama se retrata un caso paradigmático de interpretación de enlace: una reunión de negocios entre el representante de una empresa francesa y sus homólogos de Hong Kong. Tanto por dicha escena, en la que se observa prácticamente toda la interpretación, como por las referencias posteriores a la profesión y a la vida de la intérprete, esta película revela ideas preconcebidas sobre la dificultad de interpretar o la preparación terminológica y refleja dilemas ineludibles en el ejercicio de la profesión (la necesidad de mediación cultural, la 'neutralidad', los prejuicios de género y edad, la conveniencia o no de la comunicación directa entre los interlocutores, la importancia del contexto, etc.).

Palabras clave: Interpretación de enlace, neutralidad, mediación cultural, profesión de intérprete, retrato cinematográfico

1 Introducción

La interpretación de enlace, como variedad que no requiere medios técnicos, es un ejemplo ilustrativo de la antigüedad de una profesión que ha servido como respuesta a la necesidad de métodos de comunicación entre distintas lenguas a lo largo de la historia (Gentile *et al.*, 1996:5; Baigorri, 2015:11–13). Dentro de esta, la interpretación empresarial o del ámbito de los negocios o, más concretamente, en reuniones entre cargos directivos de distintas culturas e idiomas (Gentile *et al.*, 1996:1) puede considerarse heredera de las primeras interpretaciones comerciales de la antigüedad —ya que, si bien es posible que el multilingüismo hiciese prescindible la interpretación en la mayor parte de las ocasiones (Gentile *et al.*, 1996:5,6), la interpretación consecutiva de diálogos bilaterales se considera prototípica de mediación comunicativa entre dos partes que no comparten idioma (Russell y Takeda, 2015:102), de la que el comercio sería uno de los ámbitos de actividad (Baigorri, 2015:12)— y su origen entronca en cierta medida con el de la interpretación diplomática (Gentile *et al.*, 1996:11).

No obstante lo anterior, la interpretación de enlace en el ámbito empresarial, aun siendo frecuente, ineludiblemente visible y cotidiana, ha estado relegada a un papel secundario tanto en la profesión como en los estudios de interpretación, donde a menudo se ha considerado "a residual arm of language work at

best, or a multilingual welfare work (often with a charity air) at worst" (Gentile
et al., 1996:9) e incluso la única 'apta' para profesionales de la traducción que no
se dedican a la interpretación de conferencias: "no es exclusiva de los intérpretes
y suele ser realizada por traductores" (Collados y Fernández, 2001: 54). Así sucedió en gran medida hasta los años cincuenta del siglo pasado, donde era habitual
que personas sin formación en interpretación se hiciesen cargo de dicha tarea
(Gentile *et al.*, 1996:11).

A partir de los años 60, la pujanza significativa del comercio internacional
y el cada vez mayor número de directivos que necesitaba comunicarse directamente con sus competidores elevaron la conciencia sobre la profesión (Gentile
et al., 1996:11). La expansión de los contactos internacionales de tipo empresarial extendió, de hecho, el ámbito de trabajo de los intérpretes de conferencias
—que ejercían la profesión en organizaciones y congresos internacionales— a las
negociaciones y reuniones de negocios privadas, como parte natural del mismo
continuum (Gentile *et al.*, 1996:9) y alejados ambos, en cualquier caso, de la
interpretación en los servicios públicos o *community interpreting*.

La falta de referentes que visibilicen este sector de la profesión otorga un valor
especial a la coproducción europea *Je l'aimais* (2009), dirigida por Zabou Breitman y basada en la novela homónima de Anna Gavalda, que relata la historia
de amor entre Mathilde Coubert, intérprete encarnada por Marie-Josée Croze,
y su cliente francés, Pierre Dippel, representado por Daniel Auteuil. Tanto la
novela como la película ofrecen un fresco verosímil de la realidad profesional
de la interpretación de enlace en el ámbito de los negocios internacionales y lo
hacen, además, en un lugar paradigmático para estos como fue Hong Kong en el
último cuarto del siglo pasado (1978, en el caso de la novela, y 1990 en la adaptación cinematográfica).

Asimismo, la profesión de intérprete ocupa un papel destacado en la trama,
por varios motivos. En primer lugar, la tarea de interpretar es objeto de conversación entre los personajes —la intérprete y su interlocutor francés— y por tanto
deja entrever las expectativas, creencias y suposiciones relativas a la profesión
por parte de estos y aporta información valiosa sobre el discurso hegemónico en
torno a la interpretación de la sociedad a la que retrata. En segundo lugar, una
de sus escenas principales, desencadenante además de la trama de la película,
reproduce prácticamente en su totalidad un encuentro interpretado en la modalidad de consecutiva, en la tipología de enlace, en el ámbito empresarial, desde
el primer momento en que se presentan los distintos participantes de la reunión
hasta que se da por finalizada, sin elipsis alguna.

Por todo lo anterior, nos parece una película digna de análisis, a modo de
ejemplo representativo sobre esta vertiente de la profesión e ilustrativo de algunas

de las creencias y dilemas que la rodean. En concreto, en este capítulo repasamos varios temas que se abordan directa o indirectamente en la obra cinematográfica: las características de la interpretación de enlace y su reflejo en la película, el contexto sociocultural y su influencia en las expectativas de los usuarios de la interpretación o los dilemas y decisiones de la intérprete sobre la neutralidad de su papel y alance de su labor.

2 La interpretación de enlace retratada en la película: coincidencias y divergencias con la realidad profesional

2.1 Definición y características de la interpretación de enlace

Según Collados y Fernández, la interpretación de enlace es habitual en las negociaciones comerciales y se define como aquella "modalidad oral que permite la comunicación entre dos o más personas presentes en la misma situación comunicativa, donde intercambian opiniones, de manera más o menos informal, sobre un tema concreto" (2001:54). Aunque esta forma de interpretación se denomina a veces *dialogue interpreting* (Mason 1999; Gile 1999 en Collados y Fernández, 2001:48), dicho término suele reservarse para designar a la realizada en el ámbito de los servicios públicos o *community interpreting* (Wandesjö 1993). En este sentido, el progreso fulgurante de la interpretación en los servicios públicos y la investigación sobre esta ha venido a desestabilizar nociones hasta hace poco estáticas e inamovibles que provenían de la investigación en interpretación de conferencias, tales como la 'neutralidad' de la intérprete con respecto a los interlocutores (Russell y Takeda, 2015:104) o la existencia de una demarcación clara de los límites de su papel (Angelelli 2004).

De cualquier forma, ambas expresiones (*dialogue interpreting* y *liaison interpreting*) son abarcadas igualmente por la también habitual denominación en castellano de 'interpretación bilateral', que hace referencia a "la mediación oral que se realiza por un solo intérprete, en las dos direcciones, e inmediatamente después de cada una de las intervenciones de los interlocutores presentes en la situación comunicativa" (Collados y Fernández, 2001:48) y en la que "el contacto directo, la bidireccionalidad y la dimensión interpersonal de la interacción cara a cara constituyen sus rasgos más distintivos" (Collados y Fernández, 2001:48).

En el caso de la interpretación retratada en la película, ambas designaciones —'interpretación bilateral' e 'interpretación de enlace' o *liaison interpreting* (Gentile *et al.* 1996)— comprenden la práctica profesional en el ámbito comercial y de negocios (*business negotiation interpreting*, según Gentile *et al.*, 1996:65) de una modalidad de interpretación consecutiva habitual en la actualidad (Russell y Takeda, 2015:103).

2.2 Verosimilitud del retrato cinematográfico

Como adelantábamos en el anterior subapartado, la interpretación representada en la película sí se corresponde claramente con una modalidad frecuente y un sector característico de la profesión. Se trata, de hecho, de una interpretación consecutiva en una situación de enlace en el ámbito de una reunión de negocios, que se caracteriza por que la intérprete tenga al menos dos clientes que hablan lenguas distintas y que, aunque fuesen más numerosos, siempre conformarían dos grupos idiomáticos (Gentile *et al.*, 1996:23).

Dentro de las variantes de consecutiva, retrata una consecutiva breve —*short consec* (Russell y Takeda, 2015:96)— en la que la intérprete también toma notas, en función de la densidad de la información transmitida en ellas, tal y como se haría en una situación profesional real con intervenciones tan sucintas. El tamaño del público, al ser mucho menor que una situación de interpretación de conferencias, puede repercutir negativamente en la labor de interpretación, puesto que facilita la implicación de la intérprete más allá de su papel como tal (Gentile *et al.*, 1996:25) —como veremos que sucede en este caso (v. apartado 4)—, pero también puede jugar a favor de los participantes en negociaciones bilaterales de alto nivel, que necesitan "ganar tiempo" para pensar con esmero qué quieren decir (Russell y Takeda, 2015:103).

Además, dicha escena central recrea a la perfección la descripción realizada por Gentile *et al.* sobre cómo se desarrolla una interpretación de enlace, en la que las intervenciones son más breves que en una interpretación consecutiva 'de conferencias' y el procedimiento seguido por la intérprete es el de interpretar después de que termine de hablar uno de los interlocutores, escuchar a continuación la intervención por parte del segundo e interpretarla para el primero (Gentile *et al.*, 1996:24).

Con respecto a la distribución espacial de los participantes en la sala, la disposición triangular de los interlocutores (con la intérprete entre ellos) que se observa en la película se corresponde también con la recomendada para este tipo de interacciones (Gentile *et al.*, 1996:18), puesto que ofrece la ventaja de reconocer el papel protagonista de ambos clientes y da espacio a la intérprete, a la vez que facilita la implicación total de los primeros en la situación comunicativa (Gentile *et al.*, 1996:18). Asimismo, los interlocutores hablan directamente entre ellos, dirigiéndose el uno al otro, tal y como recomiendan Gentile *et al.*:

The clients must not talk over each other, must be clear about the fact that they are talking to each other and not to the interpreter, and the interpreter must not be used as a source of further opinion or as an arbiter. (1996:26)

Por otro lado, la utilización de una *lingua franca* como el inglés es un recurso habitual desde épocas inmemoriales en ámbitos como el comercio (Gentile *et al.*, 1996:5), que podría haber evitado la utilización de interpretación. En este caso, no obstante, la necesidad de precisión y especialización terminológica, unida a la complejidad del tema y a la importancia de la corrección en el traslado de matices —que se deducen del relato del protagonista sobre la importancia y complejidad del acuerdo que va a negociar en dicha reunión— hacen que a este le parezca fundamental comunicarse con la ayuda de un intérprete y no usar el inglés como *lingua franca*, salvo para cuestiones básicas y fáciles para las que apenas se necesitan conocimientos en esa lengua, tales como responder si quiere agua o disculparse por no haber traído tarjeta profesional o fotos de su familia.

Así, al contrario que sus interlocutores hongkoneses, que sí optan por el inglés —aunque no sea su lengua materna y por ello Pierre Dippel espere que tengan un acento marcado—, el protagonista considera que no lo habla lo suficientemente bien como para arriesgarse a llevar a cabo tal tarea sin mediación lingüística. En la novela ahonda, de hecho, en la cuestión, explicándose:

Pas bien. Pas assez bien pour traiter ce genre d'affaires, tout cela est tellement subtil. À ce niveau-là, ce n'est plus du langage, c'est de la prestidigitation. Un sous-entendu t'échappe et tu perds vite les pédales. En plus, je ne connaissais pas les termes exacts pour traduire le jargon technique dont nous avions besoin ce jour-là. (Gavalda, 2002:96)

Como mencionábamos anteriormente, el inglés hablado por nativos de chino resulta especialmente difícil a Pierre Dippel debido a su acento: "et, pour couronner le tout, je ne me suis jamais fait à l'accent des Chinois. J'ai l'impression d'entendre *ting ting* à la fin de chaque mot" (Gavalda, 2002: 96).

La conveniencia de disponer de intérprete profesional queda todavía más patente cuando el personaje de Daniel Auteuil se pone nervioso al saber que el intérprete con el que contaba no podrá acudir y duda de la competencia de su sustituta, de la que no tiene referencias y de cuya profesionalidad parece desconfiar debido posiblemente a su edad y género (v. apartado 3), tal y como explica en la novela:

Alors j'étais dérouté. Je m'attendais à travailler avec un vieux monsieur anglais, un traducteur du cru avec qui Françoise avait minaudé au téléphone, « Vous allez voir, un vrai gentleman... »
[...] Tu parles! Me voilà, sous pression, décalé d'une nuit, angoissé, noué, tremblant comme une feuille, et pas le moindre British à l'horizon. (Gavalda, 2002:97)

Para él se trata de una negociación crucial en el que se juega mucho y la confianza en la competencia profesional de su intérprete resulta fundamental:

> C'était un énorme marché, de quoi faire tourner la maison pendant plus de deux ans. Je ne sais pas si tu peux t'en rendre compte...
> [...] Donc, je te disais, j'étais à bout de nerfs. Je travaillais sur ce projet depuis des mois, j'avais investi là-dedans des capitaux énormes. J'avais endetté la boîte et j'y avais laissé mes petites économies aussi. Je pouvais retarder la fermeture d'une usine près de Nancy. [...] Bref, je suis entré dans ce bureau comme on descend dans une arène et quand j'ai compris que c'était entre les mains de... de... de cette créature que je travaillais sur ce projet depuis des mois, j'avais investi là-dedans des capitaux énormes. (Gavalda, 2002: 97)

Esta discriminación por género y edad refleja muy bien la realidad de la profesión, que no es ajena a las relaciones de poder y prejuicios sociales, tal y como se ha investigado desde el ámbito de la psicología:

> Prejudice is part of typical, everyday life and activity. The assumption that bias, prejudice and discrimination are caused only by overt bigots blinds us to the reality that prejudice is part of the human condition. (Banaji, Baxerman y Chugh, 2003 en Bancroft et al., 2011:203)

Así, como se recoge en la cita anterior, tal desigualdad de poder, aunque parece pasar relativamente desapercibida —a diferencia de lo que ocurre en la interpretación en los servicios públicos, en la que resulta más evidente el desequilibrio de poder entre las partes— en ámbitos como los negocios —debido a la invisibilidad de la "distancia social" entre los interlocutores (Collados y Fernández, 2001)—, resulta inevitable al tratarse de un encuentro social y no ajeno, por tanto, a las desigualdades de poder irremediablemente existentes en él.

Por último, la verosimilitud de la escena, que otorga un mayor valor a la película, queda patente también cuando se observa en ella la atribución o coordinación de turnos de palabra, lo que se recoge abundantemente en la bibliografía sobre interpretación bilateral como parte de las funciones habituales de la intérprete (Pöchhacker, 2015:73): al principio de la interpretación, cuando Mathilde Coubert le dice directamente a Pierre Dippel "vous pouvez commencer" o cuando le pide que se levante para explicar en detalle los planos mientras los coloca sobre la pizarra.

Estas intervenciones y la aclaración cultural sobre las fotografías familiares reflejan la importancia del contexto en la interpretación consecutiva y hasta qué punto la intérprete debe valorar los factores contextuales continuamente y su impacto en la comunicación, tal y como describen Russell y Takeda (2015:100):

> Context helps the interpreter determine the speaker's or signer's particular meaning within the specific interpreted interaction. This includes assessing factors such as the

relationship between the parties in the interaction, the formal and informal power structures represented, the similarities and differences in backgrounds and experiences of the participants, the emotional overlay of the interaction, and the impact of the interpreter's presence on the way the speaker and signer construct their messages.

3   El contexto sociocultural y las expectativas de los usuarios de la interpretación

En las correspondencias textuales de los tipos de interpretación elaboradas por Hatim y Mason (2002:265) —que asociaban la consecutiva a la 'estructura' y la simultánea a la 'textura'—, estos autores relacionaban la interpretación de enlace con el 'contexto' y señalaban la relevancia de este desde una perspectiva lingüístico-textual debido precisamente a la impredictibilidad de esta modalidad (Hatim y Mason, 2002:263):

> Let us consider the situation of the liaison interpreter. Whether the session involves questions and answers or negotiation of some sort, there will be unpredictability at the outset as to how the dialogue will develop and what the long-term significance of current lexical choice or local cohesion will be. Of course, the interpreter has some awareness of the issues involved, of the participants concerned and usually of the topic tackled. But these are not necessarily reliable clues to the way the two-way interaction will develop and conclude. Consequently, contextual clues tend to assume greater importance as long-term guides (Hatim y Mason, 1997 en Hatim y Mason, 2002:263).

Además, la presencia de ambos interlocutores en el mismo espacio pone de relieve la distancia social o cultural que haya entre estos y otorga mayor peso a la función de intermediación cultural de la interpretación:

> Buena parte de la labor del intérprete se orienta por tanto, a la interpretación de las "maneras" o elementos no explícitos verbalmente (tono, actitud, gestos, etc.). Estos aspectos de la comunicación no verbal adquieren una gran importancia ya que el intérprete coopera en el éxito de la reunión no únicamente con sus palabras sino con su persona, que se convierte también en parte esencial de la interacción. (Collados y Fernández, 2001:49)

Un ejemplo de esta labor en la película que nos concierne es la intervención de la intérprete *motu proprio* para hacer de "intermediadora cultural" y co-constructora del discurso en la comunicación interpretada (Russell y Takeda, 2015:104), cuando decide explicarle a Pierre Dippel la costumbre de enseñar fotos de su familia por parte de los hombres de negocios hongkoneses antes de empezar con la negociación comercial propiamente dicha. En dicha escena, Mathilde Coubert aclara la situación ante la expresión de desconcierto del interlocutor francés y después habla, explicando, suponemos, el posible malentendido cultural, al interlocutor hongkonés. Esta anécdota se podría ubicar a medio camino entre la confusión sobre el papel de la intérprete y la aclaración de malentendidos culturales (Bancroft *et al.*, 2011:217,218), ya que esta podría haber dejado que el propio interlocutor preguntase por el propósito de las fotografías, o que lo dedujese por sí mismo, y, sin embargo, con el fin de socorrerlo —y, de algún modo, favoreciéndolo o tratándolo de forma condescendiente—, le aclara la situación —antes de que él le pregunte nada— e incluso sale en su ayuda preguntándole si no tiene alguna fotografía de su familia para mostrársela a los sus homólogos hongkoneses. Dicha intervención de la intérprete impide también que el señor Singh responda o emprenda acción alguna como signo de hospitalidad, comprensión o explicación cultural ante el desconcierto evidente del francés.

A pesar de tratarse de un ámbito con numerosos códigos de comunicación compartidos y de la supuestamente menor distancia social entre ellos (Collados y Fernández, 2001:99), el anterior no es el único ejemplo que ilustra las diferencias culturales con respecto a las convenciones sobre los prolegómenos de la reunión entre Pierre Dippel y el equipo del señor Singh. El primero de ellos se da sin la intervención de la intérprete —que todavía no se ha presentado, pues lo hará a continuación como un miembro más del equipo hongkonés—; se trata de la forma y orden de presentación de los participantes hongkoneses, que saludan uno por uno a Daniel Auteil, encuadrados en solitario en un plano contrapicado, resaltando así el sentimiento de extrañamiento y otredad del personaje francés ante los gestos y maneras de sus anfitriones, mientras estos le hacen entrega de sus tarjetas profesionales y lo saludan inclinando la cabeza hacia adelante. Él explica en un inglés tosco pero eficaz que se ha olvidado las suyas: *I forgot*. La sensación de desorientación cambia cuando aparece la intérprete, que se presenta del mismo modo y que interviene, aun en medio de las presentaciones, para trasladar la oferta de refrigerio por parte de uno de los hombres de negocios a su homólogo francés. Es esta una de las pocas ocasiones en las que el personaje hace gala de saber inglés y contesta directamente "water, please", tras agradecerle a la intérprete su traducción ("Merci, j'ai compris").

Además, los prejuicios de género ya mencionados en el anterior apartado resultan evidentes en el recelo del hombre de negocios francés con respecto a la competencia profesional de Mathilde Coubert, ya que, nada más presentarse, y una vez aclarado que el intérprete al que esperaba no puede venir por motivos de salud, le pregunta si la han puesto al corriente del asunto que van a tratar, puesto que es muy específico, lleva trabajando en él muchos meses y no puede permitirse perder el acuerdo comercial.

Pierre Dippel es consciente de la importancia de dominar el vocabulario técnico (que admite desconocer) y duda de ella, poniendo en entredicho su valía como profesional por el simple hecho de ser mujer en un contexto masculino y machista, tal y como reconoce en la conversación con su hija relatada por Gavalda en la novela original:

> — Tu sais, c'est un monde très machiste, le pétrole. Maintenant, ça a un peu changé, mais à l'époque, on ne voyait pas beaucoup de femmes…
> — Et puis vous aussi…
> — Moi quoi?
> — Vous êtes un peu machiste…
>
> Il ne disait pas non.
>
> — Attends, mais mets-toi à ma place une seconde! Je m'attendais à serrer la main d'un vieil Anglais flegmatique, un gars rompu aux us et coutumes des colonies avec des moustaches et un costume froissé, et me voilà en train de saluer une jeunette en lorgnant son décolleté… (Gavalda, 2002:98).

Mathilde Coubert, sin embargo, responde, con profesionalidad y elegancia: en la novela, con una simple sonrisa ("Un genre de sourire merveilleux qui voulait dire à peu près: Tttt… Ne m'embrouille pas mon bonhomme") y en la película haciendo referencia a la palidez de él ("Vous êtes très pâle"), dando muestras de tener bajo control la situación, como recomiendan Gentile *et al*.:

> The interpreter must control the interpreting situation, not as an exercise of power over the direction or the conduct of the interaction but as a measure of management of the situation *because* it involves an interpreter. (Gentile *et al.*, 1996:26)

Posteriormente, fuera de la reunión, en el bar del hotel, le pregunta cómo es capaz de traducir tan bien y tan rápido, a lo que ella responde: "on paye pour cela, vous savez…" De hecho, lo que más le sorprende a Pierre Dippel es el conocimiento de los términos y conceptos técnicos, que no se deben a un estudio *ex profeso* y *ad hoc* como sucede muchas veces en la realidad profesional de interpretación *freelance*, sino a su experiencia y predilección por el sector petrolífero, en el que ha acabado especializándose por razones familiares.

4 Dilemas éticos sobre la neutralidad y función de la intérprete

Los ejemplos relatados en el apartado anterior ponen de manifiesto algunos de los dilemas a los que se enfrenta una intérprete para contribuir al éxito de la comunicación y las posibles diferencias en el resultado del encuentro en función de que opte por un papel más o menos interventor o distante con respecto a uno o varios de los participantes.

El hecho de que el ámbito empresarial sea uno de los sectores de interpretación menos estudiados en lo que a ética se refiere, debido a cuestiones de confidencialidad, y la necesidad de incluirla en el debate al respecto (Ozonis, 2015:327) dan mayor valor a la escena retratada en la película.

. De hecho, se atestigua en ella la dificultad para mantenerse a igual distancia de ambos interlocutores, algo característico de las interacciones dialógicas en persona, en las que la intérprete desempeña un papel activo en la co-construcción del discurso (Russell y Takeda, 2015:104), ya que el hecho de que esta sea contratada por una de las partes, como a menudo sucede, pone en jaque su lealtad, imparcialidad, jerarquía y ética de poder, colocándola en una situación en la que la delimitación de papeles resulta muy difícil de establecer (Ozonis, 2015:327) y pone en entredicho la neutralidad recomendada en la mayoría de los códigos deontológicos de la profesión (Russell y Takeda, 2015:104).

Sin embargo, el hecho de que ambos sean blancos y franceses parece compensar la balanza a favor del señor Dippel, hacia el cual queda clara la predilección y afinidad de la intérprete—con quien vivirá una historia de amor. Así, esta llega a decirle cómo debe responder a una pregunta técnica del señor Shing sobre el aislamiento térmico cuando él, ausente por el flechazo que está viviendo, se queda en blanco sin saber qué responder.

Por otro lado, cuando el enamoramiento de Pierre Dippel por la intérprete se convierte en un obstáculo para la reunión —y es objeto de conversación entre el equipo hongkonés, que prefiere cancelar la reunión por tal motivo—, Pierre Dippel tiene que solicitar a Mathilde Coubert la interpretación de dicho diálogo. Esta al principio intenta hacerlo transmitiéndole la idea general (y evitando así la referencia al enamoramiento de él), pero acaba por verse obligada a darle todos los detalles, lo que lleva al francés a defenderse en inglés, dirigiéndose sin éxito al equipo hongkonés, para pedir que continúe la reunión.

En resumen, la película da cuenta de varias ocasiones que colocan a la intérprete en una posición en la que el mantenimiento de una buena relación con los interlocutores —algo vital en los encuentros empresariales, a la par que las cuestiones técnicas (Ozonis, 2015:327)— choca con el mantenimiento de una posición neutral, tanto durante la interpretación (las intervenciones mediadoras relatadas en el apartado anterior o las consecuencias del flechazo de Pierre Dippel…), como posteriormente (en la consulta de este en su encuentro, posterior a la reunión en una cafetería, sobre si piensa que ya no va a lograr el acuerdo comercial):

—Devrais-je oublier M. Xing? A-t-il dit quelque chose après mon départ?
—Pas à moi. Je suis transparent pour lui. Mais je ne pense pas que ce soit sans espoir. Un accord en Chine n'est jamais fait tout de suite. C'est un jeu. Je suis sûr que vous entendrez bientôt. Vous devrez les prendre pour dîner.
—Vraiment? Et alors?

—Vous n'entendrez pas un autre mot.
—Pendant longtemps?
—Un mois, deux ... Vous devez les laisser venir à vous.

5 Conclusiones

La obra cinematográfica analizada en este capítulo supone una valiosa fuente de información y punto de partida para el debate y aprendizaje sobre la función de la intérprete de enlace y los dilemas que conlleva su papel en el ámbito empresarial.

Además, trasmite una visión respetuosa de la profesión, en la que se reconoce la dificultad de la tarea (rapidez, dominio lingüístico y cultural, capacidad para estar a la altura de la "prestidigitación") y las particularidades de cada interpretación en concreto (vocabulario técnico, necesidad de preparación y conocimientos previos).

Por otro lado, además del papel central de la interpretación en la trama y la admiración del protagonista por el saber hacer de la intérprete, destaca especialmente el retrato de ella como una profesional independiente, autónoma y preparada, que es capaz de moverse en un mundo masculino y a veces hostil en el que su trabajo puede pasar desapercibido pero que así y todo realiza con gran pericia y profesionalidad, y que además, le encanta. De hecho, la conversación entre Daniel Auteuil y Marie-Josée Croze reproduce un diálogo que resultará familiar a cualquier profesional del oficio: el del cliente admirado por la destreza de la intérprete a la que esta responde inequívocamente con dos frases que cualquier persona que ejerza y ame esta profesión se habrá visto pronunciando en numerosas ocasiones ante preguntas similares: "on paye pour cela, vous savez…" y "j'aime mon travail", culminadas por otra que refleja todavía mejor, si cabe, la realidad de la profesión en las horas vespertinas posteriores a la interpretación y anteriores a la jornada siguiente: "il faut absolument que je dors".

Por todo ello, recomendamos el visionado del metraje que recoge la interpretación en sí (del 34:22 al 44:06) y la conversación sobre la profesión (del 45:50 al 50:01), como forma de acercarse a la realidad del trabajo de interpretación en general y consecutiva de enlace en el ámbito de los negocios en particular.

Bibliografía

Angelelli, C. V., 2004. *Revisiting the Interpreter's Role*. Ámsterdam: John Benjamins.

Bancroft, M. A., García Beyaert, S., Allen, K., Carriero-Contreras, G. y D. Socarras-Estrada, 2011. *The Community Interpreter: An International Textbook*. Columbia: Culture & Language Press.

Breitman, Z., 2009. *Je l'aimais*, Francia [película]

Baigorri, J., 2015. "The history of the interpreting profession", en Milkkelson, H. y Journenais, R. (eds.), 2015. *The Routledge Handbook of Interpreting*: Londres/ Nueva York: Routledge, 11–28.

Collados Aís, Á. y M. M. Fernández Sánchez, 2001. *Manual de interpretación bilateral*. Granada: Comares.

Gavalda, A., 2002. *Je l'aimais*, París: Le dilettante.

Gentile, A., Ozolins, U y M. Vasilakakos. 1996. *Liaison Interpreting: a Handbook*. Carlton South: Melbourne University Press.

Hatim, B. e I. Mason, 2002. "Interpreting. A text linguistic approach", en Pöchhacker, F. y Schlesinger, M. (eds.) 2002. *The Interpreting Studies Reader*. Londres/ Nueva York: Routledge, 254–265.

Ozonis, U., 2015. "Ethics and the role of the interpreter", en Milkkelson, H. y Journenais, R. (eds.), 2015. *The Routledge Handbook of Interpreting*: Londres/ Nueva York: Routledge. 319–336.

Pöchhacker, F. 2015. "Evolution of interpreting research", en Milkkelson, H. y Journenais, R. (eds.), 2015. *The Routledge Handbook of Interpreting*: Londres/ Nueva York: Routledge, 62–75.

Russell, D. y K. Takeda, 2015. "Consecutive interpreting", en Milkkelson, H. y Journenais, R. (eds.), 2015. *The Routledge Handbook of Interpreting*: Londres/ Nueva York: Routledge, 96–111.

Wandesjö, C., 1993. "The double role of a dialogue interpreter", en Pöchhacker, F. y Schlesinger, M. (eds.), 2002. *The Interpreting Studies Reader*. Londres/Nueva York: Routledge, 354–370.

Emmanuel Claude Bourgoin Vergondy
Universidade de Vigo

Cuando el celuloide revela la imperiosa necesidad de la traducción e interpretación en medio social (TIMS)

Resumen: La traducción e interpretación en medio social (TIMS), conocida en la mayoría de las publicaciones en inglés como *community interpreting*, es un ejercicio de la traducción y de la interpretación en diversos espacios sociales donde el migrante alófono necesita comunicarse. La ausencia o la falta de regulación y/o de control en estos espacios, deja en manos de quien decide cómo y qué se traduce y/o interpreta, la calidad de la práctica en sí y sus consecuencias. La gran pantalla es a veces el telón testimonial de situaciones de traducción e interpretación con migrantes alófonos en diferentes espacios sociales. En este capítulo, a partir del testimonio visual de la película de Sherry Hormann *Flor del desierto*, queremos dar a conocer la TIMS en el espacio de la Salud y lo que implica su ejercicio por profesionales debidamente formados. Las obras testimoniales del mundo del cine no sólo deben despertar la conciencia del espectador, sino que deben ayudar a que la TIMS ocupe el lugar que se merece en la práctica profesional, así como en la formación universitaria de los futuros traductores e intérpretes.

Palabras clave: Traducción, interpretación, migrante, sanidad, medio social

Introducción

En este capítulo, a partir de la película de Sherry Hormann *Flor del desierto* expondremos lo que debemos entender cuando hablamos de traducir e interpretar en medio social. La protagonista de esta película junto con la presentación de su historia pasada y de todos los acontecimientos que tienen lugar en su vida son clave a la hora de entender lo que debe significar traducir e interpretar en medio social.

Estamos, gracias a la obra de Sherry Hormann ante la realidad de interpretar a pacientes alófonos en el espacio sanitario. Si bien la TIMS no se ciñe al único espacio de la Salud, ya que abarca otros espacios como la Justicia o la Educación, este capítulo se centrará en el espacio sanitario, escenario del acto de interpretación representado en la película. Comenzaremos por una presentación de esta obra de ficción y de su argumento. A continuación, pasaremos a analizar aquellos elementos que están vinculados directa e indirectamente a la representación del acto interpretativo en la película. Así es como, de manera cinematográfica, partiremos con un primer plano sobre el acto interpretativo, desde una posición cenital, para poco a poco, abrir cual diafragma de una cámara, nuestro campo de visión y entender así los aspectos que, en un acto real de interpretación en el espacio sanitario como el que presenta la película, se deberían de haber tenido en cuenta. Para ello, recurriremos a la noción de paratraducción y a sus niveles de análisis, para hacer entender al lector que no sólo el discurso, sino también todas aquellas cuestiones en torno al mismo, constituyen una materia esencial para cualquier traductor profesional en medio social. Reconocer el papel esencial y necesario de la TIMS, no sólo en el espacio de la Justicia sino en la Salud y la Educación, es actuar en beneficio de los colectivos migrantes alófonos y en beneficio de nuestras sociedades cada vez más necesariamente abiertas a la diversidad cultural.

Flor del desierto

Presentación

Como muchas otras películas, *Flor del desierto* está basada en un libro. La primera edición escrita de esta obra se publicó en 1998 por *William Morrow and Company* en Nueva York (EE.UU.) y fue escrita conjuntamente por Waris Dirie, protagonista de la obra y Cathleen Miller. Este relato biográfico se convirtió en poco tiempo en éxito internacional. Se estima que se vendieron unos doce millones de ejemplares en todo el mundo. Fue una década más tarde, en marzo de 2008, cuando empezó el rodaje de la película, basada en la primera edición del libro que lleva el mismo título. La producción se repartió entre Peter Herrmann y otros productores asociados, entre ellos la propia Waris Dirie. La neoyorquina Sherry Hormann dirigió la película y el papel protagonista (Waris a la edad adulta) lo desempeñó la modelo etíope Liya Kebede.

Argumento

En la película *Flor del desierto*, seguimos los pasos de Waris Dirie que lucha por una vida mejor en Londres después de haber dejado atrás Somalia. Viajamos constantemente entre Somalia e Inglaterra, entre pasado y presente, para entender la historia de Waris. Nacida en el desierto de Somalia, forma parte de una familia de nómadas que subsiste gracias a la cría de cabras y camellos. La infancia de Waris se desarrolla en unos parajes casi desérticos donde la naturaleza implacable inflige unas condiciones de vida muy exigentes a toda la familia. Pero para Waris, nacer mujer en Somalia es un condicionante aún peor si de sobrevivencia se trata. En efecto, al igual que a sus hermanas, a su abuela o a su madre, le practican la mutilación genital en unas condiciones tan precarias que su pronóstico vital se ve comprometido. Más tarde, a la edad adolescente, ante la imposición de un matrimonio arreglado de antemano por su padre, Waris decide escapar. Acogida en un primer momento por su abuela que reside en Mogadiscio, Waris es enviada a Londres. En la capital inglesa ejercerá como personal de limpieza de la Embajada de Somalia. A raíz de la guerra civil que estalla en Somalia, el personal abandona la embajada. Waris aprovecha para huir y buscarse un futuro mejor. Sola en la ciudad conoce a Marylin (Sally Hawkins), una joven dependienta, que le proporciona techo y ayuda para desenvolverse en la gran ciudad. La suerte hace que Waris acabe en una agencia de modelos, donde alcanza el éxito y llega a desfilar en las grandes pasarelas de la moda internacional. Pero ni la fama ni el dinero pueden aplacar el dolor que siente en su interior por aquella mutilación que también han sufrido demasiadas niñas como ella y a la que se enfrentan muchas otras todos los días. Entonces empieza quizás para ella, la lucha más dura de toda su vida: alcanzar la abolición y penalización de la mutilación genital femenina por todo el mundo.

La interpretación

Después de que Marylin (min. 27'40 a min. 31'50) se enterase de la mutilación genital que sufrió Waris de pequeña, llegamos a una secuencia en la que las dos amigas se encuentran comiendo en un parque (min. 32'51). Mientras conversan, de repente le dan unos fuertes dolores de barriga a Waris. Las dos amigas acuden enseguida al hospital. Reproducimos a continuación los diálogos desde que llegan al hospital. Indicaremos las réplicas de los personajes como sigue: Waris (W.), Marylin (Ma.), Enfermera (Enf.), Médico (Med.) e Intérprete (Int.).

— (W.) No tengo dinero.
— (Ma.) ¿Qué tiene que ver el dinero? No necesitas dinero. Voy a buscar ayuda.
— (W.) Vete a trabajar Marylin.
— (Ma.) No voy a ir a trabajar. Voy a buscar ayuda. Quédate allí. [Grita] ¿Se puede saber dónde se meten las enfermeras? ¿Hay alguien?
— (Enf.) ¿Puedo ayudarle?
— (Ma.) Sí, es mi amiga. Está enferma.
— (Enf.) [Se dirige a Waris] Dígame donde le duele.
— (Ma.) [indica su propio bajo vientre] Le duele aquí.
— (Enf.) Enseguida la atendemos. ¿Cómo se llama?
— (W.) Waris.
— (Ma.) Waris.
— (Enf.) Waris, enseguida la atendemos. Tranquila.

— (Ma.) [A Waris] Te pondrás bien. [A la enfermera] ¿Puede hacer algo?

— (Enf.) Sí. Iré a buscar a un médico. Quédese con ella.

— (Ma.) Gracias. [A Waris] ¿Ves?

Pasamos sin más dilación en la película a la secuencia del examen médico y de la intervención de un intérprete:

— (Med.) [Se ve a Waris muy nerviosa y asustada] Intente relajarse. Haga el favor de poner las piernas allí arriba.

— (Enf.) Venga cielo, sino el médico no podrá ayudarla. [Le ayuda a reclinarse y colocar una pierna] Arriba, arriba…

[Mientras vemos a Waris sollozando, la cámara enfoca al médico que empieza el examen obstétrico. Su gesto tranquilo cambia, su mirada se fija entre el asombro y el miedo. Enseguida vuelve a colocar el instrumental en la mesa y se dirige a Waris]

— (Med.) No puedo devolverle lo que le han quitado. Pero puedo procurar que no le duela. ¿De acuerdo? [Sin respuesta de Waris se dirige a la enfermera] Avisa a Fátima. Ella habla somalí. [Después de unos segundos] Baje las piernas.

— (Enf.) Fátima libra hoy, pero se ha ofrecido Amal.

— (Med.) [Hacia Amal] Quieres decirle a esta joven que le dieron unos puntos demasiado apretados. Una… Una verdadera chapuza francamente. Dile que me gustaría operarla lo antes posible.

— (Int.) [A Waris en somalí] ¿No te da vergüenza exhibirte ante un blanco? Son nuestras costumbres.

— (Med.) Dile que ha hecho bien, que es asombroso que haya aguantado tanto tiempo. Sé que sufre fuertes y constantes dolores pero que no se preocupe podemos arreglarlo.

— (Int.) [Al médico] Claro. [A Waris en somalí] Si lo permites: traicionarás a tus padres, tu pueblo, tus tradiciones. Qué vergüenza. ¿Lo sabe tu madre? [Waris no contesta está sollozando y fuera de campo se escucha al intérprete] Lo pensará.

Metodología

Para poder llevar a cabo un análisis de este acto de interpretación sanitaria recurriremos a la noción de paratraducción. Es cierto que esta noción fue desarrollada pensando ante todo en las diferentes producciones textuales en cualquiera de sus formas de edición como lo explica José Yuste Frías director del grupo de investigación Traducción y Paratraducción (T&P)[1] de la Facultad de Filología y Traducción de la Universidad de Vigo:

> La noción de "paratraducción" fue creada para analizar, desde un principio, el espacio y el tiempo de traducción de todo paratexto que rodea, envuelve, acompaña, introduce, presenta y prolonga el texto traducido para asegurar en el mundo de la edición su existencia, su recepción y su consumo no solamente bajo la forma de libro sino también bajo cualquier otra forma de producción editorial posible en la era digital. (Yuste Frías, 2015)

A partir de este postulado, entendemos, como explicábamos en otra publicación (Bourgoin Vergondy, 2016:75), que si existen elementos paratextuales en torno al texto existen también elementos paradiscursivos en torno al discurso. Estos elementos, al margen y en el margen del discurso se pueden analizar de la misma forma que se haría para una publicación textual. Por lo tanto, podríamos aplicar al discurso los tres niveles de aplicación práctica de la noción de paratraducción: nivel empírico o paratraductivo, nivel sociológico o protraductivo y el nivel discursivo o metatraductivo, definidos por el grupo T&P.

Situaremos nuestro análisis en el caso de la película *Flor del desierto* sobre todo en los dos primeros niveles (empírico y sociológico). Luego, aportaremos un único elemento del nivel de análisis discursivo o metatraductivo para no dilatar en exceso nuestro capítulo. De esta manera, queremos que el lector pueda, por un lado, empezar a considerar las implicaciones altamente prácticas que supone adoptar los postulados de la paratraducción en la práctica de la interpretación en medio social. Por otro lado, que pueda comprender como esta noción, que permite un acercamiento teórico amplio y científico de las traducciones textuales y orales, puede de manera paradigmática suponer la aparición de una noción que presentamos en nuestra tesis doctoral: la parainterpretación.

Análisis

La mutilación genital femenina (MGF)

No podemos empezar nuestro análisis sin antes hacer mención de la MGF. Sufrir la MGF y sobrevivir a la MGF ha supuesto para Waris Dirie experimentar dolores atroces tanto física como psíquicamente. Afrontar el dolor, la vergüenza, el sometimiento, es lo que ha conformado su lucha personal, la cual ha logrado poco a poco transformar en una lucha global para ayudar a las demás niñas y adolescentes que siguen sufriendo esta atrocidad hoy en día. Quien sino ella,

---

1   http://www.paratraduccion.com/ [Última consulta el 24/07/2018].

antes embajadora de la ONU y ahora a la cabeza de la fundación *Desertflower*[2]
para hablar de la MGF:

> La circuncisión femenina, o mutilación genital femenina (MGF), expresión más precisa
> que se usa actualmente, predomina en veintiocho países de África. La ONU calcula que
> a unos ciento treinta millones de niñas y mujeres se les ha practicado la MGF. Cada año,
> al menos dos millones –es decir, seis mil cada día– corren el riesgo de ser las próximas
> víctimas. La operación suele hacerla, en circunstancias primitivas, una partera o una
> mujer de una aldea. No usan anestesia. Cortan a la niña con cualquier instrumento que
> tengan a mano: cuchillas de afeitar, cuchillos, tijeras, trozos de vidrio, piedras afiladas
> y, en algunas regiones, los dientes. El alcance de la operación cambia según la situa-
> ción geográfica y las prácticas culturales. El daño mínimo consiste en cortar la capucha
> del clítoris, lo que impedirá que la chica disfrute toda la vida del sexo. Al otro lado
> del espectro está la infibulación, a la que someten al ochenta por ciento de las mujeres
> somalíes, la versión padecida por mí. Las consecuencias de la infibulación incluyen el
> shock, la infección, el daño a la uretra y al ano, la formación de cicatrices, el tétanos,
> infecciones de la vejiga, septicemia, el VIH y la hepatitis B. Las complicaciones a largo
> plazo incluyen infecciones crónicas y recurrentes de la vejiga y la pelvis que pueden
> provocar la esterilidad, quistes y abscesos en torno a la vulva, neuromas dolorosos, cre-
> cientes dificultades para orinar, dismenorrea, la acumulación de sangre menstrual en el
> abdomen, la frigidez, la depresión y la muerte. (Dirie y Miller, 2010:pos.3797)

Esta horrible práctica arraigada culturalmente en ciertos países de África no
responde a ningún precepto religioso. Llega a seguir practicándose en los países occidentales dónde migran las personas que la aceptan culturalmente. Es
la expresión de una imposición machista que se basa en la ignorancia, en el
egoísmo de los hombres y en el miedo de las mujeres. Por otra parte, (Dirie y
Miller 2010: pos.3823) "los hombres quieren asegurarse la propiedad de los favo-
res sexuales de su mujer y por su parte, las madres acceden por miedo a que sus
hijas no encuentren marido, ya que a una mujer que no ha sido circuncidada se
le considera sucia y promiscua, y por lo tanto no puede casarse". Es pues imprescindible que en el espacio sanitario de los países occidentales los profesionales
(personal sanitario, traductores e intérpretes) conozcan la cultura de los países
de origen de sus pacientes.

Existen, actualmente, dos leyes en España (Torres Fernández: 2008), la L.O.
11/2003, de 29 de septiembre y la L.O. 3/2005, de 8 de julio cuyo objetivo es per-
seguir los delitos de mutilación genital. Sin embargo, siempre resulta difícil establecer responsabilidades cuando los hechos tienen lugar fuera del país al amparo
de un viaje de vacaciones al país de origen.

---

2   http://www.desertflowerfoundation.org/ [Consultado el 24/07/2018].

Análisis empírico o paratraductivo

La comunicación que presenciamos en las secuencias que tienen lugar en el hospital es básicamente unidireccional. El único elemento de diálogo es cuando Waris responde al personal sanitario, es decir cuando la enfermera le pregunta cómo se llama y le contestan a la vez Waris y su amiga. En este punto, y ante las respuestas inexistentes de Waris, consideramos que la enfermera debería haber indagado en ese momento, sobre la necesidad de la intervención de un intérprete. A menudo podemos constatar que lo que se considera normalidad es la atención a pacientes alófonos sin intérpretes y más en los casos de cuidados de urgencia. Es cierto que el carácter urgente de una intervención sanitaria, sea dentro del complejo hospitalario o mediante unidad móvil de emergencia, imposibilita, en muchos casos, la presencia de un intérprete. La mayoría de los hospitales no disponen de un servicio interno de traducción e interpretación, menos con una disponibilidad las 24 horas del día y con un tiempo de respuesta extremadamente corto.

A pesar de considerar en un primer momento que la paciente no se comunica con el personal sanitario, según un estudio de 1967 cuyo entorno se acerca al entorno que tratamos aquí, *i.e.* la consulta de un psicólogo, Albert Mehrabian definía la comunicación en un conjunto de sub elementos de comunicación. Para Mehrabian, sólo un 7% es comunicación verbal (significado de las palabras), un 38% es vocal (entonación y sonido de la voz) y un 55% es visual (expresión de la cara y lenguaje corporal). De hecho, por la expresión facial de Waris y sus sollozos, la enfermera y el médico entienden que tiene dolor y que está muy nerviosa. Los dos se dirigen a Waris con un tono bajo, y le hablan con mucha calma. Acompañan su discurso oral con un "discurso" corporal. Por ejemplo, para que Waris se siente y se coloque en la silla de obstetricia, la enfermera le coloca la mano en el hombro y le empuja suavemente para indicarle que se recline hacia atrás ("Venga cielo, sino el médico no podrá ayudarla. Arriba, arriba..."). Ayuda también a Waris a colocar su pierna derecha en el soporte, luego Waris coloca ella misma la otra pierna. Por lo que, si aparentemente no podemos apreciar una comunicación verbal fluida entre las dos partes, siempre existen elementos del lenguaje no verbal a tener en cuenta a la hora de entender la comunicación en una consulta médica.

El espacio es otro elemento paradiscursivo que vamos a abordar. En el caso que nos ocupa, de haber estado presente desde el principio, un intérprete profesional con los conocimientos culturales sobre el país de origen de la paciente, hubiera podido informar al médico de la MGF a la que habitualmente están sometidas las niñas y adolescentes en Somalia. El médico y la enfermera habrían entendido que la paciente desconocería seguramente lo que es una consulta de obstetricia y en qué consiste una exploración obstétrica. En este caso no pueden saber que van a atender a una paciente que desconoce el espacio de la consulta y el material que lo conforma (la silla, el instrumental dispuesto en la mesa, etc.). Hubiesen podido por boca del o de la intérprete explicarle a la paciente el procedimiento y de este modo tranquilizarla. Sin embargo, vemos que Waris está aterrorizada. Podemos imaginar que en este momento está rememorándose, por la postura que tiene que adoptar en la silla, la dolorosa experiencia de la infibulación.

Por otra parte, cualquier acto de consulta obstétrica contiene un componente de vulnerabilidad. Este componente depende a menudo de factores ligados a las experiencias traumáticas que haya podido sufrir una paciente en su intimidad y de su bagaje cultural, en el que el contacto entre humanos puede entenderse de múltiples maneras. Para Edward T. Hall, la problemática de la intimidad está así ligada a la noción de espacio:

> Des individus appartenant à des cultures différentes non seulement parlent des langues différentes, mais ce qui est sans doute plus important, habitent des mondes sensoriels différents. (Hall, 1984:46)

Según Hall, las personas estructuran su universo, por lo tanto, su cultura en función del espacio y del tiempo. Así, estos dos elementos se hacen "lenguajes" cuyos códigos han de descifrarse para entender al Otro. La proxémica es por definición el estudio de la utilización del espacio por los seres animados en sus relaciones, y los significados que implican. Hall afirma que, en función de las culturas, la proxémica cambia. Hall define cuatro distancias a las cuales asocia diferentes actividades, relaciones y emociones.

- La distancia íntima: de 15 a 45 cm. La presencia del otro se impone, hay una relación de vulnerabilidad con otro cuerpo.
- La distancia personal: de 45 a 120 cm. Es la distancia fija que separa las personas, como una burbuja que separa a los unos de los otros.
- La distancia social: 120 a 210 cm. Pasamos la frontera del límite del poder sobre los demás, el tono de voz es normal.
- La distancia pública: de 360 a 750 cm. Se sitúa fuera del círculo en el cual el individuo está directamente implicado.

Conocedor de los elementos proxémicos, el intérprete profesional ha de situarse siempre entre la distancia personal y la distancia social. Sólo el médico puede encontrarse en la distancia íntima. El espacio en una interpretación en sanidad es un elemento clave. Sea cual sea la configuración espacial de la consulta, o el lugar exacto en el que tiene lugar (box de urgencia, cuidados intensivos, etc.) el intérprete deberá por una parte demostrar su capacidad de adaptación para saber situarse sin vulnerar la intimidad del paciente por otra parte atender las indicaciones del médico si es que las hubiese.

Análisis sociológico o protraductivo

En este nivel de análisis nos interesamos por los actores sociales (personas, instituciones, departamentos, etc.) implicados en la TIMS. Empezaremos por abordar el sistema sanitario reflejado en *Flor del desierto*. El espectador puede deducir que las dos amigas se encuentran en un hospital público ya que Marylin le comenta a Waris que no se preocupe por el dinero. Esto nos indica además que la protagonista desconoce el sistema de salud público inglés. Este desconocimiento suele ser habitual en el colectivo migrante se encuentre o no en situación irregular. En Inglaterra, las personas en situación irregular pueden beneficiar de atención gratuita en caso de urgencias o en caso de ciertas enfermedades infecciosas[3].

En la película vemos que el médico le pide a la enfermera que vaya a buscar a un miembro del personal del hospital (Fátima) que habla somalí para poder comunicarse con Waris. Decidir la implementación de un servicio de traducción e interpretación en un hospital público no es seguramente tarea fácil. Pero sin voluntad política a nivel institucional no se pueden tener en cuenta las dificultades lingüísticas, en términos de accesibilidad, de un sistema de salud. En la provincia de Quebec (Canadá), como indica Juan Jiménez Salcedo, la voluntad política ha sido esencial,

> [...] depuis les années 80 le Québec a fait preuve d'une grande sensibilité vis-à-vis de la problématique de l'accès aux services publics de la part des usagers qui ne parlent pas anglais ou français ou qui en ont une faible compétence. À ce propos, les autorités québécoises ont mis en place des stratégies d'adaptation basées sur l'établissement de services d'interprétation en milieu social.
> La création de ces structures répond à l'acceptation de la part des décideurs de plusieurs réalités: l'augmentation du nombre de nouveaux arrivants – beaucoup d'entre eux avec des compétences linguistiques très limitées dans l'une ou l'autre langue officielle –, la reconnaissance de l'existence de barrières linguistiques, évaluées qualitativement dans le cas concret du domaine de la santé, et du coût qu'elles génèrent, outre la remise en cause de la qualité des services; la volonté des administrations de fournir de bonnes pratiques aux citoyens et, bien entendu, le cadre législatif et jurisprudentiel, qui est relativement précis en ce qui concerne la prise en charge des usagers allophones. (Jiménez Salcedo, 2014:139–140)

---

3 https://international.commonwealthfund.org/countries/england/ [Consultado el 20/07/2018].

Pero de este lado del Atlántico, muchos gobiernos desoyen las necesidades lingüísticas y culturales en medio social y no puede haber encuentro cultural si no se cuenta con traductores e intérpretes profesionales ya que,

> Traducir e interpretar al otro en medio social es pensar la cultura no sólo como fundamento de toda comprensión, sino también, y sobre todo, como relación y encuentro con la alteridad. (Yuste Frías, 2016:107)

Más allá de la voluntad política en materia lingüística y cultural, la problemática de la financiación es igual de determinante. Plantear una evaluación médico-económica es sin duda necesaria. Según la Inspección General de asuntos sociales en Francia (2014) dicha evaluación consiste en considerar los beneficios clínicos de una estrategia de cuidados, de una tecnología o de un producto de salud y sus costes, comparándolos con otras alternativas, para así poder decidir la dedicación óptima de los recursos disponibles. Si esta definición no está pensada en un primer momento para unos servicios de traducción y de interpretación, seguramente pueda adaptarse a una reflexión evaluativa sobre la implantación de tales servicios.

En Europa, un estado como Suiza ha hecho importantes avances en materia de TIMS, la cual denominan interpretación comunitaria. Existen varios estudios científicos subvencionados por el Fondo nacional suizo o por el programa europeo de mejora de la atención a los migrantes en los hospitales (*Migrant Friendly Hospitals*, MFH) y por la Oficina Federal de Salud Pública (OFSP) en el marco de la estrategia *Migration et santé* (OFSP, 2011). Según estas publicaciones no resulta fácil cuantificar los costes que puede generar una comunicación difícil entre paciente y médico. Sin embargo, destacan que, aunque la interpretación alargue la duración de la consulta, las incomprensiones por las dos partes en un intercambio no interpretado pueden alargar una terapia, incluso hacer que resulte inapropiada y provocar posteriores tratamientos más costosos. Un estudio preliminar llevado a cabo en Suiza en el 2011, demostró que recurrir a un intérprete significa un gasto. Pero, que este gasto debe de ser contemplado desde la perspectiva de una inversión, ya que a largo plazo significa un ahorro en los cuidados dispensados.

Análisis discursivo o metatraductivo

Queremos en este nivel de análisis discursivo abordar ideas y conceptos vinculados a la interpretación, sea de manera directa o de manera más transversal. Trataríamos, por ejemplo, cuestiones de índole antropológicas o filosóficas. Abordemos a continuación la cuestión del género del intérprete ya que es una cuestión sensible en el ejercicio de la TIMS. Podemos apreciar que si la interpretación falla en *Flor del desierto* es porque el intérprete, Amal, no sólo asume la MGF como parte de su cultura y la defiende, sino que por ser hombre, representa para cualquier mujer somalí la imposición de la autoridad patriarcal de su cultura y para Waris supone la representación de las agresiones machistas que ha sufrido desde su niñez. Por ello, no se puede tolerar el intrusismo de personas que sólo por conocer el idioma del paciente vayan a ejercer como traductores e intérpretes.

No podemos dudar, sólo por una cuestión de género, de la profesionalidad de un intérprete debidamente formado en TIMS. De hecho, Angelelli (2004) comenta que los intérpretes perciben su papel del mismo modo, sean hombres o mujeres. La cuestión tendría más hacia una reflexión sobre los derechos del paciente. Anabel Borja Albi y Maribel del Pozo Triviño (2015) indican que, si bien se recomienda, en casos de mujeres víctimas de violencia de género, que éstas sean asistidas por intérpretes del mismo sexo. A pesar de que a veces, según el origen de la víctima, esta condición no sea determinante siempre es importante pensar en el derecho de la víctima.

> Las víctimas de VG deben ser conocedoras de su derecho a solicitar cambiar de intérprete, si no se encuentran cómodas con un hombre. Esta opción deja de tener pertinencia en el momento en que no exista disponibilidad de intérpretes del mismo sexo. Lo fundamental es aclararle a la víctima el carácter imparcial del intérprete y la confidencialidad que está obligada a mantener sobre todo lo que conozca en el desempeño de sus funciones. (Borja Albi y Del Pozo Triviño, 2015:87)

Respaldamos las palabras enunciadas ya que en nuestra opinión este derecho debe ser escrupulosamente respetado. Se debe informar a la paciente, sin importar su origen, condición o religión, antes de solicitar un intérprete y se debe respetar su demanda siempre que la disponibilidad de los efectivos de traductores e intérpretes profesionales en el momento de la solicitud lo permita.

Conclusiones

Aportamos en este capítulo, gracias a la noción de paratraducción, un nuevo acercamiento teórico y práctico para la Traducción e Interpretación en Medio Social (TIMS) y en particular en el espacio de la Salud. Desde los tres niveles de análisis definidos por el grupo de investigación T&P, no sólo tenemos una visión más amplia que lo que supone trabajar con profesionalidad en TIMS, sino que vemos emerger una nueva noción: la parainterpretación, la cual presentamos en nuestra tesis doctoral. Desde esta noción, queremos reivindicar el reconocimiento del derecho de cualquier paciente alófono a ser asistido por un traductor e intérprete, hombre o mujer, sensible y formado a las particularidades de los diversos entornos sanitarios públicos y privados. El ejercicio profesional de la TIMS debe entenderse como el ejercicio de la traducción y de la interpretación desde el discurso y sus márgenes. Gracias al diafragma de la parainterpretación podemos enfocar los elementos más cercanos o más alejados del discurso a interpretar. El enfoque empírico supone un aporte extremadamente práctico ya que demuestra que el espacio, la comunicación no verbal, los colores y hasta los olores participan del acto interpretativo. El enfoque sociológico es esencial a la hora de entender el papel de la TIMS en las interacciones socioculturales con los colectivos alófonos. Finalmente, en el rango más abierto del diafragma, el enfoque discursivo abre las puertas a la reflexión y a la divulgación científica sobre muchos aspectos que implica el ejercicio de la TIMS, como es la cuestión del género en la interpretación, o también nuestra relación con el Otro, la noción de identidad, etc. Quizás porque el traductor e intérprete comparte, junto con la persona a quien interpreta, situaciones más cotidianas e íntimas, la TIMS es la expresión más humana y humanista de la profesión de traductor e intérprete.

Bibliografía

Angelelli, C.V. 2004. *Revisiting the interpreter's role*. Amsterdam, Países -Bajos: John Benjamins B.V.

Borja Albi, A., y Del Pozo Triviño, M. 2015. *La comunicación mediada por intérprete en contextos de violencia de género: Guías de buenas prácticas para trabajar con intérpretes*, Valencia, España: Tirant Humanidades. [Fecha de consulta: 19/10/2018]. Documento disponible en: http://sosvicsweb.webs.uvigo.es/blogs/files/la-comunicacion-mediada-por-interpretes.pdf

Bourgoin Vergondy, E.C. 2016. "Odisea en el espacio público de la traducción e interpretación", en Ferreiro Vázquez, Ó. (ed.) *Traducir e interpretar lo público*, Granada, Comares, 63–77.

Delegación del Gobierno para la violencia de género. 2015. *La mutilación genital femenina en España*. Madrid, Ministerio de sanidad, servicios sociales e igualdad. [Fecha de consulta: 19/10/2018]. Documento disponible en: http://www.violenciagenero.msssi.gob.es/fr/violenciaEnCifras/estudios/investigaciones/2015/estudio/mutilacion.htm

Dirie, W. y Miller, C. 2010. *Flor del desierto*. Embolsillo. Madrid, España. Ediciones Maeva. [Versión Kindle].

Hall, E. T. 1984. *Le langage silencieux*, Paris, France, Seuil.

Jiménez Salcedo, J. 2014. "Politiques linguistiques et interprétation en milieu social au Canada: des droits linguistiques aux droits d'accès aux services publics", *Çédille*, 4, 131–147. [Fecha de consulta: 19/10/2018]. Documento disponible en: http://cedille.webs.ull.es/M4/09jimenez.pdf

Mehrabian, A. 1967. "Decoding of inconsistent communications", *Journal of Personality and Social Psychology*, Vol. 6, pp.109–114.

Office fédéral de la santé publique. 2011. *Des ponts linguistiques pour mieux guérir. L'interprétariat communautaire et la santé publique en Suisse*. Berne, Suisse, OFSP.

Torres Fernández, M.E. 2008. "La mutilación genital femenina: un delito culturalmente condicionado", *Cuadernos electrónicos de filosofía del derecho*, ISSN-e 1138-9877, N.º17. [Fecha de consulta: 19/10/2018]. Documento disponible en: https://dialnet.unirioja.es/servlet/articulo?codigo=3032553

Yuste Frías, J. 2015. "Paratraducción: la traducción de los márgenes, al margen de la traducción", *DELTA: Documentação de Estudos em Lingüística Teórica e Aplicada*, 31(spe), 317–347. [Fecha de consulta: 19/10/2018]. Documento disponible en: https://dx.doi.org/10.1590/0102-445031725373379053]

Yuste Frías, J. 2016. "Por una comunicación transcultural en los servicios públicos de traducción e interpretación", en Ferreiro Vázquez, Ó. (ed.) *Traducir e interpretar lo público*, Granada, Comares, 105–119.

Óscar Ferreiro Vázquez
Universidade de Vigo

Los "truchements de Normandie" e intérpretes en el cine de época: *Rouge Brésil* como paradigma de la interpretación durante las conquistas

Resumen: En las sucesivas conquistas y colonizaciones llevadas a cabo por las potencias europeas durante los siglos XV y XVI, fue necesario el uso de mediadores lingüísticos y culturales para poder solventar la comunicación con los pueblos originarios. Los diferentes agentes de la conquista eran conscientes de que allá donde fuesen tendrían que expresarse en una lengua distinta a la suya. A partir del largometraje *Rouge Brésil* (2012) del director Sylvain Archambault —adaptación de la novela histórica epónima, premio Goncourt 2001, de Jean-Christophe Rufin—, pretendemos explicar algunos de los métodos de reclutamiento de intérpretes utilizados para entenderse con el Otro. Esta pieza cinematográfica se erige como un documento ejemplar, con fines pedagógicos, para la enseñanza de la historia de la interpretación durante la conquista y colonización de América.

Palabras clave: Truchements de Normandie, colonización, intérpretes, Brasil, Tupinambá

1 Introducción

Cuando los directores de cine y guionistas pretenden dar vida, en la gran o pequeña pantalla, a hechos históricos, pueden documentarse en múltiples fuentes. Es a finales del siglo XIX y principios del XX, cuando la producción cinematográfica empezó a ser utilizada para representar diferentes procesos históricos y relaciones entre identidades culturales. El profesor e investigador Robert Rosenstone (2005:100) apunta que "las películas nos hacen testigos de emociones expresadas con todo el cuerpo, nos muestran paisajes, sonidos y conflictos físicos entre individuos o grupos". En este capítulo expondremos la película *Rouge Brésil* (2012) del director Sylvain Archambault, una producción franco-canadiense, portuguesa, brasileña y que es una adaptación de la novela histórica epónima, premio Goncourt 2001, de Jean-Christophe Rufin. Esta obra audiovisual constituye para la historia de la interpretación una fuente inagotable de referencias a los mediadores lingüísticos y un material de valor incalculable para explicar la utilización de mediadores lingüísticos y culturales, denominados *truchement de Normandie* en francés, durante las conquistas y colonizaciones francesas en

Brasil. Con su análisis de la versión francesa deseamos alcanzar dos objetivos: en primer lugar, poner el foco en los intérpretes que a veces son representados como meros testigos invisibles, pero necesarios, de la historia y, en segundo lugar, describir algunas de las formas de reclutar los intérpretes durante las conquistas y colonización por parte de las coronas portuguesa, española y francesa.

2 *Rouge Brésil*, *Red Brazil* y *Vermelho Brasil* (2012) de Sylvain Archambault

2.1 Argumento y fuentes de documentación

Esta superproducción dividida en dos capítulos se emitió en el año 2013 y relata el intento de colonización de Brasil en 1555 por parte de los franceses para así fundar la Francia Antártica (1555–1560). *Rouge Brésil* constituye la cuarta novela de Rufin (2001) y la tercera en el género histórico. Para desarrollar la narración se inspiró principalmente en dos fuentes escritas por dos participantes en la expedición: *Histoire d'un voyage faict en la Terre du Brésil* (1578) del calvinista Jean de Léry (1534–1613) y *Singularidades de la Francia Antártica* (1557), del franciscano André de Thevet (1502–1590). La epopeya de Rufin es narrada a través de la mirada de dos niños huérfanos, Just y Colombe Clamorgan, que Nicolas Durand de Villegagnon embarca para servirle de intérpretes. Los adolescentes habían sido abandonados por una presunta tía a raíz de un asunto de herencia. Con la promesa de encontrar a su padre en Brasil, aceptan el ofrecimiento del capitán y se encontrarán en un mundo desconocido, descubrirán las duras condiciones de la selva, los conflictos religiosos, la vida de los colonos y de los pueblos originarios. Mientras que Just se convertirá en el protegido de Villegagnon, Colombe tendrá que disfrazarse de niño, porque las mujeres no eran bien recibidas y pasará a llamarse, Colin. A los pocos años de la llegada de los franceses, estos se enfrentarían a algunas tribus aliadas con el bandido y traficante de madera portugués, João da Silva. En una de las escaramuzas, Colombe es capturada por los nativos, pero consigue integrarse en un pueblo originario liderado por Pay-Lo, un francés que había llegado en las primeras expediciones francesas. Debido a la falta de recursos humanos para la construcción de un fuerte, Villegagnon tendrá que luchar contra sus ideales humanistas y su fe religiosa cuando recurrirá a João da Silva para que le preste mano de obra esclava. A medida que la historia avanza, las relaciones entre Villegagnon y Da Silva se van deteriorando y el segundo utiliza artimañas y a sus aliados nativos para que ataquen a los colonos. Ante estas dificultades, el comandante francés recurre al rey de Francia y a Calvino (1509–1564) para que le envíen refuerzos y atajar los

embistes de los portugueses. Just consigue fraguar una amistad sólida con Villegagnon, mientras que Colombe consigue adaptarse al estilo de vida de los pueblos originarios, aprendiendo sus costumbres, creencias y lengua. Prueba de esta
integración podemos visualizarlas en el minuto 53' de la segunda parte del largometraje, cuando es representada con vestiduras y pintada al modo Tupinambá
y, al final, en el minuto 90'38, al no arrodillarse para rezar cuando los franceses
son atacados por los portugueses comandados por el gobernador Mem de Sá.

3 El proyecto de la Francia Antártica (1555-1560)

Aunque Pedro Álvares Cabral (1467-1520), en representación de la corona portuguesa, es conocido por la historiografía como el primer "descubridor" europeo
de Brasil en el año 1500, los franceses habían establecido relaciones comerciales
a comienzos del siglo XVI con el continente sudamericano. El navegador nor-
mando Binot Paulmier de Gonneville habría llegado a las costas brasileñas el 6
de enero de 1504. Casi toda la tripulación que componía la nave *Espoir* eran normandos y dos portugueses que conocían la ruta de las Indias. Según el testimonio
escrito de Gonneville, el primero redactado en lengua francesa que trata sobre
las sociedades amerindias de Brasil, la expedición permaneció seis meses en tierra americana y las relaciones que se establecieron con los pueblos originarios
eran buenas (Navet, 1995:42). El jesuita José de Anchieta (1534-1597) denuncia-
ría que después de la llegada de Gonneville a Brasil, las sucesivas expediciones
francesas vendrían para traficar con el *Pau Brasil* una madera descubierta por
los portugueses y muy codiciada en el mercado europeo de la época. Este primer contingente de franceses sería de vital importancia para las negociaciones
comerciales futuras ya que muchos de sus miembros permanecerían entre los
pueblos originarios para aprender sus lenguas y costumbres y así servir de intérpretes. Tanto la expansión ultramarina de Portugal como la del reino de Castilla
en el siglo XV y XVI eran proyectos estimados y cofinanciados por los regentes
de la época. Es a partir del año 1520 que otras potencias europeas, como Francia
e Inglaterra, intentan romper con el monopolio de conquista y comercial de los
imperios de la península ibérica. En esta carrera por el afianzamiento de las rutas
comerciales se sumaría otra variable: el conflicto confesional en la geopolítica de
las potencias occidentales que tendrían repercusiones tanto a nivel continental
como de ultramar. La investigadora Susanne Lachenicht subraya que:

> La géopolitique religieuse des pouvoirs européens et des partis confessionnels en Europe
> et dans l'Atlantique des XVIe et XVIIe siècles se joue à plusieurs niveaux: conflits militai-
> res, diplomatie européenne et indigène, commerce, engagements de corsaires, missions,
> mariages, guerres de plumes (Lachenicht, 2016:28).

Casi cincuenta años después de la llegada de franceses a la costa brasileña, el proyecto de la Francia Antártica vio la luz en 1555 cuando se estableció una colonia en Brasil, más concretamente, en la bahía de Guanabara, actual ciudad de Río de Janeiro. Este fue promovido por el político y líder de los hugonotes protestantes, Gaspar de Chatillon-Coligny (1519–1572) y tutelado por el rey Enrique II de Francia. El caballero de la Orden de Malta, navegador y soldado, Nicolas Durand de Villegagnon (1510–1571), encabezaría esta expedición compuesta de tres naves que zarparían el 14 de agosto desde el puerto de Dieppe y arribarían el 10 de noviembre de 1555. La empresa integrada por 600 personas, entre católicos y protestantes franceses, tenía por misión el adoctrinamiento de los pueblos originarios, buscar refugio a los franceses que eran perseguidos por sus creencias religiosas y garantizar una cuota de mercado en el comercio de especias y de madera (Bicalho, 2008:29). En los primeros años de la colonia no tuvieron muchas dificultades ya que contaban con la ayuda de los indios tamoios. Esta alianza sería provechosa ya que suponía mano de obra extra para la construcción de edificaciones y apoyo militar para defenderse de otras tribus y de los portugueses. La profesora Maria Fernanda Bicalho (2008:33) señala que este proyecto de la Francia Antártica pronto se vio abocado al fracaso y apunta a dos razones principales: la primera es la aparición de enfermedades y a la precariedad de la vida material en la colonia y, la segunda, al sometimiento de Villegagnon a los colonos puesto que les "Proibia o contato com mulheres indígenas, prescrevendo o casamento de acordo com os padrões religiosos, o que correspondia à sua posição de cavaleiro da Ordem de Malta, tendo feito voto de pobreza e castidade". El investigador Stéphane Mouette (1997:17) reflexionaría sobre el establecimiento de la colonia francesa en Brasil para indicar que "les hommes du XVIe siècle, comme les historiens contemporains, vont perdre de vue la portée politique de ce projet et s'attacher surtout à l'antagonisme entre protestants et catholiques".

3.1 El ejercicio de la interpretación en *Rouge Brésil*

A lo largo de la novela *Rouge Brésil* (2001), de Jean-Christophe Rufin, la palabra *truchement* es mencionada 71 veces y la voz intérprete, 11. Con estas cifras de la versión escrita, entendemos que la preponderancia otorgada a la persona que interpreta es de destacar y ocupa un lugar privilegiado en la trama. Del largometraje rescataremos dos episodios que representan la forma de reclutamiento de intérpretes. Aunque la adaptación cinematográfica mencione solo a dos intérpretes, Villegagnon habría embarcado seis niños, de edades comprendidas entre los ocho y los nueve años, para que aprendiesen la lengua y se convirtiesen en mediadores (Léry, 1578:52). No tenemos que esperar mucho para visualizar la primera mención al intérprete, exactamente en el minuto 6'25. La escena se desarrolla en un monasterio de Normandía y los personajes que aparecen son la tía (T) de Just e Colombe, los futuros intérpretes, y un caballero de Malta, Dom Gonzagues (G). A continuación, reproducimos parte de este diálogo y nos fijamos en la parte que más nos interesa, el reclutamiento de niños para servir de intérpretes en la expedición de la Francia Antártica:

— (T.) Je vous ai fait venir parce que j'ai entendu parler de votre expédition au Brésil par la mère supérieure.
— (G.) Oui, avec le soutien absolu du Roi et de l'Église.
— (T.) Et il vous faut des enfants ?
— (G.) Oui, ils sont nos interprètes. Ils apprendront la langue des indigènes. Les jésuites ont prouvé que la jeunesse était le meilleur atout pour acquérir rapidement des connaissances.

[…] Just y Colombe entran en la sala y son presentados ante Dom Gonzagues

— (G.) Ils sont presque adultes, ils sont trop vieux pour apprendre. Ils ont perdu toute souplesse et docilité.

En este diálogo que acabamos de reproducir, nos encontramos con una de las formas de reclutamiento que existía en la época de las conquistas y colonizaciones, el uso de niños. El hecho de enrolar a menores en las expediciones, como bien indica Dom Gonzagues, responde a una razón de docilidad y facilidad en el aprendizaje de las lenguas de los pueblos originarios. La segunda escena que proponemos se desarrolla en el minuto 48'32 de la primera parte, en ella podemos ver a Colombe (C.) y Pay-Lo (P.), jefe de una tribu Tupinambá.

— (C.) Rendez-le moi [Colombe recién se despierta y Pay-Lo tiene en su mano la mitad de un medallón]
— (P.) Où tu as eu ça ?
— (C.) Un vieux marin me l'a donné.
— (P) C'est mon frère. Il est en route pour me voir ?
— (C.) Il est mort. Je suis désolée.
— (P.) Ohh, la dernière fois qu'on s'est vu on s'est disputé. [Uniendo las dos piezas del medallón le dice a Colombe] Maintenant toi et moi nous sommes reliés.
— (C.) Quel est votre nom ?
— (P.) Je m'appelle Pay-Lo. Mon nom de blanc, avant, c'était Laurent de Mehun. Les indiens l'ont traduit aussitôt en Pay-Lo, c'est leur abréviation pour Père

Laurent. [Se dirige a una nativa, llamada Paraguaçu, en su lengua para que traiga algo de comer].

Pay-Lo, un francés aculturado que había llegado a tierras de Brasil años antes de la llegada de la expedición de la Francia Antártica, representa otra de las formas de reclutamiento de intérpretes: la inmersión lingüística y cultural entre los pueblos originarios. Esta práctica, que ya habían iniciado los portugueses y españoles, consistía en diseminar personas por el territorio a conquistar y colonizar con el objetivo de que se formasen en las lenguas y costumbres. Un tiempo después, serían recuperados para que formasen parte del cuerpo de intérpretes.

3.2 Los "truchements de Normandie"

Según la Real Academia española, la entrada "trujamán" proviene del árabe hispánico turǧumán, y este del árabe clásico turǧumān. En su primera definición nos encontramos con que es la "persona que aconseja o media en el modo de ejecutar algo, especialmente compras, ventas o cambios" y, en la segunda acepción, remite a la voz "intérprete". Su equivalente en francés, *truchement*, entra a formar parte del diccionario en el siglo XII como "drugement" para designar a las personas árabes que interpretaban durante la época de las Cruzadas. En el siglo XVI, el filósofo y escritor Michel Eyquem de Montaigne (1533–1592), retoma la palabra *truchement* en el capítulo XXX, "Des Cannibales", de su obra "Essais" (1595) cuando describe una escena que vivió en la ciudad de Rouen. Con la intención de dialogar con un jefe de la etnia Tupí que Villegagnon había embarcado junto con otros dos desde Brasil se queja del servicio prestado por el intérprete que había acudido para mediar entre ellos y denunciaba que:

> j'ai parlé à l'un d'entre eux fort longtemps; mais j'avais un truchement qui me suivait si mal, et que sa bêtise empêchait tellement de comprendre mes idées, que je ne pus guère tirer de plaisir de cette conversation (Montaigne, 2017:314).

En este capítulo, el autor quería averiguar de primera mano los usos y costumbres de los pueblos originarios de Brasil. Montaigne piensa, para a continuación, argumentar sobre la oposición entre naturaleza y cultura. Resulta ser un capítulo importante desde el punto de vista crítico occidental al analizar el "salvajismo" de las gentes de Brasil, puesto que lo presenta como envidiable al contraponerlo a la crueldad de los "civilizados" occidentales. El autor lee tanto las obras de André Thevet como de Jean de Léry para así inaugurar el mito del "Buen salvaje", que será abordado de forma más descriptiva por los filósofos Diderot y Rousseau, entre otros. Montaigne opone lo natural al artificial, "el bárbaro" al civilizado, y describe a los pueblos originarios como personas más próximas a la naturaleza y menos corrompidas que los colonizadores, denunciando así la superioridad moral de Occidente. Como ya habíamos mencionado, los "truchements" procedían, en su gran mayoría, de Normandía: Rouen, Honfleur, Fécamps y Dieppe, de ahí que la mención "de Normandie" o "Normand" acompañe *truchement*. Eric Navet (1995:43) entiende que los intérpretes normandos eran jóvenes que habían sido embarcados y abandonados entre los pueblos originarios para que conviviesen con ellos y que, llegado el día de una nueva expedición, sirviesen de intérpretes. Muchos de ellos incluso tenían hijos con mujeres nativas y se vestían, pintaban y perforaban su cuerpo. Jean de Léry narra uno de estos casos en el capítulo XIX de su crónica al describir que:

> Et de fait j'ay veu en ce pays la un Truchement, natif de Rouen, lequel s'eflant veautré en toutes fortes de paillardifes parmi les femmes et filies fauvages, en avoit li bien receu fon falaire, que fon corps et fon vifage eftans auffi couverts et deffigurez de ces Pians que s'il euft efté vray ladre, les places y eftoyent tellement imprimees, qu'impoffible luy fut de jamais les effacer [...] (1578:116–117).

4 Metodología

Como ya habíamos explicado en una publicación anterior (Ferreiro, 2016:37-48), la presencia de intérpretes en las conquistas y colonizaciones llevadas a cabo por las grandes potencias occidentales en América, responde a un patrón común: el *habitus* (Bourdieu 1980) establecido en la interpretación peninsular de finales del siglo XV (Ferreiro, 2016:37). Desde la óptica de la interpretación existía una práctica equivalente en el comportamiento colonizador, en la manera de actuar y en la consideración de las lenguas nativas por parte de las potencias coloniales portuguesa, castellana y francesa. Pierre Bourdieu (1930–2002) sostenía que el *habitus* se generaba en torno a la construcción social y su reproducción. Conforma un sistema de disposiciones duraderas y transportables mediante las cuales los pensamientos y los actos están sujetos a unas condiciones de vida y a una trayectoria social dadas. El autor añade que el *habitus*, en tanto que producto de la historia, produce:

> des pratiques, individuelles et collectives, donc de l'histoire, conformément aux schèmes engendrés par l'histoire; il assure la présence active des expériences passées qui, déposées en chaque organisme sous la forme de schèmes de perception, de pensée et d'action, rendent, plus sûrement que toutes les règles formelles et toutes les normes explicites, à garantir la conformité des pratiques et leur constance à travers le temps. Passé qui survit dans l'actuel et qui tend à se perpétuer dans l'avenir s'actualisant dans des pratiques structurées selon ses principes [...] (Bourdieu, 1980:91).

Seguimos esta definición de Bourdieu para poder explicar el reclutamiento de intérpretes, en las dos modalidades nombradas en el apartado "El ejercicio de la interpretación en *Rouge Brésil*", por parte de las principales coronas occidentales en los siglos XV y XVI. A mediados del siglo XV, casi ciento veinte años antes del proyecto de la Francia Antártica (1555–1560), la corona portuguesa inició la consolidación de su ruta comercial hacia Oriente, rodeando el continente africano. Lo destacable respecto al *habitus* en interpretación, generado por la expansión económica y territorial de Portugal, es que consta de tres fases: la primera, a partir de 1415, se orientó una práctica de comunicación cuando hacían negocio con los nativos locales y se tenían que ayudar de gestos y de mímica en una acción denominada "comercio silencioso". En segundo lugar, y para asegurar el éxito de las actividades económicas, la política expansionista de los reinados de D. Duarte (1433–1438) y Afonso V (1438–1481) priorizaba que se capturasen africanos, que luego eran trasladados a Portugal, donde se les enseñaba la lengua portuguesa y, una vez capacitados, volvían a su tierra natal, donde servían de intérpretes. Y, por último, la mediación lingüística también era realizada por los bandidos y condenados que se diseminaban por el territorio a conquistar y colonizar (Ferreiro, 2016:42). Según Edmundo Wernicke (1933:26), cuando Colón llegó a los territorios de los pueblos originarios, decidió raptar a siete nativos y llevarlos a su carabela para enseñarles el castellano. Dos de ellos, horas más tarde, escaparon a nado. El resto continuó con el viaje y sirvieron de intérpretes, aunque de manera bastante deficiente, durante todo el primer viaje colombino. En sus posteriores descubrimientos, el almirante tomó por costumbre la práctica que ya había hecho anteriormente: la de ir capturando naturales y llevarlos consigo. Para el caso del portugués, y referido a la conquista de Brasil, contamos con una carta que el escribano oficial de Pedro Álvares de Cabral, Perô Vaz de Caminha (1963), le envía al rey D. Manuel I, datada a uno de mayo de 1500, describiendo cómo fueron los primeros momentos de la llegada de los portugueses a Brasil y la manera de conseguir intérpretes: dejaban en los lugares por donde pasaban a personas para que aprendiesen la lengua local y también que supiesen "de seu viver e maneiras". En esta expedición abandonaron un "mancebo degredado, criado de dom João Telo, de nome Afonso Ribeiro" entre los nativos. Y en otro lugar "[…] o Capitão mandou a dois degredados, e a Diodo Dias que fossem lá à aldeia e que de modo algum viessem a dormir às naus, ainda que os mandassem embora […]". El *modus operandi* llevado a cabo para el reclutamiento de intérpretes fue iniciado por los portugueses en su expansión ultramarina, a partir de la conquista de Ceuta en 1415. Esta práctica sería reutilizada por los españoles en la conquista y colonización de sus territorios y, los franceses, seguirían el camino marcado por los dos primeros para entenderse con los pueblos originarios de la bahía de Guanabara.

5 Conclusiones

La llegada al continente americano de las principales potencias occidentales evidenció, para los pueblos originarios, un proceso de aculturación forzado que se puede personificar en la figura del *Truchement* o intérprete. Como resultado de este proceso se produjo una especie de mestizaje cultural que se fue transformando a lo largo y ancho de la conquista. La batuta que guió a todos los agentes mediadores entre lenguas y culturas fue un sistema ideológico que fundamentó su argumentación para la invasión de un territorio en nombre del conocimiento humano y del proselitismo de una fe. La estructura ideológica, heredada de los portugueses y españoles, produjo una serie de prácticas en comunicación lingüística y sociocultural que rápidamente se convirtieron en norma y, consecuentemente, en disposiciones duraderas. Las condiciones de existencia producidas por este sistema ideológico estructuraron las condiciones de comunicación entre las dos comunidades humanas que se encontraron en el continente americano. Gracias a la novela histórica de Rufin y, posteriormente, a la adaptación cinematográfica de Sylvain Archambault, pudimos rescatar escenas donde se mencionaba dos formas diferentes de reclutamiento de intérpretes: la primera consistiría un embarcar niños huérfanos para que aprendiesen la lengua *in situ* y, la segunda, diseminar personas a lo largo y ancho del territorio a conquistar y colonizar para luego recuperarlos. Estas dos maneras de aprender la lengua y cultura del Otro no eran desconocidas para los franceses, puesto que ya eran utilizados por portugueses y españoles durante su expansión ultramarina.

Bibliografía

Bicalho, M. F. 2008. "A França Antártica, o corso, a conquista e a 'peçonha luterana'", São Paulo: *Revista História*, 29–50. [Fecha de consulta: 09/07/18. Documento disponible en https://core.ac.uk/display/115054385].

Bourdieu, P. 1980. *Le sens pratique*, París: Minuit.

Ferreiro Vázquez, Ó. (2016) "De la comunicación no verbal al acto de mediación: el habitus en interpretación durante la conquista y colonización de América", Polonia: *Estudios Hispánicos.*, vol. XXIV, 37–48.

Lachenicht, s. 2016. "Histoires naturelles, récits de voyage et géopolitique religieuse dans l'Atlantique français XVIe et XVIIe siècle", *Revue d'histoire de l'Amérique française*, n. 69(4), 27–45. [Fecha de consulta: 05/07/18.

Documento disponible en http://www.ihaf.qc.ca/ihaf/wp content/uploads/ Lachenicht.pdf].

Léry, J. De. 1578. *Histoire d'un voyage faict en la Terre du Brésil (1578)*, París: Editeur Alphonse Lemerre. [Fecha de consulta: 15/07/18. Documento disponible en https://archive.org/details/histoiredunvoya01gaffgoog].

Montaigne, M. de. 2017. *Essais, Livre I*, Francia: Editions Glyphe. [Fecha de consulta: 10/07/18. Documento disponible en https://www.argotheme.com/ montaigne_essais_traduction_1.pdf].

Mouette, s. 1997. "Les balbutiements de la colonisation française au Brésil (1524–1531)", *Cahiers du Brésil contemporains*, n. 32, 7–18. [Fecha de consulta: 21/08/18. Documento disponible en http://www.revues.msh-paris.fr/ vernumpub/02-Mouette.pdf].

Navet, E. 1995. "Le rôle des truchements dans les relations franco-amérindiennes sur la côte du Brésil au XVIe siècle: Quelques réflexions sur les notions de découverte, d'échanges et de communication", *Amerindia*, n. 19–20, 39–49. [Fecha de consulta: 05/08/18. Documento disponible en https://www.vjf.cnrs. fr/sedyl/amerindia/articles/pdf/A_19-20_04.pdf].

Rosenstone, R. 2005. "La historia en imágenes/la historia en palabras", México: *Istor* n. 20, 91–108. [Fecha de consulta: 22/08/18. Documento disponible en http://www.istor.cide.edu/archivos/num_20/dossier5.pdf].

Rufin, J.C. 2001. *Rouge Brésil*, París: Gallimard.

Thévet, A. 1557. *Les singularitez de la France Antarctique*, París: Maisonneuve & C. [Fecha de consulta: 21/07/18. Documento disponible en https://archive. org/details/singularitezdela00thevrich].

Traube, N. (Productor); Archambault, S. (director). 2012. *Rouge Brésil* [cinta cinematográfica], Francia, Portugal, Brasil, Canadá: Conspiração Films, Pampa Production, Stopline Films, IdI Films Inc., Globo Filmes, StopFilmes.

Vaz Caminha, P. 1963. *Carta a El Rei D. Manuel*, São Paulo: Biblioteca Virtual do Estudante Brasileiro. [Fecha de consulta: 18/07/18. Documento disponible en http://www3.universia.com.br/conteudo/literatura/A_carta_de_pero_vaz_ de_caminha.pdf].

Wernicke, E. 1933. "Los intérpretes indígenas e hispanos durante los descubrimientos", Buenos Aires: La Prensa, 1933, p. 26.

Ana María Fernández Soneira
Universidade de Vigo

La "familiar" visibilización de los intérpretes de lengua de signos en el cine. *La familia Bélier* (2014) como estudio de caso[1]

Resumen: En la mayoría de las comunidades signantes el papel de intérpretes fue asumido durante años por miembros bilingües de dichas comunidades, en una gran proporción, familiares cercanos de las personas sordas. A pesar de que hoy en día la figura del intérprete tiene un perfil profesional, el cine apenas ha reflejado esa profesionalización de los intérpretes de lenguas signadas.

En este trabajo pretendemos reflejar esa realidad, a través del análisis de la película francesa *La familia Bélier* (Eric Lartigau, 2014) y realizar un breve recorrido por otras muestras cinematográficas que han reflejado la labor interpretativa antes y después de la profesionalización de esta figura y reflexionar sobre la presencia de las lenguas de signos en el audiovisual actual.

Por último, nos gustaría responder, con nuestro análisis a las siguientes preguntas: ¿Qué visión cinematográfica tenemos de los intérpretes de lenguas de signos?, ¿esa visión ayuda a percibir las barreras comunicativas de las personas sordas?

Palabras clave: Lengua de signos, intérprete de lenguas signadas, profesionalización, visibilidad, ámbitos de interpretación

¿Qué es un intérprete de lengua de signos?

Un intérprete de lengua de signos es un profesional que favorece la comunicación entre personas que, generalmente, hablan lenguas de modalidades diferentes: orales y signadas, si bien existen también intérpretes entre lenguas signadas diferentes (oyentes y sordos) o intérpretes al sistema de signos internacional.

La consideración del intérprete de lengua de signos como una figura profesional es reciente. La asociación profesional americana de intérpretes de lengua de signos

---

1   Este artículo se enmarca dentro de las investigaciones llevadas a cabo en el proyecto de investigación CORALSE. CONOCIMIENTO Y RECONOCIMIENTO DE LA LENGUA DE SIGNOS ESPAÑOLA A TRAVÉS DE UN CORPUS INTERUNIVERSITARIO ANOTADO, subvencionado por el Ministerio de Ciencia, Innovación y Universidades, Referencia: FFI2017-86309-P (Programa estatal de fomento de la investigación científica y técnica de excelencia).

se registró en el año 1964. En Europa, el primer país en ofrecer formación fue Suecia a finales de la década de 1960 (Leeson 2009: 276). En España, fue en el año 1987 cuando la CNSE (Confederación Estatal de Personas Sordas) creó el primer 'Servicio Oficial de Intérpretes Mímicos'; y la formación reglada de los intérpretes de lengua de signos no se hizo efectiva hasta el año 1995, año en el que se aprobó el título de Técnico superior de Interpretación de la Lengua de signos española y no fue hasta el año 1997 cuando se estableció en currículo del ciclo formativo correspondiente a dicho título y se comenzó a formar a intérpretes con título oficial. Anteriormente, la formación se realizaba en las asociaciones de sordos que ofrecían cursos de preparación y eran las federaciones de sordos las que tradicionalmente realizaban los exámenes para capacitar a los intérpretes en el ejercicio de su profesión[2].

En los últimos años el Consejo de Europa instó a sus estados miembros a equiparar la formación de los intérpretes de lengua de signos a los de las lenguas orales y, en el caso de la LSE, esa exigencia se ha materializado en la desaparición del Ciclo de Formación Profesional y la implantación de estudios universitarios, si bien solo se imparten a día de hoy en una universidad española[3].

Este contexto ha influido en la consideración social de los intérpretes de lengua de signos, no solo en España sino también en el resto de comunidades de sordos. En todas ellas el proceso de interpretación ha seguido una ruta similar:

Initially, bilingual friends and family interpret, then people within wider community networks including qualified professionals (religious workers, teachers, welfare professionals). Subsequently, training is formally established and the role of a professional interpreter is separated from other roles (Stone 2012: 982)

El reconocimiento de estos profesionales tampoco es, siempre, el deseado por parte de la comunidad sorda. El hecho de que durante muchos años esa labor de interpretación fuese ejercida por familiares y amigos ha condicionado, en ocasiones, la implicación que las personas sordas exigían de los intérpretes, a quienes solicitan una implicación personal con la comunidad signante: "For these consumers, the key factors for working with interpreters include understanding the consumer and the context, professionalism, and attitude" (Metzger and Roy 2015: 747). Estos factores han sido estudiados por diferentes autores que han analizado las actitudes de las personas sordas hacia los intérpretes (Forestal 2005; Napier and Rohan 2007; Gras, 2008; Stone 2010).

---

2 Para conocer más en profundidad la Historia de la formación de los intérpretes en España, consultar Báez Montero y Fernández Soneira (2015).
3 Grado en Lengua de Signos española y Comunidad Sorda: https://www.urjc.es/estudios/grado/2000-lengua-de-signos-espanola-y-comunidad-sorda

Además hay que tener en cuenta la vinculación que siempre ha hecho la comunidad sorda entre lengua e identidad, tal y como señala Gras (2008: 167): "Community leaders [...] supported a claim for cultural identity inspired by nationalistic priciples such as language loyalty, language standardization, protection and 'purification'". La consideración de las comunidades de sordos como minorías lingüísticas ha dado a las lenguas de signos una mayor visibilidad que ha repercutido también en el reconocimiento y en la presencia de intérpretes de lengua de signos y, por lo tanto, también en su consideración. Cada vez son más numerosos y distintos los ámbitos en los que se requiere la labor de un intérprete, puesto que la presencia de las lenguas de signos en diferentes ámbitos de actuación ha aumentado exponencialmente.

Otra de las cuestiones que ha surgido en los últimos años con la profesionalización de los intérpretes es la distancia lingüística entre estos y las personas sordas. Volviendo a la idea expuesta en líneas anteriores, los intérpretes pre-formación poseían probablemente menos conocimientos lingüísticos pero poseían herramientas, lingüísticas y culturales, más próximas a las del usuario sordo, mientras que, como afirma Gras (2008: 180): "The new professional is based on a model of language competence that very often fails to satisfy the communicative needs of a vast majority of Deaf adults, because new interpreters have learned the language in a formal domain". Los intentos de estandarización de las lenguas de signos también han implicado una pérdida de la variación lingüística de las comunidades lingüísticas, el alejamiento entre las variedades empleadas por los jóvenes y por los adultos, la búsqueda (por parte de ciertas élites) de una lengua de signos pura... y esto conlleva problemas de comunicación para los intérpretes, los cuales tienen que tener herramientas y estrategias para todos estos contextos de actuación.

Además, los intérpretes han debido enfrentarse a la consideración de su trabajo, no solo a nivel lingüístico sino a nivel actitudinal, tal y como recogen Janzen and Shaffer (2013: 63):

> Interpreters, and perhaps particularly, signed language interpreters, have traditionally conceptualized their work in terms of the transfer of meaning from source speaker to target audience, and with the goal of message or meaning equivalence across the source and target languages. Inherent in this view has been the desire to, or even expectation that they may achieve a neutral stance in the work; in other words, they see their own role in the interpreting process as objective

En los primeros años de profesión a los intérpretes se les consideraba como meros puentes de comunicación, como sujetos invisibles como "máquinas" (se empleaba la metáfora del teléfono) cuya función era transmitir una información sin ejercer ninguna influencia personal. Esta visión se apoyaba en el deseo de facilitar la autonomía de las personas sordas y que no se viese al intérprete como una figura de ayuda o asistencia de la persona con discapacidad. A día de hoy este modelo conductual (centrado el procesamiento de la información) choca con otros modelos como el cognitivo o el sociolingüístico. En el primero (Wilcox and Shaffer 2005: 25) se aboga por analizar la interpretación como un acto cognitivo de comunicación; el modelo sociolingüístico defiende que el proceso de interpretación está vinculado al análisis del discurso, el bilingüismo, el multilingüismo, el contacto de lenguas, la variación lingüística, las políticas lingüísticas y las actitudes lingüísticas (Metzger and Roy 2015: 748).

El discurso entre interlocutores es una actividad comunicativa cuyo éxito depende no solo del contenido del mensaje sino también de la relevancia de los contenidos, de los conocimientos previos de los interlocutores, del contexto comunicativo... La propia naturaleza del acto comunicativo implica que los interlocutores no mantienen una postura neutra en el discurso y en esa misma situación están los intérpretes quienes actúan como un hablante/signante que construye su propia versión del mensaje y la hace accesible al receptor para que este lo descodifique. Y en el caso de las lenguas signadas hay que tener en cuenta que esa tarea es visible, tal y como resalta Metzger (1999: 21–24): "The paradox of interpreting is that, while the goal of interpreters is to provide access to an interaction of which they are not a part, they are, in fact, physically and interactionally present".

Se adopta por tanto una concepción dinámica del proceso de interpretación, especialmente útil para los intérpretes de lenguas signadas "because they often come into close contact with their clients (such as in one-to-one services), unlike most of their professional colleagues interpreting oral languages, more used for/ in conference interpretation" (Gras 2008: 175).

Los primeros estudios sobre la interpretación de las lenguas de signos surgieron en la década de 1970. Desde entonces las investigaciones llevadas a cabo en diferentes campos del saber (ámbitos de interpretación, cuestiones psicolingüísticas y sociolingüísticas, videointerpretación,...) han contribuido a entender mejor el proceso interpretativo como una actividad interdisciplinar (Metzger 2006).

¿Cómo trabaja un intérprete de lengua de signos?

A pesar de tratarse de una profesión joven, podemos establecer un abanico de modelos: conductual, sociolingüístico, interactivo, mediador comunicativo, especialista bilingüe-bicultural, etc. (Wilcox and Shaffer 2005: 28). El primer modelo de interpretación fue, sin embargo, el llamado "helper model", que fue la norma durante mucho tiempo, hasta que comenzó a reconocerse la figura del intérprete profesional y permitió a las personas sordas acceder al mundo oyente: "Often the interpreters were family members, neighbors, or friends who obliged a deaf relative or friend by 'pitching in' during a difficult communication situation" (Frishberg 1986, tomado de Wilcox and Shaffer 2005: 29). Ese modelo se corresponde con los dos primeros pasos de la ruta hacia la profesionalización establecida por Stone (2012).

El modelo conductual, como ya hemos citado, veía al intérprete como un mero transmisor de información y focalizaba más la atención en el comportamiento del intérprete que en el acto comunicativo. Varios autores consideran que este modelo sigue vigente y que otros modelos corren el riesgo de tener una naturaleza conductual; en palabras de Wilcox and Shaffer (2005: 33):

> What we see over the last forty years is a slow but steady shift in conceptual paradigm —a shift in role from helper to passive, impartial conduit, and from conduit to active participant with some responsibility for the message […] While we acknowledge that the field has, indeed, moved away from conduit models of the interpreter role, our understanding of what is involved in interpreting messages remains largely unchanged. We continue to conceive of the interpreting process by means of a conduit model of communication.

Tal y como hemos repetido varias veces en este trabajo, necesitamos entender la comunicación, y la interpretación, como un proceso activo de construcción de significado basado en la interacción de los elementos comunicativos. Un modelo más cognitivo de la interpretación implica además el reconocimiento, por parte de los intérpretes, de que la neutralidad (social) es imposible y de que su trabajo está involucrado en una construcción social del significado a partir de las intervenciones de los interlocutores comunicativos. Las funciones del intérprete en este modelo han sido recogidas por Wilcox and Shaffer (2005: 48):

> Interpreters can never not be a part of the communicative setting. A more reasonable goal of achieving neutrality is for interpreters to recognize their role in making meaning. Once interpreters accept that they are makers of their own meaning, and nor conveyers of discovered meaning, the goal of achieving neutrality becomes one of constantly monitoring their own understanding and taking ownership of it.

Como en el caso de cualquier otro profesional, los usuarios de este servicio esperan que el servicio proporcionado sea de calidad. El intérprete de lengua de signos está sujeto al cumplimiento de un código deontológico para todos los profesionales que ejerzan esta profesión. Los principios básicos que dicho código recoge se refieren a la neutralidad, confidencialidad y fidelidad profesional que rigen la actuación de los intérpretes.

Entre sus habilidades destacan la fluidez en, al menos, dos lenguas y el conocimiento bicultural para poder desarrollar una labor interlingüística e intercultural satisfactoria; además debe poseer unas buenas habilidades interpersonales. El conocimiento de las lenguas origen y meta es imprescindible, pero no hay que olvidar que la lengua va ligada a una cultura. La cultura sorda es una cultura visual y la forma de ver el mundo de las personas sordas se plasma en su lengua.

> Interpreters, within seconds, receive, interpret, and reconstruct utterances between two languages, using their linguistic, social and cultural, or sociolinguistic knowledge to create a successful, communicative exchange (Metzger and Roy 2015: 735)

Los intérpretes de lengua de signos todavía se enfrentan a situaciones molestas como tener que explicar su trabajo, el lugar dónde tienen que colocarse en una reunión, conferencia…, el hecho de hablar en primera persona (por boca de la persona sorda), etc.

Para una interpretación exitosa, Demers (2005: 212) establece ocho pasos que los intérpretes deben cumplir: "1. The initial contact; 2. Gathering preliminary information; 3. Accepting or declining; 4. Off-site preparation; 5. Arriving at the assignment; 6. On-site preparation; 7. Facilitating the interaction; 8. Reflecting and debriefing".

Estos pasos se centran en ser conscientes de su disponibilidad a la hora de realizar un servicio, la evaluación ética de su habilidad, su nivel de conocimiento del tema y su fluidez lingüística, teniendo en cuenta también el ámbito de interpretación y las características del contexto en el que va a tener lugar; estas primeras fases conllevan la aceptación o no del encargo de interpretación; una vez aceptado el trabajo, el intérprete debe saber el propósito de la interacción y cuál va a ser su dinámica y, en la medida de lo posible, preparar con antelación la intervención. En cuanto al desarrollo del trabajo, el intérprete debe llegar con tiempo al servicio para poder evaluar la localización y decidir la mejor posición para interpretar y una vez que el servicio comience debe ser consciente de que además de trabajar la parte lingüística debe, como en todo buen acto comunicativo, facilitar la interacción entre los interlocutores y tener en cuenta los aspectos pragmáticos de la comunicación (lo dicho, lo implicado…). Una vez acabado el servicio, el último paso debería ser la reflexión sobre el acto interpretativo.

Bao Fente y González Montesino (2013: 311), por su parte, establecen una serie de parámetros a la hora de evaluar la calidad en la interpretación entre lenguas orales y signadas, que atienden tanto a cuestiones lingüísticas – articulación, gramaticalidad, transmisión del mensaje, expresión facial y corporal, cohesión, terminología, estilo – como no lingüísticas – mirada, distancia comunicativa, flexibilidad, control de la situación, autoevaluación, empatía, estabilidad emocional – y la actitud profesional ligada al código deontológico, citado anteriormente. Como en todo acto comunicativo el éxito reside en la calidad de estos parámetros y en cuestiones de gestión, planificación lingüística, etc.

La labor del intérprete que trabaja con una o varias lenguas de signos y la calidad de su trabajo depende directamente de la influencia de todos los agentes que interactúan en ella: emisores y receptores (sordos u oyentes), profesionales de la interpretación (intérpretes y formadores) y la propia Administración (Bao Fente y González Montesino, 2013: 312).

¿Cómo ve la sociedad al intérprete de lengua de signos?

Es innegable que tanto las lenguas de signos como las comunidades que las emplean tienen a día de hoy una mayor presencia en la sociedad y una mayor visibilidad. Tal y como ya apuntamos, las lenguas de signos han dejado de ser lenguas de uso doméstico y han empezado a usarse en más ámbitos de actuación públicos. Por ello, como bien señala Gras (2008: 185):

The guarantee of access to all social domains by the Deaf community needs a broader and more holistic conception of this process: the measures through which interpreters are present in the Administration, education or television need to be a consequence of the recognition of signed language as a proper tool for use in all areas of life and should not be limited to mere recognition.

Los intérpretes trabajan bien por cuenta propia, como intérpretes *freelance*, principalmente en el sector privado, en el ámbito educativo o en otros ámbitos (médico, jurídico, religioso, artístico…) o bien como intérpretes en agencias o compañías.

Uno de los ámbitos en los que los intérpretes tienen mayor presencia en los últimos años es en el ámbito escolar. En infantil, primaria, secundaria y universidad trabajan intérpretes, en la mayoría de los casos acompañando a un alumno sordo en sus horas lectivas. Su presencia en las aulas ha hecho más visible la lengua de signos y en algunos casos ha servido como incentivo para que los alumnos oyentes, los profesores e incluso los padres aprendiesen lengua de signos.

Aún así, el (re)conocimiento de la profesión no está tan claro por parte de las administraciones que no siempre entienden la necesidad de contar con más de un intérprete en las aulas (para respetar los turnos de interpretación necesarios para asegurar la calidad del trabajo).

En España, y en otros países, gran parte de la contratación de intérpretes corre a cargo de las instituciones vinculadas a las personas sordas (asociaciones, federaciones…). Las agencias que contratan intérpretes son aquellas que proveen servicios para la comunidad sorda. También hay compañías que contratan a sus propios intérpretes (contractualmente o como *freelance*).

En el ámbito de la comunicación de masas también se nota esa presencia, sobre todo en la televisión. En muchos países, por ejemplo, los programas de noticias cuentan con un intérprete de lengua de signos; en algunos incluso, en la televisión pública, muchos de los programas de producción propia cuentan con intérpretes de lengua de signos. El cine también se ha hecho eco de esta realidad y en los últimos años no es extraño ver personajes sordos en películas, tal y como abordaremos en el siguiente apartado.

¿Cómo ha reflejado el cine la profesión del intérprete de lengua de signos?

La poca visibilización que tanto las personas sordas como las lenguas de signos han tenido hasta hace unos años conlleva el desconocimiento social de su historia y el desconocimiento de sus sistemas de comunicación, de las comunidades sordas y de los agentes y las profesiones vinculadas a sus ámbitos de actuación.

El primer trabajo lingüístico que analizaba una lengua de signos como lengua natural se publicó en el año 1960. El lingüista estadounidense William Stokoe (1960) defendía en esa investigación que esta lengua no era una versión signada del inglés, sino una lengua con una estructura lingüística propia. A partir de ese trabajo comenzó el estudio lingüístico moderno de las lenguas de signos que vino acompañado del trabajo (ya iniciado en décadas anteriores) de las comunidades sordas, cuyo objetivo principal ha sido el reconocimiento oficial de las lenguas de signos.

Ese reconocimiento ha ido en aumento en las últimas décadas (a pesar de que las LS no están reconocidas en todos los países del mundo) y también ha contribuido a una mayor visibilización de las lenguas y de las comunidades que las hablan en diferentes ámbitos. Aún así, aunque – como ya hemos afirmado – la presencia de las personas sordas y de la lengua de signos es mayor en el sector audiovisual, el interés tan reciente por esta realidad determina la aún escasa presencia de la lengua de signos y de los actores sordos en el sector audiovisual y también de otras figuras presentes en esta realidad, como es el caso de los intérpretes y guía-intérpretes.

En las siguientes líneas haremos un breve recorrido por algunas muestras cinematográficas en las que aparece la figura del intérprete siguiendo la ruta establecida por Stone (2012), de los familiares y los profesionales relacionados con la comunidad sorda a los intérpretes. No nos detendremos, por no ser el objetivo de este trabajo, en aquellas muestras cuyo argumento se centra en el colectivo sordo[4].

Los modelos más representados en el cine son, por una parte, aquel que reflejan el "helper model", es decir, familiares, vecinos, amigos que ayudaban a la persona sorda en un contexto comunicativo y, por otra parte, personas implicadas con la comunidad sorda o con los servicios comunitarios que poseían conocimientos de lengua de signos.

Como ejemplo del primer paso de esta ruta podríamos citar *Pozos de ambición* (*There Will Be Blood*, Paul Thomas Anderson, 2007), una cinta ambientada en Estados Unidos en la primera mitad del siglo XX. El protagonista tiene un hijo adoptivo sordo con el que se comunica a través de la lectura labial. Cuando el hijo crece se enamora de una mujer oyente con la que signa y que desempeña labores de interpretación en su relación con el mundo oyente, incluso el día de la boda, cuando le va signando el parlamento del cura. Está claro que en ese momento no podemos hablar de figuras profesionales. Lo que observamos es esa situación habitual de familiares-mediadores comunicativos.

También, en clave de comedia, podemos citar las escenas de *Cuatro bodas y un funeral* (*Four Weddings and a Funeral*, Mike Newell, 1994) en las que el protagonista signa con su hermano, sobre todo la escena en la que, en su boda fallida, interpreta las dudas que su hermano tiene sobre la decisión que está a punto de tomar. Este personaje sordo refleja también otras realidades como la falta de inclusión, por cuestiones comunicativas, en un grupo de amigos en el que nadie signa, a excepción del familiar.

En el caso de los profesionales/intérpretes de tipo comunitario (curas, asistentes sociales, profesionales del bienestar, profesores, etc.) encontramos también varios ejemplos. El más antiguo pertenece a la cinta *Johnny Belinda* (Jean Negulesco, 1948), que cuenta la historia de Belinda, una joven sorda que vive en una granja con sus padres, con los que tiene una comunicación básica. La consideración que la comunidad tiene de Belinda se refleja en una conversación

---

4   Pueden consultarse listados de películas, cortos y documentales con protagonistas sordos en diferentes plataformas: 1. DeafMovies.org (ofrece una lista de películas en ASL y otras lenguas de signos); 2. Documentary Films on Deaf Culture (https://libguides.spokanefalls.edu/ASL); 3. TerpTopics: MOVIES! (ofrece un listado de películas y productos televisivos e información básica sobre la ALS y la interpretación). En la página del CNLSE (Centro de normalización de la lengua de signos española), el apartado dedicado a Arte y cultura (http://www.cnlse.es/es/resources/6) contiene un subapartado de Cine en lengua de signos española y otro que analiza la presencia, a nivel mundial, de las lenguas de signos en el cine y la televisión.

entre los padres llena de recriminaciones por la carga de trabajo que soportan; en un determinado momento la madre pregunta "—¿Quién me ayuda a mí?", y el padre responde "—Tienes a la tonta". El nuevo médico de la ciudad muestra interés en ayudarla a salir de su silenciosa vida enseñándole lengua de signos. En una escena de la película, en el velatorio del padre de Belinda, ella comienza a rezar en lengua de signos y el doctor interpreta su oración en voz alta para el resto de asistentes.

Otro profesional empleado en historias con personajes sordos es el del profesor. Ejemplos claros de esta figura son los docentes de *Hijos de un dios menor* (*Children of a Lesser God*, 1986) y de *Profesor Holland* (*Mr. Holland's Opus*, 1995). La primera se ambienta en un colegio para sordos, al que llega un profesor con métodos poco ortodoxos para enfrentar los problemas habituales de cualquier centro docente, agravados, en este caso, por la dificultad que implica el trato con jóvenes acostumbrados al aislamiento. La cinta presenta una historia de amor paralela entre el profesor y una alumna sorda. La narración de esta historia se realiza a través de una figura de "intérprete hacia el espectador", pues en todas las escenas de los protagonistas, el oyente verbaliza las conversaciones que mantienen. Ese proceso comunicativo se hace hacia el espectador y no hacia los interlocutores que se comunican a través de la lengua de signos. En otros momentos sí vemos la figura del intérprete amigo, como en una escena en la que juegan a las cartas en la cual la protagonista signa las normas y uno de sus amigos las interpreta para el resto de jugadores.

En *Profesor Holland* nos encontramos con un contexto bastante explotado por el cine: la relación entre la música y la sordera. Un profesor de música tiene un hijo sordo y eso trastorna su vida. La difícil aceptación de este hecho hace que, en un principio, sea reticente a aprender la lengua de signos y aquí aparece la figura de la mujer/madre que se convierte en intérprete en la relación paterno-filial. Una de las escenas más representativas y conmovedoras tiene lugar tras el asesinato de John Lennon. El padre, desolado, no quiere explicarle al hijo por qué se siente mal, pues supone que no le va a entender. El diálogo que mantienen, interpretado por la madre, es una auténtica lección para el profesor:

"**Padre:** — Yo nunca dije que fueras estúpido.

Hijo: — Pero debes pensarlo si crees que no sé quiénes son los Beatles o cualquier otro músico. ¿Crees que no me importa lo que haces o lo que te gusta? ¡Tú eres mi padre! Me podrías ayudar a conocer mejor la música, pero te preocupas más por otros que por mí".

Tras esta escena el profesor reacciona y decide hacer un concierto para personas sordas, auxiliándose con luces que se encienden al compás de la música. En la parte final del concierto, le dedica a su hijo la canción "Beautiful boy" de John Lennon, la cual canta y simultáneamente interpreta empleando la lengua de signos.

La figura del mediador comunicativo como intérprete la hemos visto recientemente en el cortometraje *La niña silenciosa* (The Silent Child, Chris Overton, 2017) que cuenta la historia de una niña sorda profunda que vive aislada comunicativamente en una familia oyente hasta que una trabajadora social le enseña a comunicarse a través de la lengua de signos (BSL).

También la sordoceguera se ha visto reflejada en el cine. Una de las muestras más reconocidas es la película *El milagro de Ana Sullivan* (*The miracle worker*, Arthur Penn, 1962), que cuenta la historia de Hellen Keller, una niña sordociega aislada comunicativamente, mimada y sobreprotegida, con serios problemas de comportamiento. Es una película que refleja a la perfección la importancia del lenguaje como puerta de acceso al conocimiento y a la cultura. Su vida cambia con la llegada de Ann Sullivan, maestra que le enseña la lengua de signos en palma y le abre las puertas del mundo al hacerle entender que "todo tiene un nombre". Además actúa también como reeducadora de toda la familia y como puente de comunicación entre ellos.

En una línea similar se desarrolla la película *La historia de Marie Heurtin* (*Marie Heurtin*, Jean-Pierre Améris, 2014) en la que encontramos otra de las figuras de servicios comunitarios, en este caso una religiosa. La historia se ambienta a principios del siglo XX en un colegio de monjas donde educan a niñas sordas. La historia principal se centra en la relación entre la joven sordociega Marie Heurtin y una monja del convento, la hermana Marguerite, que se hace cargo de su educación cuando los padres la dejan allí. También, en este caso, la religiosa le descubre a la protagonista la lengua de signos en palma y le abre las puertas del conocimiento. En este filme observamos algunos ejemplos de la labor interpretativa: el primer ejemplo, repetido en varias escenas, se centra en la hora de la comida en el comedor de la escuela; mientras las internas y las monjas comen, una de estas lee pasajes religiosos en voz alta y otra monja interpreta para las alumnas sordas. El segundo ejemplo lo protagonizan la hermana Marguerite y Marie cuando los padres de esta última van a verla después de varios meses interna. La chica comienza a signar delante de sus padres y la monja va interpretando todo lo que dice.

Por último, podemos citar algunos ejemplos de representación del intérprete profesional en el cine. En la película *Kiki, el amor se hace* (Paco León, 2016) una de las historias se centra en la relación que establecen un chico sordo y la intérprete con la que contacta a través de un servicio de video-interpretación para sus intercambios comunicativos. Es una de las pocas películas en las que hemos encontrado reflejado el perfil profesional de los intérpretes en un contexto comunicativo bastante nuevo que ha sido posible gracias al desarrollo tecnológico.

Más tangencialmente, puesto que no tienen peso en los filmes, hemos podido observar la presencia de intérpretes de lengua de signos en películas como *Sister Act 2: de vuelta al convento* (Duke, 1993) en cuya escena final, la de la actuación en el concurso, aparece una intérprete de lengua de signos en una esquina del escenario interpretando el número musical.

En el apartado siguiente, utilizando la película *La familia Bélier* (2014) como estudio de caso, analizaremos con mayor profundidad las ideas esbozadas a lo largo de estas líneas relativas tanto a los modelos de interpretación, a la presencia y valoración social de los sordos y de las lenguas de signos como a la representación de la figura del intérprete.

El caso de La familia Bélier

La película trata sobre una familia de granjeros franceses, todos sordos salvo Paula, la hija adolescente, que es el nexo de la familia con el mundo oyente. El filme comienza mostrando la vida cotidiana de los cuatro protagonistas, en particular de la joven (estudiante, mediadora comunicativa y granjera), hasta que un hecho hace cambiar esa dinámica: Paula se apunta al coro de la escuela y descubre que tiene un don para el canto. Esa actividad supondrá un vehículo de crecimiento para la adolescente y le obligará a decidir su futuro, bien manteniendo sus lazos familiares, bien siguiendo su vocación.

La particularidad de ese desapego familiar viene dada por la música y la individualización del personaje. Se refleja en su voz, un elemento que su familia no puede percibir ni apreciar. De ahí que esa separación familiar se acentúe por las características vitales de los Bélier.

La construcción del personaje nos permite corroborar algunas de las afirmaciones que hemos esbozado en los apartados anteriores sobre los modelos y la labor de interpretación. La primera visión que tenemos de la protagonista de la película remite a una idea ya esbozada en líneas anteriores: la de familiares bilingües que actúan como puente de comunicación entre los familiares sordos y el resto del mundo.

Lo interesante de esta propuesta es que podemos observar varios de los modelos de interpretación de los que hemos hablado en apartados anteriores. Se trata de un personaje que cumple un rol de "helper model", un familiar que desempeña labores de interpretación y de mediación para su familia. Tiene conocimiento, materno, de ambas lenguas y conoce la cultura visual. Otra muestra audiovisual en la que podemos observar este modelo es *Jenseits der Stille* (*Más allá del silencio*, Caroline Link, 1996) cuya protagonista, Lara, puente de comunicación de sus padres sordos con el mundo exterior debe decidir entre dejar su pueblo para seguir con sus estudios en la ciudad o quedarse para seguir ayudando a sus padres.

A lo largo de la película vemos a Paula desarrollar esa labor de intérprete tanto en situaciones públicas como privadas. Cada una de ellas nos permite ver diferentes posibilidades de la actividad comunicativa que dependen, como ya hemos citado, del contenido del mensaje, de la relevancia de esos contenidos, de los interlocutores, del contexto comunicativo... Estos elementos determinan su actitud y su propio contexto interpretativo. Por ejemplo, cuando acompaña a sus padres al médico, se sienta entre ambos enfrente del médico (en una interpretación formal se situaría al lado del médico, enfrente de los pacientes). Es una escena en la que se puede percibir la incomodidad, por parte del familiar sordo, de interpretar conversaciones íntimas en la que el médico está hablando con los padres de problemas sexuales. Otra escena de ámbito familiar, pero con menos implicación personal, se produce cuando sus padres están viendo las noticias y Paula se sitúa al lado de la televisión, frente a sus padres, para interpretarles la noticia que están viendo y que afecta a las tierras en las que viven.

En situaciones públicas la situación es diferente. Por ejemplo, cuando el padre decide presentarse a la alcaldía reúne a los vecinos para contarles sus ideas y Paula se sitúa a su lado, interpretando tanto lo que su padre signa como lo que los vecinos hablan. Un contexto más formal de interpretación sucede cuando tras la candidatura de su padre, una unidad de la televisión acude a su granja a entrevistarles. En la grabación que hacen en la casa el padre se sitúa enfrente de la periodista al lado de la cual se sitúa Paula, quien explica la dinámica: "Él signa y yo traduzco".

En ningún caso Paula mantiene una postura neutra en el discurso, puesto que está personalmente implicada, construye su propia versión del mensaje y la hace accesible al receptor para que este lo descodifique. En la última escena comentada encontramos un ejemplo de interpretación fallida; la necesidad que tienen sus padres de su ayuda choca con sus deseos y sus planes. Podríamos decir que se trata de una de las ataduras que tiene como intérprete familiar.

Si seguimos los pasos de Demers (2005) podemos afirmar que, puesto que no es una interpretación profesional, el intérprete no tiene opción de aceptar o declinar el servicio puesto que sus padres "la obligan a quedarse". Además no facilita la interacción entre los interlocutores, pues construye una visión monosilábica del mensaje que su padre está signando. Este es un momento bastante crucial en la película pues su padre percibe que su hija no está haciendo una buena interpretación y también se da cuenta de que quizás necesite, para estos casos, un intérprete profesional.

La trama avanza envuelta en la música, que es un elemento bastante habitual en las muestras audiovisuales que cuentan con presencia de personajes sordos. Se diría que desde una perspectiva oyente (que es la mayoritaria en estas muestras) el mayor trauma de ser sordo es perderse la música. Esta idea puede comprobarse en películas ya citadas como *Profesor Holland* (Stephen Herek, 1995) o *Hijos e un Dios Menor* (Randa Haines, 1986); en esta última, en la función de la escuela los chicos hacen un número musical y cantan. El orgullo de los padres se refleja en sus caras y en algunos de sus comentarios "—Es una canción estúpida, pero él está cantando".

En el caso de *La Famille Bélier*, como hemos dicho, la protagonista tiene un don que sus padres no pueden apreciar y es, además, un don difícil de entender para ellos. Cuando hablan del deseo de Paula de ir a una escuela a París su madre le recrimina: "¿Y ahora cantas? [...] no hemos estado en la misma onda". La evolución de Paula y de su familia, en relación a la música, viene dada de la mano, una vez más, de la construcción de un significado común a través de la interacción de los elementos comunicativos. Esa evolución se desarrolla en tres escenas: en la primera, los padres acuden junto al resto de la comunidad escolar a un recital de los alumnos de la clase de coro. Los padres y el hermano de Paula están completamente ajenos a lo que pasa en el escenario y reparan solo en lo guapa que está su hija, hablan entre ellos... En el número final, cuando Paula y su compañero Gabriel interpretan un dúo, la escena se desarrolla sin sonido, para que entendamos cuál es la percepción de los Bélier, quienes se dan cuenta de que se están perdiendo algo emocionante al ver al público a su alrededor llorar y finalmente prorrumpir en grandes aplausos. Esta sería la escena de la incomprensión.

Esa noche, ya en la granja, el padre le pide a Paula que cante para él la canción que tanto emocionó al público. Se sienta a su lado y apoya la mano sobre las cuerdas vocales de su hija mientras ella canta con pasión "Je vais t'aimer". Las escenas siguientes nos dan a entender, por la reacción y las decisiones del padre, que estamos ante el momento de la comprensión.

El culmen de este proceso se desarrolla durante la audición en la escuela de París a la que finalmente Paula acude, alentada por sus padres, tras la escena desarrollada la noche anterior entre padre e hija. Paula interpreta "Je vole", una canción con un mensaje claro sobre la búsqueda de independencia por parte de los hijos; mientras canta la canción comienza a interpretar en lengua de signos la letra para que sus padres puedan entenderla. Esta es la escena de la comunicación, el momento en que sus padres entran en el mundo de su hija y entienden y aceptan su decisión. Se trata de un momento en el que todos consiguen "estar en la misma onda"[5].

Reflexiones finales

Actualmente, y aunque aún queda mucho por hacer, la presencia de la lengua de signos en diferentes ámbitos de actuación como la educación o los medios de comunicación, como objeto de investigación en universidades y centros específicos, etc. ha dejado de ser una excepción para convertirse en una realidad.

La interpretación es otro de los ámbitos que es indicador del estatus de las lenguas de signos, imprescindible para asegurar la accesibilidad de las personas sordas a la información, y uno de los ejes de la normalización lingüística. Sin embargo, se trata de una profesión todavía no totalmente consolidada ni completamente reconocida. Como bien recuerda Janzen (2005: 3) "The development of standard practices in this field, or more recently 'best practices', thus has but a short history". Tal y como hemos recogido en este trabajo, el proceso interpretativo ha seguido una ruta que comienza con la figura de familiar o amigo bilingüe, continúa con la figura del profesional de ámbito social cualificado que posee conocimientos de lengua de signos (docentes, religiosos, asistentes) y llega hasta la figura del intérprete profesional.

Esta ruta no se ha reflejado en la mayoría de las muestras cinematográficas que retratan, de una u otra manera, el mundo de la sordera. El desconocimiento del mundo de los sordos, su poca presencia social y el peso de la industria sonora han hecho que hasta hace unos años la presencia de actores sordos o de historias en las que estuviesen representados fuera anecdótica.

En los últimos años ha aumentado esa presencia no solo en muestras cinematográficas sino también en la televisión y – gracias al avance de las tecnologías – en plataformas digitales, webseries, etc. Aún así, la normalización del cine en lengua de signos y una mayor presencia de actores sordos son algunas de las reivindicaciones que se persiguen desde la comunidad sorda. En la mayoría de las muestras analizadas en este trabajo los personajes sordos están interpretados por actores oyentes; en *La familia Bélier*, por ejemplo, los personajes de los padres no son sordos por lo que las críticas se han centrado en el nivel de lengua de signos de los actores.

---

5   Un elemento que señala la importancia de esta metáfora de las ondas lo encontramos en los títulos de crédito iniciales de la película, donde los nombres van apareciendo junto a imágenes que reflejan ondas sonoras.

La normalización del cine en lengua de signos debería conllevar también una mayor visibilización de los ámbitos que la sustentan: educación, comunicación e interpretación. El análisis llevado a cabo en este trabajo muestra como el cine solo ha explorado las dos primeras etapas de la ruta hacia la profesionalización, la ayuda de familiares sordos y el trabajo de profesionales cualificados con conocimientos de lengua de signos, pero apenas ha abordado la figura del intérprete profesional de lengua de signos. Paula, la adolescente Bélier, nos ha servido de ejemplo de los diferentes modelos de interpretación, tanto el "helper model", que a ella le viene impuesto por ser la única persona oyente de su familia, como el mediador comunicativo o el especialista bilingüe-bicultural.

Representar cinematográficamente ese mundo ayudaría a disminuir el desconocimiento sobre el colectivo sordo y a normalizar la profesión de intérprete de lenguas signadas.

Bibliografía

Améris, J. 2014. *Marie Heurtin* [Cinta cinematográfica], Francia: Escazal Films/ France 3 Cinéma/Rhône-Alpes Cinéma/Centre National de la Cinématographie (CNC)/Ciné+/Cinémage 8/France Télévisions.

Anderson, P. T. 2007. *There Will Be Blood* [Cinta cinematográfica], Estados Unidos: Miramax Films/Paramount Vantage.

Báez Montero, I. C. & Fernández Soneira, A. 2015. "Historia de la formación de los intérpretes de LSE en España", en Báez Montero, I. & Otero Doval, H. (eds.) *Buscando respuestas en lengua de signos: experiencias docentes con LSE como base de enseñanza*, Lugo: Axac, 125–131.

Bao Fente, M. & González Montesino, R. 2013. "Aproximación a los parámetros de calidad en la interpretación de la lengua de signos española", en Barranco-Droege, R., Pradas Macías, E.M. & García Becerra, O. (eds.) *Quality in interpreting: widening the scope*. Vol. 2. Granada: Comares, 293–314.

Demers, H. 2005. "The working interpreter", en Janzen, T. (ed.) *Topics in Signed Language Interpreting*. Amsterdam/Philadelphia: John Benjamins, 203–232.

Duke, B. 1993. *Sister Act 2: Back in the Habit* [Cinta cinematográfica], Estados Unidos: Buena Vista Pictures.

Forestal, L. 2005. "Attitudes of Deaf leaders toward signed languages interpreters and interpreting", en Metzger, M. & Fleetwood, E. (eds.) *Attitudes, innuendo, and regulators: Challenges of interpretation*, Washington, DC: Gallaudet University Press, 71–97.

Gras, V. 2008. "Can signed language be planned? Implications for interpretation in Spain", en Plaza-Pust, C. & Morales-López, E. (eds.) *Sign Bilingualism*.

Language development, interaction, and maintenance in sign language contact situations, Amsterdam/Philadelphia: John Benjamins, 165–194.

Haines, Randa (1986). *Children of a Lesser God* [Cinta cinematográfica], Estados Unidos: Paramount Pictures.

Herek, s. 1995. *Mr. Holland's Opus* [Cinta cinematográfica], Estados Unidos: Polygram Filmed Entertainment/Interscope Communications/The Charlie Mopic Company.

Janzen, T. (ed.) 2005. *Topics in Signed Language Interpreting*, Amsterdam/Philadelphia: John Benjamins.

Janzen, T. & Shaffer, B. 2013. "The interpreter's stance in intersubjective discourse", en Meurant, L. et al. (eds.) *Sign Language Research, Uses and Practices. Crossign views on theoretical and applied sign language linguistics*, Berlin: Ishara Press, 63–84.

Lartigau, E. 2014. *La famille Bélier* [Cinta cinematográfica], Francia: Jerico/Mars Film/France 2 Cinéma.

León, P. 2016. *Kiki, el amor se hace* [Cinta cinematográfica], España: Vértigo Films/Telecinco Cinema.

Leeson, L. 2009. "Signed language interpreting", en Baker, M. & Saldanha, G. (eds.), *Routledge Encyclopedia of Translation Studies*, New York: Routledge, 274–279.

Link, c. 1996. *Jenseits der Sille.* [Cinta cinematográfica], Alemania: Bayerischer Rundfunk; Claussen & Wöbke Filmproduktion; Roxy Film.

Metzger, M. 1999. *Sign language interpreting. Deconstructing the myth of neutrality*, Washington, DC: Gallaudet University Press.

Metzger, M. 2006. "Salient studies of signed languages interpreting in the context of community interpreting scholarship", *Linguistica antverpiensia*, 5, 263–291.

Metzger, M. & Roy, C. 2015. "Sociolinguistic Studies of Signed Language Interpreting", en Bayley, R., Cameron, R. & Lucas, C. (eds.) *The Oxford Handbook of Sociolinguistics*, Reino Unido: Oxford University Press, 735–753.

Napier, J. & Rohan, M. 2007. "An invitation to dance: Deaf consumer's perceptions of signed language interpreters and interpreting", en Metzger M. & E. Fleetwood (eds.) *Translation, sociolinguistic, and consumer issues in interpreting*, Washington, DC: Gallaudet University Press, 159–203.

Negulesco, J. 1948. *Johnny Belinda* [Cinta cinematográfica], Estados Unidos: Warner Bros. Pictures.

Newell, M. 1994. *Four Weddings and a Funeral* [Cinta cinematográfica], Reino Unido: Polygram Filmed Entertainment/Channel 4/Working Title Films.

Overton, C. 2017. *The Silent Child* [Cinta cinematográfica]. Reino Unido: Slick Films/Slick Showreels.

Penn, A. 1962. *The Miracle Worker* [Cinta cinematográfica], Estados Unidos: Playfilm Productions.

Stokoe, W. 1960. "Sign Language Structure: An outline of the visual communication system of the American deaf", *Studies in Linguistics, Occasional Papers*, nº 8, University of Buffalo.

Stone, C. 2010. *Toward a Deaf translation norm*, Washington, DC: Gallaudet University Press.

Stone, C. 2012. "Interpreting", en Pfau et al. (eds.) *Sign Language. An international Handbook*, Berlin: De Gruyter Mouton, 980–997.

Wilcox, S. & Shaffer, B. 2005. "Towards a cognitive model of interpreting", en Janzen, T. [ed.] *Topics in Signed Language Interpreting*, Amsterdam/Philadelphia: John Benjamins, 27–50.

Luis Alonso Bacigalupe y Pablo Romero Fresco
Universidade de Vigo

La llegada: el procesamiento del lenguaje y la comunicación a examen

Resumen: Si bien la presencia de la figura de la intérprete en sus más diversas formas y funciones es un componente clásico del cine, incluido el de ciencia ficción, no es hasta el estreno de *La llegada* (Villeneuve, 2016) que esta se convierte en la verdadera protagonista de la trama y que el problema de la comunicación intercultural adquiere una dimensión central en el argumento de un filme. *La llegada* plantea una apasionante reflexión – desde una perspectiva científica rigurosa – sobre la relación entre inteligencia, lengua y comunicación, en la que la física se pone a disposición de la lingüística y la traducción y donde la percepción espacio-temporal viene marcada por la cultura y el desarrollo de la lengua. Además, en este capítulo se analizarán aspectos como el rigor de los planteamientos científicos del filme y, muy en particular, la imagen que esta película transmite de traductores e intérpretes, así como de los problemas derivados de la comprensión del otro en la mediación como aspecto crucial de la labor de estos profesionales.

Palabras clave: Interpretación, ciencia ficción, hipótesis de Sapir-Worf, determinismo lingüístico, universalismo

1 Los intérpretes en el cine histórico y de ciencia-ficción: antecedentes

La presencia de traductores e intérpretes en el cine ha sido relativamente frecuente. El género histórico y de guerra, por ejemplo, ha retratado el difícil papel del intérprete en situación de conflicto, tanto en los más recientes — como en *Territorio Comanche* (Herrero, 1997), ambientada en la guerra de los Balcanes— como en algunos del pasado más o menos remoto. Encontramos intérpretes a menudo en las películas del oeste —*Fort Apache* (Ford, 1948), *Bailando con lobos* (Costner, 1990) o *Un hombre llamado caballo* (Silverstein, 1970)— como instrumentos cruciales para la comunicación entre tribus indígenas y soldados y colonizadores durante la expansión de los pobladores anglosajones, centro y noreuropeos por el nuevo continente:

> By the time of the 'discovery' of America, Europeans were well aware of the importance of having adequate interpreters to assist them in communicating with the radically different peoples they encountered (Bowen *et al.*, 1995:255).

Pero también habían sido retratados en situaciones análogas ocurridas en América Latina donde —tal y como se retrata en *La misión* (Joffé, 1986) o *El Dorado*

(Bergeron, 2000) — aparecían como apoyo de los conquistadores españoles (Bowen *et al.*, 1995:255). Y es que el cine histórico en sus múltiples vertientes no ha podido evitar hacer referencia en sus entregas a una figura tan importante en y para el desarrollo de los conflictos armados a lo largo de la historia. Un caso paradigmático sería el de la película ¿*Vencedores o vencidos? (El juicio de Nuremberg)* (Kramer, 1961) (sobre la cual versa otro capítulo de este mismo volumen), donde se retrata por primera vez el trabajo de los intérpretes en simultánea en uno de los momentos cruciales de la historia reciente. O el caso de *La niña de tus ojos* (Trueba, 1998), en la que el intérprete ocupa un lugar muy cercano al centro de la trama.

De hecho, ya Bowen *et al.* (1995:246–247) señalaban el papel esencial de los intérpretes en situación de conflicto desde la antigüedad remota, llegando incluso a destacar su importancia para la expansión de las potencias mediterráneas emergentes del inicio de nuestra era, e incluso el hecho de que la profesión se normalizara y regularizara gracias en gran medida a las necesidades derivadas de los múltiples conflictos: a la par que para las relaciones comerciales, pueblos y civilizaciones aislados geográficamente y que, por tanto, hablaban lenguas muy distintas, no tenían más remedio que recurrir a intérpretes durante las negociaciones diplomáticas.

Esta tendencia ha ido en aumento en los últimos tiempos y se ha extendido a otros géneros, como la comedia o el thriller, ganando así los intérpretes en visibilidad y notoriedad social, y ayudando, por tanto, a aumentar el hasta ahora escaso conocimiento de la profesión entre la ciudadanía. Probablemente uno de los ejemplos más visibles sea el caso del filme *La intérprete* (Pollack, 2005), localizado en la sede de la ONU en Nueva York como escenario perfecto para el relato de una confabulación política de tintes policiacos.

Por su parte, el cine de ciencia ficción no ha sido ajeno a esta tendencia, de modo que películas que conforman el esqueleto de este género entre las audiencias, como la saga de *La guerra de las galaxias* (Lucas, 1977) (R2D2 es uno de los primeros casos conocidos de interpretación automática, sin mediación humana, pero a través de un personaje que desprende una enorme humanidad) o *Stargate* (Emmerich, 1994), en la que la traducción de unas antiguas tablillas egipcias desencadena la acción, se han visto obligadas a incluir entre sus personajes principales a la figura del intérprete. No en vano, este género no deja de ser la prolongación fantástica cara al futuro del cine histórico, solo que, en lugar de contarnos acontecimientos reales del pasado, sus argumentos se centran en especulaciones hipotéticas y fantásticas del futuro ignoto. Pero, en el fondo, estos filmes no son sino películas de guerra, de tramas y aventuras, de viajes y conquistas de nuevos territorios, en las que el intérprete encaja a la perfección.

Sin embargo, no han sido tan frecuentes los casos en los que la trama principal del filme se desarrolla en torno a la profesión del intérprete y sus características de manera plena, como nudo argumental principal del filme, pues incluso en la hollywoodiana *La intérprete*, en la que esta profesional también es protagonista, la interpretación no deja de ser más que una disculpa para ubicar la trama en un entorno "exótico" internacional, sin que los aspectos propios de la profesión conformen el núcleo duro argumental que, en ese caso concreto, no deja de ser el de un thriller policiaco al uso. Algo semejante ocurre en el filme francés *La traductora* (Hazanov, 2006), que mantiene esa tendencia a utilizar el glamour de la profesión como desencadenante de un thriller con tintes psicológicos, en este caso relacionados con la búsqueda de la identidad perdida de la protagonista, problema frecuente este del desarraigo en profesionales caracterizados por su movilidad internacional y su transculturalidad.

En *La llegada* (Villeneuve, 2016) la comunicación entre seres que no se comprenden no es tanto una mera disculpa argumental, cuanto el argumento principal del filme, que se plantea de una forma brillante al incorporarse como elemento central de esta historia una aproximación científica explicativa del desarrollo del lenguaje, del papel que este juega en el desarrollo de la inteligencia, la comunicación humana y la traducción e interpretación, que ha sido una de las aportaciones teóricas más importantes y más extendidas durante el pasado siglo XX.

2 La comunicación humana: determinismo frente a universalidad

Probablemente uno de los debates más interesantes que ha vivido la lingüística a lo largo de su historia haya sido el mantenido a lo largo del siglo XX entre dos grandes visiones de la realidad de la comunicación humana: la del relativismo o determinismo lingüístico frente a la gramática universal.

2.1 La hipótesis de Sapir-Worf o el determinismo lingüístico

No es extraño escuchar hablar de este fenómeno en escuelas y facultades de traducción, a menudo no por su nombre, sino a través del manido ejemplo de por qué los Inuit (u otros pueblos del norte) tienen tal cantidad de vocablos distintos para designar uno que, para nosotros, en climas más templados, solo tiene una traducción: nieve. Se trataba en el fondo de sustentar la idea de que la traducción va mucho más allá del mero intercambio de unidades léxicas entre dos lenguas, incidiéndose así en la idea de que hay que comprender los universos culturales de la cultura origen para así poder trasvasarlos, con más o menos precisión, a la cultura meta: "The main concern has traditionally been with so-called realia, words and phrases that are so heavily and exclusively grounded in one culture that they are almost impossible to translate into the terms —verbal or otherwise— of another" (El-dali, 2011:37).

La hipótesis de Sapir-Worf o del determinismo lingüístico viene a decir que es el lenguaje el que condiciona o incluso modela la manera de pensar de los seres humanos y, por tanto, su percepción de la realidad. Según Sapir, "el pensamiento podrá ser un dominio natural, separado del dominio artificial del habla, pero en todo caso el habla viene a ser el único camino conocido para llegar hasta el pensamiento" (Sapir, 1954:23).

Según se suele contar – siguiendo con el ejemplo de la nieve – un traductor "del sur" nunca podrá traducir adecuadamente el TO escrito por un Inuit, no porque no entienda la lengua, sino porque esa lengua del norte contiene matices y precisiones de carácter cultural marcados por su propia experiencia particular del mundo. Y, como en el sur no compartimos ese universo, no encontraremos los términos que contienen con idéntica precisión las peculiaridades de la percepción y la experiencia de la cultura origen, simplemente porque carecemos de ellos. La perfección en la traducción, por tanto, podría ser en ocasiones imposible —cuando los universos culturales y experienciales son sustancialmente distintos— y todo lo que se puede hacer es llegar a una versión aceptable, aunque quizá imprecisa o incompleta, de la información contenida en el texto original. Se advertía de que esta es una espada de Damocles permanente en la vida de traductores e intérpretes y se entrenaba en la superación de las barreras culturales a través de estrategias como la explicación, ampliación u otras, para así superar ese problemático desajuste cultural.

Esta es la llamada versión débil del determinismo, que propone que la lengua ejerce un cierto nivel de influencia sobre cómo entendemos la realidad que nos rodea. *La llegada* plantea, sin embargo, la versión más radical de esta teoría, también llamada del relativismo lingüístico, según la cual hablantes de lenguas diferentes piensan, es decir, conceptualizan la realidad, de maneras radicalmente diferentes, hasta tal punto que se declaraba que si, por ejemplo, una palabra no existía en un idioma, los hablantes de ese idioma serían incapaces de concebir ese concepto. El caso paradigmático que desataba este razonamiento provenía de un ejemplo de la vida real: puesto que los Hopi —una tribu norteamericana cuya lengua fue objeto de profundo estudio— carecen en su lengua de expresiones que denoten el tiempo verbal futuro, entonces los y las integrantes de la cultura Hopi no deberían poder entender la idea de futuro:

Hopi, as we might expect, is different here too. Verbs have no "tenses" like ours, but have validity-forms ("assertions"), aspects, and clause-linkage forms (modes), that yield even greater precision of speech. The validity-forms denote that the speaker (not the subject) reports the situation (answering to our past and present) or that he expects it (answering to our future) or that he makes a nomic statement (answering to our nomic present). The aspects denote different degrees of duration and different kinds of tendency "during duration" (Whorf, 1956:186).

Es precisamente esta versión fuerte de la hipótesis la que alimenta el guion del filme: la concepción espacio-temporal lineal de los humanos no se corresponde con la circular de los alienígenas, cuestión que se abordará después del siguiente punto.

2.2 El Universalismo: la gramática generativa y transformacional de Chomsky

Frente al relativismo y el determinismo lingüístico, Noam Chomsky propuso la idea de que todos los idiomas parecen incluir un mismo patrón de reglas básicas comunes, la denominada gramática universal, una especie de conocimiento innato común a todo ser humano, a partir del cual cada lengua y cultura desarrolla su set de principios particulares que hacen que las lenguas sean diferentes. En la gramática generativa, a partir de un número limitado de unidades léxicas, estructuras y reglas para su combinación, se puede generar un número infinito de combinaciones para, así, generar significados nuevos igualmente infinitos.

En su teoría, cada oración tiene dos niveles distintos de representación, denominados estructura profunda y estructura superficial. La primera es una representación directa de la información semántica de la oración, y está asociada con la estructura superficial, que es aquella que reproduce la forma fonológica de la oración mediante transformaciones.

> In each such grammar there are particular, idiosyncratic elements, the selection of which determines one specific human language; and there are general universal elements, conditions on the form and organisation of any human language, that form the subject matter for the study of "universal grammar." Among the principles of universal grammar are [...] for example, the principles that distinguish deep and surface structure and that constrain the class of transformational operations that relate them (Chomsky, 2005:62).

Según esta teoría, siempre será posible conceptualizar cualquier concepto proveniente de cualquier cultura gracias a la existencia de ese bagaje lingüístico común que es inherente al ser humano, solo que con las debidas transformaciones cuando existan diferencias sustanciales entre lenguas y culturas.

2.3 El conflicto entre las dos grandes teorías lingüísticas del siglo XX

El Universalismo probablemente haya eclipsado al Determinismo entre la comunidad científica, ya que, pese a la evidente diferencia que existe entre las lenguas —tal y como se demuestra en el estudio del discípulo de Sapir, Benjamin Worf sobre las diferencias entre el SAE (Standard Average European) y el Hopi— y pese a que se admite que puede existir una cierta relación entre la lengua y la cultura de los pueblos, lo que no está tan claro es que se dé una correlación fuerte y sistemática que permita afirmar que la existencia o no de, por ejemplo, determinados tiempos verbales en una determinada lengua condicione la manera de pensar o incluso la inteligencia de un determinado pueblo. Según Whorf:

> There are connections but not correlations or diagnostic correspondences between cultural norms and linguistic patterns. Although it would be impossible to infer the existence of Crier Chiefs from the lack of tenses in Hopi, or vice versa, there is a relation between a language and the rest of the culture of the society which uses it. There are cases where the "fashions of speaking" are closely integrated with the whole general culture, whether or not this be universally true, and there are connections within this integration, between the kind of linguistic analyses employed and various behavioral reactions and also the shapes taken by various cultural developments. Thus the importance of Crier Chiefs does have a connection, not with tenselessness itself, but with a system of thought in which categories different from our tenses are natural (Whorf, 1956:204).

No obstante, el fin principal que rige la industria del cine no es tanto el de la divulgación científica rigurosa y profunda y la discusión de argumentos entre expertos cuanto el entretenimiento del gran público inexperto. Y desde un punto de vista cinematográfico y comercial no hay duda de que la hipótesis de Sapir-Worf puede ejercer un atractivo muy superior, casi hipnótico, a cualquier otra —por exótica e intrigante— entre los amantes del género de la ciencia ficción, ya que, al igual que ocurre con otras teorías que han sido analizadas también por el cine reciente de ciencia ficción (tal es el caso de la Teoría de la Relatividad en *Interstellar*), lo desconocido, lo diferente, lo inexplicable encaja a la perfección con la curiosidad innata y el deseo de explotar territorios desconocidos que caracteriza al público de este género.

3 La llegada

3.1 Breve sinopsis

El aterrizaje de 12 naves espaciales en diferentes puntos aleatorios del planeta lleva a los gobiernos del mundo a hacer un esfuerzo por comunicarse con los recién llegados. En concreto, una lingüista americana de prestigio (Amy Adams) recibe el encargo del gobierno de Estados Unidos de descubrir cuáles son sus intenciones, para lo cual, en compañía de un experto en física, emprende entonces la difícil tarea de establecer la comunicación con una civilización cuyos sistemas de representación del lenguaje son radicalmente diferentes a los nuestros, hasta tal punto que solo se harán comprensibles a los humanos cuando estos renuncien a algunos de los principios básicos que rigen su pensamiento y su inteligencia, como su concepción lineal del continuo espacio-tiempo. La experiencia vital de la protagonista se entremezcla con la historia para desvelarnos la lección principal que este filme pretende transmitir, que no es otra que la necesidad de que las civilizaciones, terrícolas o no, se comprendan entre sí y colaboren las unas con las otras.

3.2 El tema

El primer elemento definitorio de *La llegada*, que la aleja del resto de filmes que cuentan con la presencia de intérpretes y/o traductoras y que hace de esta película una *rara avis* dentro del propio género de la ciencia ficción, es el hecho de que el problema de la lengua, la inteligencia, la traducción y, en definitiva, la comunicación entre entidades que no se comprenden no sea un accesorio más en el argumento de la película, sino su hilo argumental principal. Además, frente a las películas de batallas y conquistas que dominan el género del cine histórico, de aventuras y de ciencia-ficción, la película no incluye prácticamente ninguna escena de las que solemos denominar "de acción". Carece de despliegues tecnológicos y efectos especiales espectaculares, de maquetas de naves híper detalladas o de planetas exóticos de condiciones imposibles para la vida tal y como la conocemos. Hasta cierto punto podría decirse que se trata de una película minimalista en su puesta en escena, probablemente incluso escasamente atractiva en principio para las expectativas del gran público del género de la ciencia-ficción.

3.3 La base científica

Frente a la gran mayoría de los filmes que renuncian casi siempre a explicar, aunque sea de manera somera, las bases científicas que sustentan sus respectivos argumentos, *La llegada* aborda la cuestión de una manera sencilla y directa: menciona de manera explícita cuáles son los principios científicos que soportan su argumento principal y alrededor de ahí construye una historia creíble e incluso asumible para buena parte del gran público. Y no lo hace través de sesudas descripciones o explicaciones complejas, sino con una breve referencia a la hipótesis de Sapir-Worf a mitad del filme, dejando así que el público pueda llegar a comprender por sí mismo la idea principal de dicha hipótesis a través de la narración de los hechos posteriormente acontecidos (o quizá acaecidos antes) en la película. De este modo, el binomio ciencia + ficción se desarrolla en toda su plenitud, con un argumento ficticio que parte de una propuesta científica real, sólida y seria, si bien llevada a su extremo, como veremos posteriormente. El hecho de que se decante por la opción que, probablemente, menos adeptos tenga entre la comunidad científica de lingüistas hoy día no le resta valor alguno al filme. Sin duda, desde el punto de vista de la cinematografía esta es la visión más atractiva, más exótica, incluso que más ventanas abre a universos paralelos y desconocidos.

3.4 La lengua de la llegada

Decíamos arriba que la lengua alienígena de este filme, el heptápodo, era —como no podía ser de otro modo— muy distinta a cualquier tipo de manifestación del lenguaje humano. Tan distinta que los expertos lingüistas y traductores son incapaces de desentrañar –inicialmente – sus secretos más básicos. En el filme se muestra como un amasijo de sonidos indescifrables, entre los que distinguir algo siquiera parecido a los fonemas o las palabras que conforman el lenguaje humano se torna imposible. De hecho, una de las virtudes del filme reside precisamente ahí: ante la imposibilidad de tan siquiera discernir sus unidades básicas, la intérprete opta por intentarlo a partir de material escrito, lo que elimina de raíz el problema de la evanescencia del lenguaje oral. A partir de ese material —que los visitantes devuelven de inmediato por el "mismo" medio— la comprensión del otro empieza a perfilarse como algo factible, tal y como ocurre con el lenguaje humano: si bien, sin duda, la lengua oral debe ser anterior a la lengua escrita, no siendo esta más que una manifestación especial y fijada en un medio duradero de la primera, la comprensión de la misma es mucho más compleja debido a esa evanescencia. Este es el motivo por el cual tradicionalmente la formación de traductores e intérpretes empieza con la traducción escrita, mucho más fácil de observar, analizar, describir, comprender, procesar y, por tanto, transformar que la versión oral. Además, en este caso la complicación radica en que el heptápodo no representa sonidos, sino significados completos, lo que lo diferencia radicalmente de cualquier forma de comunicación humana conocida.

3.5 La comprensión del otro

La estrategia desarrollada por la lingüista de *La llegada* para conseguir ser entendida no es diferente de la utilizada en la realidad en situaciones análogas. Tal y como se ha expuesto en varios filmes que incluyen personajes que no comparten una misma lengua (siendo un caso paradigmático el conocido "yo Tarzán, tú Jane") y tal y como conocemos a través de los relatos de distintos autores, cuando era imposible comunicarse con las tribus indígenas, por ejemplo, se recurría a enseñarles la lengua del invasor, como si de niños o neohablantes se tratase, desde el principio. Esa misma estrategia, otra vez, se reproduce aquí, incidiéndose en el realismo de las propuestas científicas y metodológicas que propone el filme. La doctora Banks, sin embargo, no conseguirá desentrañar los misterios del heptápodo hasta que le sea concedido el "regalo" de esa lengua, de modo que solo cuando visita la nave sola empieza a comprender a los visitantes, a percatarse de que lo que aparecía en su mente —desde su percepción lineal de sus propias experiencias— como recuerdos del pasado no son en realidad más que visiones de lo que ocurrirá en el futuro, incluidas ahí imágenes de los propios extraterrestres en los dibujos de su hija nonata o sus futuras publicaciones sobre la traducción del lenguaje heptápodo, a lo que se suma una justificación del nombre de su futura hija, Hannah, que, al igual que la lengua heptápoda, es "circular", un palíndromo que se lee igual empezando por la derecha que por la izquierda.

La comprensión del otro adquiere en esta película su máxima expresión en la actitud de la doctora Banks ante el conocimiento de su futuro y el de su familia. Al contrario que en otras propuestas en las que se intenta modificar el futuro cuando los acontecimientos previstos son indeseados —tal y como ocurre, por ejemplo, en *Interstellar* (Nolan, 2014) — , la Dra. Banks no intenta modificar ese futuro amargo que le espera. Podría haber decidido no entablar una relación sentimental con el que será el padre de su hija. Podría haber decidido no tener una hija que, sabe, morirá trágicamente siendo aún una niña. Sin embargo, en lugar de modificarlo, asume ese futuro con naturalidad, y lo hace porque en realidad no hay futuro ni pasado, sino una concepción completa de la realidad al margen del tiempo, no hay causalidad ni se tiene el poder de cambiar los acontecimientos. La película, en definitiva, cuestiona el don del libre albedrío del que supuestamente gozamos los humanos: si el futuro ya "ha sucedido" ¿cómo podríamos pretender cambiarlo?

3.6 El "toque" cinematográfico de *La llegada*

Probablemente, la elección de la explicación científica utilizada como nudo argumental principal del filme no es casual, sino que parece obedecer a razones estratégicas y comerciales, aunque también podría ser la preferida conceptualmente por el autor de la novela que inspira el filme. Como veíamos más arriba, la hipótesis de Sapir-Worf admite una más que probable influencia entre cultura y lenguaje, que afecta a aspectos tan cruciales como la percepción espacio temporal de los seres humanos:

> Concepts of "time" and "matter" are not given in substantially the same form by experience to all men but depend upon the nature of the language or languages through the use of which they have been developed. They do not depend so much upon ANY ONE SYSTEM (e.g., tense, or nouns) within the grammar as upon the ways of analyzing and reporting experience which have become fixed in the language as integrated "fashions of speaking" and which cut across the typical grammatical classifications, so that such a "fashion" may include lexical, morphological, syntactic, and otherwise systemically diverse means coordinated in a certain frame of consistency. Our own "time" differs markedly from Hopi "duration." It is conceived as like a space of strictly limited dimensions, or sometimes as like a motion upon such a space, and employed as an intellectual tool accordingly (Whorf, 1956:158).

La película explota esa versión "dura" del determinismo lingüístico para plantear una paradoja esencial de la comunicación y de la traducción, la que viene a decir que la comunicación y la traducción plenas son imposibles precisamente porque existen diferencias culturales insalvables que impiden esa comprensión y trasvase al 100% de las otras culturas. Esto se hace planteando una cuestión tan apasionante como, desde un punto de vista científico, plausible: ¿qué ocurriría si necesitáramos comunicarnos con una civilización alienígena cuyo sistema de comunicación es radicalmente diferente al nuestro, ya que su inteligencia y, en definitiva, su concepción de la realidad, se rigen por parámetros muy diferentes a los de la nuestra?

En este caso la intriga principal se desarrolla a partir de la idea de que frente a la percepción secuencial del tiempo como un movimiento lineal "segmentado" en tres posibles "momentos" (pasado, presente y futuro) visto como un continuo que proponen, como decíamos arriba, las SAE, la lengua indígena Hopi no podría concebir esa misma secuencia:

> Hopi "duration" seems to be inconceivable in terms of space or motion, being the mode in which life differs from form, and consciousness *in toto* from the spatial elements, of consciousness. Certain ideas born of our own time-concept, such as that of absolute simultaneity, would be either very difficult to express or impossible and devoid of meaning under the Hopi conception, and would be replaced by operational concepts (Whorf, 1956:158).

La civilización extraterrestre que visita la tierra no concibe el tiempo como los terráqueos, de manera lineal, sino circular, del mismo modo que la lengua que expresan por escrito es más un pictograma complejo con un significado completo que lo que nosotros entendemos tradicionalmente por una lengua con sus unidades léxicas, sintagmas y oraciones. No obstante, la idea de que se traducen unidades de sentido completas, es decir, significados, y no unidades léxicas particulares entronca a la perfección también con otra de las teorías más potentes de la interpretación y traducción del siglo XX, cuyos principios —con ciertos matices— siguen siendo plenamente válidos hoy día. Se trata de la Teoría del Sentido o Teoría Interpretativa de la Traducción (en su denominación más moderna) formulada por Danica Seleskovitch (1978) en la llamada Escuela de París.

3.7 Estructura del filme

La película se construye alrededor de la historia de su protagonista, una experta en lingüística, profesora universitaria y traductora e intérprete de prestigio que domina diversas lenguas a cual más exótica (y entre las que se incluye el chino) y que recibe el encargo de establecer la comunicación con los recién llegados. La narración es, por tanto, de carácter lineal, excepto porque el filme comienza con lo que aparenta ser un flashback en el que vemos a la hija de la protagonista, lo que nos lleva a esperar que en algún momento se nos desvele el bien guardado secreto de su pasado, junto con unas enigmáticas reflexiones sobre la memoria y nuestra concepción del tiempo.

Sin embargo, según se va desarrollando el filme y la experta va, poco a poco, desvelando algunos pequeños secretos de la lengua alienígena, como el uso de los pictogramas circulares, por ejemplo, que expresan ideas completas con todos sus matices, es decir, según la intérprete va entendiendo mejor la mentalidad alienígena y los va "comprendiendo" mejor, los supuestos flashbacks se aceleran e intensifican, sumiendo al público en el desconcierto por no saber cómo encajarlos en el pasado de la protagonista, que aparece como trágico al revelar la historia de su hija enferma de cáncer, que, entendemos, debió morir en el pasado. ¿Cómo si no lo podría estar recordando "ahora" su madre?

Pues bien, ese es, probablemente, el giro argumental esencial del filme – que no se revelará en su totalidad, sino solo a través de las sugerencias de los enigmáticos flashbacks – hasta la escena final, cuando se confirma que la pareja y padre de la niña (que hasta entonces ha permanecido prácticamente oculta, o presente, pero apartada de la narración por su escasa participación en la trama) no es otro que el experto en física que ahora mismo, en el presente, la acompaña en su misión con los alienígenas. Solo entonces se desvela de manera abierta que los flashbacks no eran tales, sino flashforwards en los que se nos relata el futuro que la espera (formar pareja con su actual compañero de trabajo, con quien aún no tiene esa relación amorosa, traer una niña al mundo y ver cómo esta muere tristemente de cáncer) y que ella solo consigue desvelar cuando a través del aprendizaje de esa lengua llega a entender la concepción del mundo de los alienígenas, abrazando así la idea de que nuestra concepción de la realidad depende en gran medida de las posibilidades que la lengua y sus reglas ofrecen, hasta tal punto que puedan determinar el pensamiento e incluso la inteligencia humanos tal y como se plantea en la hipótesis de Sapir-Worf. En paralelo a este (aunque posterior en el tiempo) transcurre el otro guiño cinematográfico a la hipótesis de Sapir-Worf: cuando la potencial ofensiva armada humana contra las naves alienígenas se detiene (y, de hecho, nunca tiene lugar) gracias a que nuestra intérprete, una vez conocida esa naturaleza circular de su percepción temporal, utiliza una información de carácter meramente personal y anecdótico recibida por ella posteriormente en el tiempo para impedir algo que, en realidad, había ocurrido antes según su propia percepción (léase su "inteligencia") humana.

El filme, por tanto, se inclina por la teoría más intrigante, atractiva desde el punto de vista cinematográfico y exótica de las posibles. Y lo hace desde una concepción científica rigurosa que toma los principios básicos de una teoría científica lingüística seria, aunque llevada a sus extremos para proporcionarle ese atractivo cinematográfico.

3.8 Las razones del viaje heptápodo

Doce naves espaciales ubicadas en localizaciones aparentemente aleatorias del mundo entran en contacto con sus respectivos gobiernos e intentan comunicarse con una humanidad desunida. Inevitablemente, la gran pregunta que todos se hacen es ¿cuál es el motivo de ese viaje? Al igual que los especialistas chinos, la Dra. Banks traduce: su propósito es ofrecerles un arma, que les animan a utilizar. Evidentemente, la simple presencia de la palabra "arma" en el discurso hace que se disparen todas las alarmas e incluso que las comunicaciones entre los gobiernos de la tierra se interrumpan debido a suspicacias entre la clase política.

No obstante, la Dra. Banks —como buena experta en traducción— apunta: no podemos estar seguros de que comprendan la especificidad del término arma (*weapon* en el original) pues podría entenderse también —en el marco de una concepción del mundo tan separada de la de nuestra realidad— como instrumento o herramienta. Por tanto, lo que está a punto de convertirse en el desencadenante del conflicto entre las dos civilizaciones es una mala interpretación de un término o bien la no distinción en una lengua de lo que en otra es perfectamente distinguible como un concepto u objeto diferenciado, tal y como apuntábamos más arriba al hablar de la lengua Inuit o del Hopi.

Por otra parte, la posibilidad de que una mala interpretación del discurso sea el desencadenante de un conflicto se ha apuntado repetidamente como argumento a favor de la gran responsabilidad del trabajo del intérprete. *La llegada* vuelve a incidir en esta cuestión, pero descarga a la Dra. Banks de esa responsabilidad, pues es ella misma quien subraya la posibilidad del malentendido o de la polisemia como causas de la potencial confusión.

Solo tras una visita más a la nave la lingüista llegará a comprender plenamente a los heptápodos: "Louise tiene un arma, utilízala... ayudamos a la humanidad para que dentro de 3000 años vosotros nos ayudéis... Louise ve el futuro. El arma abre el tiempo". Solo entonces comprenderá que el arma no es tal, sino que es un regalo. Solo entonces comprenderá que el regalo es esa lengua que permite ver el futuro y que debe aprender ahora para después poder ayudar a los heptápodos.

No obstante —y por concluir este apartado con una nota del misterio propio que rodea al filme—, no deja de ser curioso que la cultura objeto de estudio que origina la cuestión científica básica que, a su vez, actúa como detonante de la hipótesis de Sapir-Worf y que, por tanto, actúa como desencadenante de esta historia, la cultura Hopi, pretende ser heredera del saber proporcionado por unos misteriosos seres, los Katchinas, de origen extraterrestre, que les proporcionaron los saberes necesarios para evitar los efectos perniciosos de las guerras y catástrofes naturales que podrían haber acabado con su cultura. Ignoramos si el autor de la novela original y el director del filme eran conocedores de esta cuestión, pero es posible que no sea casual y que la lección que propone el filme, la necesidad de unidad en la tierra para afrontar retos comunes a través de la solidaridad entre pueblos y culturas, cierre su círculo conceptual con esta mirada a través del espejo: ahora son los visitantes los que precisan de nuestra ayuda, como antes la cultura local Hopi precisó del saber de esos extraños visitantes.

3.9 La imagen de los protagonistas de *La llegada*

Si bien en el filme aparecen varios personajes, podría decirse que el nudo argumental lo ocupan tan solo tres —la intérprete, el físico y su hija— rodeados por una serie de caracteres casi accesorios para la trama, excepto por el general chino Shang, que comparte esa misteriosa información personal con la que la intérprete podrá evitar el conflicto. A continuación, se describen brevemente las características principales de los tres adultos mencionados, ya que la hija aporta poco a la trama, aunque su papel sea crucial en el filme.

3.9.1 La intérprete

El filme es riguroso a la hora de ofrecer una versión creíble de la figura de su protagonista, traductora e intérprete, lingüista y profesora. En primer lugar, se trata de una mujer, lo que concuerda con la sociología de una profesión (la de traductora e intérprete) que está altamente feminizada en todo el mundo. Ejemplos de esto pueden encontrarse en muchos otros filmes como *Charada* (Donen, 1963), *La intérprete* o *La traductora*, todas protagonizadas por mujeres y que justifica Baigorri en referencia a la ONU, ya que, según comenta:

> Que la protagonista de *La intérprete* sea mujer, aparte del interés que pueda tener escoger como protagonista a Nicole Kidman para la explotación de taquilla de la película, es acertado, porque ciertamente la profesión se ha feminizado y la proporción de mujeres intérpretes en las Naciones Unidas es muy superior a la de varones (Baigorri, 2008:518).

Más allá de la explicación de Baigorri, no hay más que analizar la presencia de estudiantes hombres y mujeres en las facultades de traducción para corroborar la mayoría aplastante de mujeres entre el alumnado, al igual que ocurre en la profesión. Ha de tenerse en cuenta que, además, es profesora universitaria de una especialidad en la que, de nuevo, el porcentaje de mujeres es muy alto, dominante incluso en el campo de las letras o humanidades y muy en especial en el de la traducción e interpretación. Se retrata además un papel cada vez más común en el mundo universitario: la consultoría científica o académica, mediante la cual, como parte del proceso de transferencia de conocimiento de la universidad a la sociedad, los investigadores prestan servicios de consultoría basados en su investigación y sus conocimientos (Beraza Garmendia *et al.* 2012). En este caso, y tal y como corresponde a la trama de la película, los servicios conllevan una misión vital para la humanidad. Curiosamente, esta realidad guarda gran paralelismo con el proceso de creación de la película, para el cual el director Denis Villeneuve contrató a Jessica Coon, investigadora del departamento de lingüística de Mc Gill University (Canadá), con el objetivo de prestar servicios de consultoría científica que contribuyesen a mantener la verosimilitud de la trama. Normalmente, y tanto en el caso de películas clásicas, como *2001: Una odisea del espacio* (Kubrick, 1968), o más modernas, como *Interstellar*, para este tipo de servicios se recurre a científicos, en su mayoría hombres, que, en algunos casos, dejan la universidad y crean empresas de consultoría científica para la industria del cine (Kirby, 2003). Una vez más, *La llegada* muestra una realidad diferente, acorde con los tiempos y con la realidad de empoderamiento de la mujer en la que vivimos. Louise Banks, como veíamos más arriba, es la protagonista absoluta de esta película, alrededor de la cual, tanto en su vertiente profesional como familiar, gravita y se construye el argumento del filme.

En lo que respecta al apartado profesional conviene destacar su absoluta profesionalidad: rigurosa, metódica y comprometida —como todo buen intérprete—, no cejará en su empeño de comprender al otro en ningún momento, incluso cuando las fuerzas empiezan a flaquear. No dudará tampoco en tomar decisiones dramáticas, como la de arriesgar su vida al desobedecer las órdenes de sus superiores ante la absoluta certeza de que puede aportar soluciones al conflicto, porque sabe que ese es su papel: conciliar las necesidades e intereses entre seres que no se comprenden y que precisan de algún tipo de mediación. La intérprete se convierte así en una auténtica mediadora intercultural (Navaza, 2010:46–47), un papel que trasciende la mera traducción de enunciados lingüísticos para convertirse en una agente cultural (Pöchhacker, 2000:65) que asiste y ayuda a personas (seres, en este caso) en situaciones de desequilibrio comunicativo (y, a menudo, de diferente estatus) para la consecución de un objetivo de consecuencias cruciales para alguna de las partes. No podía encajar mejor en una historia como esta.

Como madre y esposa aparece como un ser cariñoso y empático a la vez que honesto, que lucha por su hija, aunque conozca lo inevitable de su temprano fallecimiento, a la vez que intenta hacer comprender a su pareja lo que ella ya ha comprendido, aunque eso mismo le cueste su vida familiar, porque, tal y como apunta, él no estaba preparado para comprender esa diferente realidad. Quizá solo la mente de una intérprete, flexible y abierta a mundos y sociedades diferentes, acostumbrada a comprender al otro, a entender sus sentimientos y sus percepciones de la realidad, su cultura y lo que esta puede o no expresar, sea el único tipo de ser humano capaz de comprender al alienígena, palabra esta que en su versión inglesa *alien* denomina también al extranjero.

3.9.2 El físico

Frente al personaje central de la trama, se nos presenta a un segundo experto que también responde a los roles de género dominantes: físico de profesión, el acompañante (y posterior pareja, aunque aún no lo sepamos) de la protagonista es un hombre. Curiosamente, uno podía esperar que el hombre científico jugara un papel central, frente al "accesorio" femenino – típico de los roles de género habituales en el mundo en general y en el cine en particular – encarnado por la lingüista-traductora. Sin embargo, lejos de caer en el manido estereotipo, el profesor de física tiene un papel en el filme meramente testimonial, pues en ningún momento pone a prueba sus conocimientos u ofrece pistas que desvelen el misterio de la película desde la perspectiva de la física. Podría decirse que su papel (al igual que el de la propia Física, al contrario de lo que ocurría en *Interstellar*) parece tan accesorio que se hace extraño, pues su aportación principal consiste, en definitiva, en que se erige como cómplice de la intérprete y se pone a su disposición desde el inicio de la misión, para finalmente —y esta es su aportación principal— convertirse en el futuro padre de la hija de la protagonista.

Rompiendo con los tópicos imperantes en el mundo del cine, el personaje femenino se convierte en protagonista de una historia típicamente de hombres, mientras que la pareja masculina destaca por su invisibilidad, por su escasa notoriedad, por su carácter accesorio y consorte, ya que su papel se limita a su intervención como herramienta imprescindible para la reproducción de su pareja, un papel habitualmente asignado a la mujer. El mundo al revés.

En definitiva, el filme es riguroso en cuanto a la naturaleza de sus personajes principales y su sociología, destacando el papel crucial que otorga a la mujer, muy en línea con las teorías más recientes del empoderamiento femenino, con una protagonista que en ningún momento precisa de la "protección" de un héroe masculino, en este caso inexistente. Bien al contrario, es ella la primera que se quita el casco y se atreve a intentar respirar sin él dentro de la nave espacial en una atmósfera desconocida, potencialmente irrespirable, antes de que ninguno de los otros personajes masculinos se atreva a tan siquiera intentarlo, mientras la advierten del peligro de hacerlo.

3.9.3 El general Shang

Si bien el general Shang tiene una intervención breve en el filme, su aportación es crucial para el desarrollo del argumento y para la extracción de lecciones: es él a quien desvela nuestra intérprete la información clave (las últimas palabras de su esposa en el lecho de muerte, fallecida tiempo después de que tenga lugar su conversación) que detendrá el amago de ofensiva humana contra los alienígenas. Es él mismo quien proporciona a la Dra. Banks su número de teléfono privado una vez resuelto el conflicto alienígena, 18 meses "después", para que ella pueda llamarle un año y medio "antes" y, así, evitar el conflicto.

No parece casual, tampoco, que haya sido escogido un personaje de una cultura oriental para tirar de este hilo argumental. En primer lugar, por ese halo misterioso que la cultura y la tradición chinas tienen para el mundo occidental. En segundo lugar, por esa tradición de sabiduría que se desprenden del pensamiento chino, ya sea en forma de máximas, proverbios o aforismos. En tercer lugar, por el carácter misterioso de la propia lengua china, tan semejante, hasta cierto punto, a los pictogramas de los alienígenas con sus representaciones completas cargadas de significado. En cuarto y último lugar, por ser China la gran potencia emergente —económica, política y militar— de principios del siglo XXI. El protagonismo chino aporta credibilidad al argumento, pues anticipa una situación que todos esperamos se dé en la realidad futura inmediata, lo cual, a su vez, encaja a la perfección con la idea del filme de llegar a ser capaces de adivinar el futuro a través de la adquisición de una lengua nueva que provoca cambios en la inteligencia de los seres humanos y de su comprensión de la realidad espacio-temporal.

Sin embargo, la participación de este personaje es hasta cierto punto cuestionable y solo puede entenderse como un recurso cinematográfico necesario para dotar al filme de un cierto tirón comercial, aquel que habitualmente proporcionan las escenas de acción y/o suspense. En primer lugar, ni siquiera está presente en el libro del que se extrae esta historia (*Story of Your Life*, de Ted Chiang), en el que los extraterrestres simplemente abandonan el planeta. La película, tal y como comenta su director —del que hablaremos brevemente más abajo— necesitaba probablemente un cierto conflicto o clímax para ganarse al público mayoritario.

Por otra parte, esta es una cuestión crucial, puesto que aquí sí se altera el futuro con la intervención de la Dra. Banks, que se aprovecha de su conocimiento del mismo para evitar el conflicto, exactamente lo que no hace para evitar el destino trágico de su hija aún no nacida. Hay ahí una cierta traición argumental, en primer lugar, contra la idea original de la novela, en segundo lugar, contra la premisa señalada más arriba de que no se puede cambiar el futuro y, en tercer lugar, contra el tono general de la película, que no ha necesitado de guerras ni suspenses ni conflictos o persecuciones hasta ese momento.

4 Conclusión

Puede que *La llegada* no sea el filme que mejor describe el papel de los intérpretes a través de la mirada del cine. Quizá tampoco sea el mejor ejemplo de práctica real de la profesión ni aporte gran cosa en términos de "representar" ante el gran público la actuación de los intérpretes en el mundo real o su historia en tiempos pasados. Sin duda, bien poco nos cuenta sobre la historia de la interpretación o sus orígenes.

Sin embargo, el filme es muy riguroso y sólido desde una perspectiva científica. Por ejemplo, además de lo ya mencionado arriba sobre la veracidad y aplicabilidad de la hipótesis de Sapir-Worf y las relaciones establecidas entre lenguaje e inteligencia humanos, cabe destacar que nada más empezar el filme se hace una referencia aparentemente intrascendente a la lengua gallega (pero que en absoluto pasa inadvertida en Galicia, "where language was seen as an expression of art", tal y como se dice en la versión original inglesa de *Arrival*) de la que se dice que – pese a lo que algunos puedan opinar – fue el origen de la lengua portuguesa, lo que justifica las diferencias fonéticas entre el portugués y las otras lenguas romances. Ya en la primera escena se nos presenta, por tanto, un filme riguroso en sus planteamientos científicos, rigurosidad que se mantendrá —con ciertos guiños cinematográficos inevitables como los mencionados arriba— a lo largo de todo el metraje.

Precisamente ese es uno de los valores principales de esta película, tal y como ya se comentó. Lejos de enmarañarse en historietas de aventuras intrascendentes, el director del filme, el canadiense (y más en concreto de la francófona

Quebec, lo cual podría tal vez explicar su interés por las lenguas y la diversidad lingüística y cultural) Denis Villeneuve, que recibió una nominación a la mejor dirección en los premios Oscar 2016 por esta película, es capaz de elaborar una historia rigurosa desde el punto de vista científico, a la par que creíble y, sobre todo, misteriosa, apasionante e incluso enigmática en su presentación. Al final, no solo no decepciona, sino que deja al público deseoso, muy probablemente, de saber más sobre una cuestión tan apasionante como el procesamiento del lenguaje humano, sobre la inteligencia y su relación con el desarrollo del lenguaje, sobre la comunicación, la traducción, el origen de las lenguas y las culturas y tantas otras cuestiones que aún hoy no han podido ser desveladas por la ciencia de manera definitiva, por más que sea precisamente el propio lenguaje el instrumento esencial que posibilita esa misma reflexión.

Por otra parte, la lección que pretende transmitir esta película, la necesidad de que se produzca una relación de colaboración, primero entre las diferentes naciones del planeta Tierra y luego de estas con las civilizaciones extraterrestres, encaja a la perfección con la labor principal de intérpretes y traductores: tender puentes entre aquellos que no se comprenden para que, a través de la colaboración, todos progresemos.

La llegada es un gran filme que no precisa ni de tecnologías ni de masivas apariciones estelares de lujo. Es la prueba palpable y evidente de que detrás de una gran película siempre hay una gran historia y esta es una que nos engancha al cuestionarse algunas de las bases de la propia inteligencia humana y de cómo se establece la comunicación, en definitiva, sobre todo aquello que sabemos sobre nosotros mismos y que solo la lengua es capaz de describir.

Bibliografía

Baigorri, J. 2008. "Los intérpretes en el cine de ficción: una propuesta de investigación", en Zarandona, J.M. (ed.) *Volumen de ponencias en el curso sobre cine y traducción celebrado en la Universidad de Valladolid*, campus de Soria, en febrero de 2008.

Beraza Garmendia, J. M. y Rodríguez castellanos, A. 2012. "Tipología de las spin-offs en un contexto universitario: una propuesta de clasificación". *Cuadernos de Gestión*. Volume 12, Issue 1, Pages: 39–57.

Bergeron, B. 2000. *El Dorado*, Estados Unidos.

Bowen, M., Bowen, D. Kaufmann, F. y Kurz, I. 1995. "Interpreters and the making of History", en Delisle, J. and J. Woodsworth (eds.) *Translators Through History*, Amsterdam/Philadelphia: John Benjamins, 245–273.

Chomsky, N. 2005. *Language and Mind*. New York: Cambridge University Press.

Costner, K. 1990. *Bailando con lobos*, Estados Unidos.

Donen, s. 1963. *Charada*, Estados Unidos.

El-dali, H. M. 2011. "Towards an understanding of the distinctive nature of translation studies". *Journal of King Saud University – Languages and Translation*. Volume 23, Issue 1, January 2011, Pages 29–45.

Emmerich, R. 1994. *Stargate*, Estados Unidos.

Ford, J. 1948. *Fort Apache*, Estados Unidos.

Hazanov, H. 2006. *La traductora*, Rusia.

Herrero, G. 1997. *Territorio Comanche*, España.

Kirby, D. A. 2003. "Science Consultants, Fictional Films, and Scientific Practice". *Social Studies of Science*, Volume 33, Issue 2, 231–268.

Kramer, s. 1961. *¿Vencedores o vencidos? (El juicio de Nuremberg)*, Estados Unidos.

Kubrick, s. 1968. *2001: Una odisea del espacio*, Reino Unido.

Joffé, R. 1986. *La misión*, Estados Unidos.

Lucas, G. 1977. *La guerra de las galaxias*, Estados Unidos.

Navaza, B. 2010. "Interpretación e mediación cultural nos servizos sanitarios", en Bacigalupe, L. A. (ed.) *Inserción profesional d@s estudantes de tradución e interpretación*, Granada: Atrio, 41–57.

Nolan, Ch. 2014. *Interstellar*, Estados Unidos.

Pöchhacker, F. 2000. "The Community Interpreter's Task: Self-Perception and Provider Views", en Roberts, R.P., Carr, S.E., Abraham, D. and A. Dufour (eds.) *The Critical Link 2: Interpreters in the Community*, Amsterdam/Philadelphia: John Benjamins, 49–65.

Sapir, E. 1954. *El Lenguaje*. Madrid: Ediciones F.C.E. España S.A.

Pollack, s. 2005. *La intérprete*, Estados Unidos.

Seleskovitch, D. 1978. *Interpreting for International Conferences: Problems of Language and Communication*. Washington: Pen and Booth.

Silverstein, E. 1970. *Un hombre llamado caballo*, Estados Unidos.

Trueba, F. 1998. *La niña de tus ojos*, España.

Villeneuve, D. 2016. *La llegada*, Estados Unidos.

Whorf, B. 1956. *Language, Thought and Reality: selected writings of Benjamin Lee Whorf*. (Edited by John B. Carroll). Oxford, England: Technology Press of MIT.

Índice de tablas y gráficas

**Studien zur romanischen Sprachwissenschaft
und interkulturellen Kommunikation**

Herausgegeben von Gerd Wotjak, José Juan Batista Rodríguez und Dolores García-Padrón

Die vollständige Liste der in der Reihe erschienenen Bände finden Sie auf unserer Website
https://www.peterlang.com/view/serial/SRSIK

Band 110 Joaquín García Palacios / Goedele De Sterck / Daniel Linder / Nava Maroto / Miguel Sánchez Ibáñez / Jesús Torres del Rey (eds): La neología en las lenguas románicas. Recursos, estrategias y nuevas orientaciones. 2016.

Band 111 André Horak: Le langage fleuri. Histoire et analyse linguistique de l'euphémisme. 2017.

Band 112 María José Domínguez Vázquez / Ulrich Engel / Gemma Paredes Suárez: Neue Wege zur Verbvalenz I. Theoretische und methodologische Grundlagen. 2017.

Band 113 María José Domínguez Vázquez / Ulrich Engel / Gemma Paredes Suárez: Neue Wege zur Verbvalenz II. Deutsch-spanisches Valenzlexikon. 2017.

Band 114 Ana Díaz Galán / Marcial Morera (eds.): Estudios en Memoria de Franz Bopp y Ferdinand de Saussure. 2017.

Band 115 Mª José Domínguez Vázquez / Mª Teresa Sanmarco Bande (ed.): Lexicografía y didáctica. Diccionarios y otros recursos lexicográficos en el aula. 2017.

Band 116 Joan Torruella Casañas: Lingüística de corpus: génesis y bases metodológicas de los corpus (históricos) para la investigación en lingüística. 2017.

Band 117 Pedro Pablo Devís Márquez: Comparativas de desigualdad con la preposición de en español. Comparación y pseudocomparación. 2017.

Band 118 María Cecilia Ainciburu (ed.): La adquisición del sistema verbal del español. Datos empíricos del proceso de aprendizaje del español como lengua extranjera. 2017.

Band 119 Cristina Villalba Ibáñez: Actividades de imagen, atenuación e impersonalidad. Un estudio a partir de juicios orales españoles. 2017.

Band 120 Josefa Dorta (ed.): La entonación declarativa e interrogativa en cinco zonas fronterizas del español. Canarias, Cuba, Venezuela, Colombia y San Antonio de Texas. 2017.

Band 121 Celayeta, Nekane / Olza, Inés / Pérez-Salazar, Carmela (eds.): Semántica, léxico y fraseología. 2018.

Band 122 Alberto Domínguez Martínez: Morfología. Procesos Psicológicos y Evaluación. 2018.

Band 123 Lobato Patricio, Julia / Granados Navarro, Adrián: La traducción jurada de certificados de registro civil. Manual para el Traductor-Intérprete Jurado. 2018.

Band 124 Hernández Socas, Elia / Batista Rodríguez, José Juan / Sinner, Carsten (eds.): Clases y categorías lingüísticas en contraste. Español y otras lenguas. 2018.

Band 125 Miguel Ángel García Peinado / Ignacio Ahumada Lara (eds.): Traducción literaria y discursos traductológicos especializados. 2018.

Band 126 Emma García Sanz: El aspecto verbal en el aula de español como lengua extranjera. Hacia una didáctica de las perífrasis verbales. 2018.

Band 127 Miriam Seghiri. La lingüística de corpus aplicada al desarrollo de la competencia tecnológica en los estudios de traducción e interpretación y la enseñanza de segundas lenguas. 2019 (forthcoming)

Band 128 Pino Valero Cuadra / Analía Cuadrado Rey / Paola Carrión González (eds.): Nuevas tendencias en traducción: Fraseología, Interpretación, TAV y sus didácticas. 2018.

Band 129 María Jesús Barros García: Cortesía valorizadora. Uso en la conversación informal española. 2018.

Band 130 Alexandra Marti / Montserrat Planelles Iváñez / Elena Sandakova (éds.): Langues, cultures et gastronomie : communication interculturelle et contrastes / Lenguas, culturas y gastronomía: comunicación intercultural y contrastes. 2018.

Band 131 Santiago Del Rey Quesada / Florencio del Barrio de la Rosa / Jaime González Gómez (eds.): Lenguas en contacto, ayer y hoy: Traducción y variación desde una perspectiva filológica. 2018.

Band 132 José Juan Batista Rodríguez / Carsten Sinner / Gerd Wotjak (Hrsg.): La Escuela traductológica de Leipzig. Continuación y recepción. 2019.

Band 133 Carlos Alberto Crida Álvarez / Arianna Alessandro (eds.): Innovación en fraseodidáctica. tendencias, enfoques y perspectivas. 2019.

Band 134 Eleni Leontaridi: Plurifuncionalidad modotemporal en español y griego moderno. 2019.

Band 135 Ana Díaz-Galán / Marcial Morera (eds.): Nuevos estudios de lingüística moderna. 2019.

Band 136 Jorge Soto Almela: La traducción de la cultura en el sector turístico. Una cuestión de aceptabilidad. 2019.

Band 137 Xoán Montero Domínguez (ed.): Intérpretes de cine. Análisis del papel mediador en la ficción audiovisual. 2019.

Band 138 María Teresa Ortego Antón: La terminología del sector agroalimentario (español-inglés) en los estudios contrastivos y de traducción especializada basados en corpus: los embutidos. 2019.

Band 139 Sara Quintero Ramírez: Lenguaje creativo en el discurso periodístico deportivo. Estudio contrastivo en español, francés e inglés. 2019.

Band 140 Laura Parrilla Gómez: La interpretación en el contexto sanitario: aspectos metodológicos y análisis de interacción del intérprete con el usuario. 2019.

Band 141 Yeray González Plasencia: Comunicación intercultural en la enseñanza de lenguas extranjeras. 2019.

www.peterlang.com